o último
    homem americano

Elizabeth Gilbert

O último
homem americano

Tradução
Rafael Mantovani

Copyright © Elizabeth Gilbert, 2002
Todos os direitos reservados

Todos os direitos desta edição reservados à
Editora Objetiva Ltda.
Rua Cosme Velho, 103
Rio de Janeiro — RJ — Cep: 22241-090
Tel.: (21) 2199-7824 — Fax: (21) 2199-7825
www.objetiva.com.br

Título original
The Last American Man

Capa
Adaptação de Pronto Design sobre design original de Sherri Copeland Kappenstein

Imagem de capa
Shelley Eades

Preparação de original
Marcelo Diego

Revisão
Ana Grillo
Tamara Sender
Rita Godoy

Editoração eletrônica
Abreu's System Ltda.

CIP-BRASIL. CATALOGAÇÃO-NA-FONTE
SINDICATO NACIONAL DOS EDITORES DE LIVROS, RJ

G393u
    Gilbert, Elizabeth
        O último homem americano / Elizabeth Gilbert; tradução Rafael Mantovani. – Rio de Janeiro : Objetiva, 2012.

        Tradução de: *The last American man*
        293p.   ISBN 978-85-390-0418-8

        1. Conway, Eustace, 1961-. 2. Vida ao ar livre – Estados Unidos. 3. Sobrevivência na selva – Estados Unidos. I. Título.

12-5862.   CDD: 796.5
                                CDU: 796.5

Para as duas mulheres mais brilhantes que conheço —
Minha irmã mais velha, Catherine Murdock,
e minha querida amiga Deborah Luepnitz.
A influência de vocês é imensurável.

O resultado é que o intelecto americano deve à fronteira suas características marcantes. Essa aspereza e força, aliadas à perspicácia e à curiosidade; essa mentalidade prática, inventiva, ágil para encontrar artifícios; esse domínio perfeito das coisas materiais, carente no âmbito artístico, mas poderoso na execução de grandes propósitos; essa energia incessante, nervosa; esse individualismo dominante, trabalhando para o bem ou para o mal, e além de tudo essa leveza e exuberância que vêm da liberdade — esses são traços da fronteira...

— *Frederick Jackson Turner*

 CAPÍTULO UM

Que vida selvagem! Que espécie vigorosa de existência!
— *Henry Wadsworth Longfellow, cogitando a possibilidade de
escrever um poema épico sobre o explorador americano John Frémont*

Aos 7 anos de idade, Eustace Conway era capaz de arremessar uma faca com precisão suficiente para pregar um pequeno roedor a uma árvore. Aos 10, era capaz de acertar com um arco e flecha um esquilo correndo a 15 metros de distância. Quando fez 12 anos, partiu para a floresta, sozinho e de mãos vazias, construiu um abrigo e sobreviveu durante uma semana com o que tirava da terra. Quando fez 17, deixou a casa da família de uma vez por todas e partiu para as montanhas, onde morou numa tenda indígena projetada por ele próprio, fez fogo esfregando gravetos, banhou-se em riachos gelados e vestiu as peles dos animais que havia caçado e comido.

Essa mudança, diga-se de passagem, aconteceu em 1977, o mesmo ano em que o filme *Guerra nas estrelas* foi lançado.

No ano seguinte, aos 18, Eustace Conway percorreu o rio Mississippi numa canoa de madeira feita à mão, enfrentando voragens tão violentas que podiam engolir uma árvore de 12 metros e só soltá-la outra vez na superfície mais de um quilômetro e meio rio abaixo. Um ano depois, ele atravessou a trilha dos Apalaches, com seus 3.200 quilômetros, caminhando do Maine até a Geórgia e sobrevivendo quase exclusivamente do que caçava e colhia ao longo do caminho. Nos anos que se seguiram, Eustace cruzou a pé os alpes alemães (de tênis), atravessou o Alasca de caiaque, escalou penhascos na Nova Zelândia e viveu com os índios navajos do Novo México. Aos 20 e poucos anos, ele decidiu estudar uma cultura primitiva mais de perto, para aprender técnicas ainda mais antigas. Então pegou um voo para a Guatemala, saiu do avião e, basicamente, começou a perguntar: "Onde estão os primitivos?" As pessoas lhe apontaram a selva, onde Eustace caminhou durante dias e dias até encontrar a vila mais remota dos maias, muitos dos quais jamais tinham visto um homem branco. Ele viveu com os maias por cerca de cinco meses, aprendendo a língua, estudando a religião, aperfeiçoando suas habilidades de tecelão.

Mas sua aventura mais interessante foi, provavelmente, em 1995, quando Eustace teve a ideia de atravessar os Estados Unidos a cavalo. Seu irmão mais novo, Judson, e uma amiga bastante próxima da família foram com ele. Foi um ato insano e impulsivo. Eustace não sabia muito bem se era possível, ou mesmo permitido por lei, atravessar os Estados Unidos a cavalo. Ele simplesmente comeu uma grande ceia de Natal com a família, prendeu o revólver no cinto, pegou uma sela da Cavalaria Americana de 80 anos de idade (com partes tão desgastadas que ele podia sentir o calor do animal entre as pernas enquanto cavalgava), montou em seu cavalo e partiu. Eustace estimava que ele e seus parceiros podiam chegar ao Pacífico antes da Páscoa, embora todo mundo risse da sua cara quando ele dizia isso.

Os três cavaleiros foram a galope, avançando quase 80 quilômetros por dia. Comiam cervos atropelados da estrada e sopa de esquilo. Dormiam em celeiros e em casas de estupefatos moradores locais, até alcançar o Oeste aberto e seco, quando começaram a simplesmente cair dos cavalos toda noite e dormir onde caíam no chão. Uma tarde quase foram mortos por caminhões de nove eixos, ao perderem o controle de seus cavalos em uma movimentada ponte interestadual. Em outra ocasião, quase foram presos, no Mississippi, por andar sem camisa. Em San Diego, amarraram os cavalos ao lado de um gramado entre um shopping center e uma rodovia de oito pistas. Passaram a noite lá e chegaram ao oceano Pacífico na tarde seguinte. Eustace Conway entrou com o cavalo direto na arrebentação. Faltavam dez horas para a Páscoa. Ele atravessara o país em 103 dias, aproveitando para bater um recorde mundial.

De costa a costa, americanos de todos os contextos sociais imagináveis olhavam para Eustace Conway em seu cavalo e diziam, com um certo pesar: "Queria poder fazer o que você está fazendo."

E para cada um desses cidadãos, Eustace respondia: "Você pode."

Mas estou me adiantando na história.

Eustace Conway nasceu na Carolina do Sul em 1961. A família Conway vivia numa casa confortável de subúrbio, em um bairro novo, cheio das mesmas coisas de sempre, porém com um bom trecho de floresta, logo atrás da casa, que ainda não tinha sido desmatado para empreendimentos imobiliários. Era, na verdade, uma mata virgem, intocada, original, sem sequer uma trilha que a atravessasse. Era uma floresta do mundo antigo, ainda cheia de areia movediça e ursos. E era lá que o pai de Eustace Conway — cujo nome também era Eustace Conway e que sabia tudo — costumava levar seu filho pequeno para ensiná-lo a identificar as plantas, aves e mamíferos do Sul dos Estados Unidos. Eles perambulavam juntos naquela floresta durante horas, olhando as copas das árvores e discutindo os formatos das folhas. Essas são as primeiras lembranças de Eustace Conway: a vastidão cósmica da floresta, os fiapos oblíquos de luz do sol atravessando um verdejante toldo natural; a voz instrutiva do pai; o fascínio das palavras *falsa-acácia*, *bétula* e *choupo*; o novo prazer intelectual do estudo, avivado pela distinta sensação física de sua cabeça bamba de criancinha, tão inclinada para trás que ele talvez perdesse o equilíbrio, devido ao esforço de olhar tão fixamente para tantas árvores durante tanto tempo.

De resto, foi a mãe de Eustace quem lhe ensinou as coisas, ao longo dos anos. Ela o ensinou a acampar, a pôr isca no anzol, a fazer fogueiras, a lidar com animais selvagens, a trançar uma corda de grama e a encontrar argila no fundo dos rios. Ela o ensinou a ler livros com títulos maravilhosos, como *Davy Crockett: jovem aventureiro* e *A sabedoria das matas virgens*. Ensinou-o a costurar camurça. Ela ensinou Eustace a executar cada tarefa com perfeição e paixão. A mãe de Eustace Conway não era exatamente como as outras mães da época. Era um pouco mais corajosa que a média das mães no Sul americano no começo dos anos

1960. Tinha sido criada como um menino num acampamento de verão que sua família possuía nas montanhas de Asheville, Carolina do Norte. Era uma menina-macho sem vergonha disso, uma exímia amazona, uma mulher do mato que, aos 22 anos de idade, vendera sua flauta de prata para viajar para o Alasca, onde vivera numa barraca na beira de um rio com sua espingarda e seu cachorro.

Quando Eustace completou 5 anos, a floresta atrás de sua casa já tinha sido dominada pelo mercado imobiliário, mas a família logo se mudou para uma casa de quatro quartos em outro conjunto residencial de subúrbio. Era em Gastonia, Carolina do Norte, e tinha uma floresta própria e densa atrás de si. A sra. Conway deixava Eustace e seus irmãos mais novos passearem na floresta desde que eles aprenderam a andar — descalços, sem camisa e sem ninguém tomando conta —, do amanhecer ao pôr do sol, durante toda a infância deles, tirando umas poucas interrupções para a escolarização obrigatória e para ir à igreja (porque, afinal, ela não estava criando selvagens).

"Acho que não fui uma boa mãe", diz a sra. Conway hoje, num tom não muito convincente.

As outras mães de Gastonia naturalmente ficavam horrorizadas com esse método de educação infantil, se é que se pode chamá-lo disso. Algumas delas, alarmadas, telefonavam para a sra. Conway e diziam: "Você não pode deixar seus bebês brincarem nesse mato! Tem cobras venenosas ali!"

Trinta anos depois, a sra. Conway ainda acha a preocupação delas engraçada e simpática.

"Pelo amor de Deus!", ela diz. "Meus filhos sempre souberam a diferença entre cobras venenosas e cobras comuns! Eles se viravam muito bem lá."

Resumidamente, a história dos Estados Unidos é mais ou menos esta: havia uma fronteira, e depois não havia mais fronteira. Tudo aconteceu meio depressa. Havia índios, depois exploradores, depois colonos, depois vilas, depois cidades. Ninguém estava prestando muita atenção até a hora em que a mata virgem foi oficialmente domada, e nesse ponto todo mundo a queria de volta. Dentro do surto geral de nostalgia que veio em seguida (o Wild West Show do Buffalo Bill, as pinturas de caubóis de Frederic Remington) surgiu um pânico cultural muito específico, arraigado na pergunta *O que vai ser dos nossos meninos?*.

O problema era que, enquanto na Europa a história clássica sobre a passagem da infância para a idade adulta geralmente mostrava um garoto provinciano se mudando para a cidade e então se transformando em um cavalheiro refinado, a tradição americana tinha tomado o rumo oposto. O menino americano virava adulto *deixando* a civilização e partindo para as colinas. Ali, ele perdia seus costumes cosmopolitas e tornava-se um homem robusto e competente. Não um cavalheiro, veja bem, mas um homem.

Era um tipo especial de homem, esse americano criado em meio à natureza. Ele não era um intelectual, não tinha interesse em estudos ou reflexão. Ele tinha, como notou De Tocqueville, "uma espécie de desgosto pelo que é antigo". Em vez disso, podia ser encontrado, em sua forma estereotipada, "montado num bom cavalo sem sela, e percorrendo as pradarias de cabeça descoberta", tal como o explorador John Frémont descreveu o arquipioneiro Kit Carson. Ou então jogando seu poderoso machado por cima do ombro e casualmente "deitando cedros e carvalhos ao chão", como observou, extremamente impressionado, certo visitante estrangeiro do século XIX.

Na verdade, para todos os visitantes estrangeiros dos séculos XVIII e XIX, o homem americano era quase uma atração turística por si só, quase tão fascinante quanto as cataratas do Niágara, o novo e ambicioso sistema ferroviário ou os exóticos índios. Nem todo mundo era fã, é claro. ("Talvez não haja nenhum povo, nem mesmo os franceses, que seja tão vaidoso quanto os americanos", reclamou certo observador britânico em 1818. "Todo americano considera que é impossível um estrangeiro lhe ensinar qualquer coisa, e que sua cabeça contém uma enciclopédia perfeita.") Ainda assim, para o bem ou para o mal, todos pareciam concordar que aquele era um novo tipo de ser humano, e que o que definia o Homem Americano mais do que qualquer outra coisa era sua inventividade, nascida dos desafios de forjar um Novo Mundo a partir da mata virgem. Livres de restrições de classe, burocracia ou degradação urbana, estes americanos simplesmente realizavam mais coisas num único dia do que qualquer pessoa imaginara ser possível. No fim das contas, era isto: ninguém conseguia acreditar na rapidez com que aquelas pessoas trabalhavam.

O alemão Gottfried Duden, que em 1824 viajou para o Oeste americano com o objetivo de identificar lugares adequados a famílias alemãs interessadas em imigrar para os Estados Unidos, escreveu assombrado para seus conterrâneos: "Na América do Norte, projetos de construção que os países europeus não realizam em séculos são concluídos em uns poucos anos, por meio da cooperação voluntária e individual de cidadãos." Na época da visita de Duden, por exemplo, os fazendeiros de Ohio estavam ocupados com a construção de um canal de 370 quilômetros sem a ajuda de um único engenheiro licenciado. Duden via "belas cidades" prosperando onde dois anos antes não havia nem mesmo vilas. Via novas estradas, novas pontes, "milhares de novas fazendas" e "mais cem navios a vapor" — todos novos, feitos à mão, habilmente projetados e perfeitamente operantes. Se o Homem Americano precisava que alguma coisa fosse feita, ele simplesmente a fazia acontecer.

Essa concepção de um cidadão do Novo Mundo intrépido e competente era uma ideia muito sedutora. Isabel Bird, escritora inglesa de livros de viagem, famosa por sua prosa fria e distanciada, quase não conseguiu segurar um "Nossa Senhora!" quando passou os olhos pelos homens robustos que encontrou com frequência em sua viagem aos Estados Unidos nos anos 1850:

"É impossível dar uma ideia dos 'Homens do Oeste' para qualquer pessoa que não tenha visto ao menos um espécime [...] altos, bonitos, atléticos, de peito largo e nariz aquilino, olhos cinzentos, penetrantes, e barba e cabelos castanhos encaracolados. Eles vestem jaquetas de couro, calças curtas de couro, grandes botas com bordados em cima, esporas de prata e bonés de tecido escarlate, decorados com fios dourados um pouco manchados, sem dúvida presentes de moçoilas que se enamoraram daquelas belas fisionomias e daquele porte intrépido de caçador. Na presença deles, o tédio ia embora; eles sabiam contar histórias, assobiar melodias e cantar [...] Eram almas leves, alegres, narrando histórias instigantes sobre a vida no Oeste, cavalheirescos em seus modos e livres como o vento."

Vejam bem, eu não estava lá, e por isso é difícil saber quanto dessa retórica tinha um fundo de verdade e quanto era produto de uma imprensa estrangeira suscetível, ávida de testemunhar a Próxima Grande Novidade. O que sei é que nós, americanos, compramos o peixe. Compramos e o acrescentamos ao já suculento ensopado de nossa própria mitologia caseira, até cozinharmos uma noção perfeitamente universal de quem era e como se constituía o Homem Americano. Ele era Pecos Bill. Era Paul Bunyan. Alterava o curso dos rios com a ajuda de seu poderoso boi azul, domava cavalos selvagens usando cascavéis como rédeas, era um herói onipotente criado através da reveladora comunhão com a fronteira. Todo mundo sabia disso.

Portanto, Frederick Jackson Turner não foi o único que ficou nervoso quando, em 1890, chegou do Departamento de Recenseamento a notícia de que a fronteira americana estava repentina e oficialmente fechada. Mas ele foi o primeiro a perguntar o que este fechamento significaria para as gerações futuras. Seu nervosismo se disseminou; as perguntas se expandiram. Sem a mata virgem como lugar de iniciação, o que seria dos nossos meninos?

Ora, talvez eles se tornassem efeminados, mimados, decadentes.

Deus nos livre, talvez virassem *europeus*.

Acabei conhecendo Eustace Conway justo em Nova York, em 1993.

Conheci-o através de seu irmão, Judson, que é um caubói. Judson e eu tínhamos trabalhado juntos em um rancho nos Wyoming Rockies, quando eu tinha 22 anos de idade e agia como se fosse uma *cowgirl* do Oeste — atitude que exigia de mim uma boa dose de fingimento, dado o inconveniente fato de que eu era, na verdade, uma ex-jogadora de hóquei de Connecticut. Porém, eu estava ali em Wyoming porque buscava uma educação e uma autenticidade que achei que não poderiam ser encontradas em lugar algum a não ser na fronteira americana, ou no que restava dela.

Eu buscava essa fronteira com a mesma seriedade com que meus pais a haviam buscado duas décadas antes, quando compraram três acres de terra na Nova Inglaterra e fingiram ser pioneiros — criando galinhas, cabras e ovelhas, plantando toda a nossa comida, costurando todas as nossas roupas, lavando nosso cabelo num barril de água de chuva e aquecendo nossa casa (e só dois cômodos dela) com lenha cortada à mão. Meus pais criaram minha irmã e eu da forma mais rústica que conseguiram, embora estivéssemos vivendo os anos Reagan em uma das comunidades mais ricas de Connecticut e nossa casinha de fazenda

15

insular na fronteira por acaso estivesse situada em uma grande rodovia, a pouco mais de um quilômetro do country club.

Bom, e daí? Minha irmã e eu fomos incentivadas a ignorar essa realidade. Colhíamos amoras-pretas nas valas ao longo da rodovia, usando nossos vestidos feitos à mão, enquanto os carros passavam em disparada e os caminhões de nove eixos faziam o chão tremer. Íamos à escola com as mangas da roupa manchadas de leite de cabra, por causa das tarefas da parte da manhã. Fomos ensinadas a ignorar os valores da cultura que nos cercava e a nos concentrar, em vez disso, na mais sagrada e antiga máxima americana: Inventividade é quase Divindade.

Não é de causar surpresa, portanto, que ao completar 22 anos eu tenha chegado à conclusão de que não ficaria satisfeita cursando um mestrado ou me assentando em alguma carreira respeitável. Eu tinha outras aspirações. Queria aprender os limites da minha própria inventividade e acreditava que só poderia descobri-los em um lugar como o Wyoming. Eu me inspirava no exemplo dos meus pais e no instigante conselho de Walt Whitman para os garotos americanos do século XIX: "Erga-se não mais dos livros de escola! Erga-se para o seu próprio país! Vá para o Oeste e para o Sul! Vá entre homens, no espírito dos homens! Dome cavalos, torne-se um bom atirador e um bom remador [...]"

Fui para o Wyoming, em outras palavras, para me tornar um homem.

Eu adorava o trabalho no rancho. Trabalhava como cozinheira, cavalgava no meio do mato, sentava em volta da fogueira, bebia, contava histórias, falava palavrões e encurtava o fim das palavras, basicamente fazendo uma clássica pose de autenticidade fajuta. Quando forasteiros no Wyoming me perguntavam de onde eu vinha, eu respondia "Lubbock, Texas". Contanto que ninguém fizesse uma única pergunta em seguida, eu geralmente conseguia passar por uma *cowgirl* autêntica. Os outros caubóis do rancho até tinham um autêntico apelido de *cowgirl* para mim. Todos me chamavam de Blaze.

Mas só porque eu tinha pedido a eles.

Eu era uma farsante completa e absoluta. Contudo, defendo que essa farsa era apenas o exercício do meu direito e privilégio de jovem cidadã americana. Eu estava seguindo o ritual nacional e não era mais fajuta do que Teddy Roosevelt tinha sido um século antes, quando saiu de Nova York, onde era um dândi mimado, e partiu para o Oeste, a fim de se tornar um homem robusto. Ele mandava cartas extremamente convencidas e afetadas, gabando-se de suas experiências rústicas, assim como de seu guarda-roupa de macho ("Você acharia graça em me ver", Roosevelt escreveu para um amigo do Leste, "usando meu sombreiro largo, camisa de camurça com franjas e contas, *chaparajos* de pele de cavalo ou calças de montador e botas de pele de vaca, com rédea trançada e esporas de prata".) Eu conheço essa carta. Eu mesma a escrevi, dezenas de vezes, para dezenas de pessoas. ("Comprei um par de botas de cascavel na semana passada", escrevi do rancho para meus pais em 1991, "e já quase arregacei elas fazendo serviços no curral, mas, enfim, é pra isso que elas servem".)

Conheci Judson Conway no meu primeiro dia no rancho. Ele foi a primeira coisa que meus olhos viram, depois da longa subida de carro naquela montanha do Wyoming, e eu meio que me apaixonei por ele. Não me apaixonei por Judson do tipo "Vamos casar!", foi mais algo como "Nossa Senhora, me acuda!". Porque Judson Conway era assim, naquele momento: magro, bonito, levemente escondido sob um chapéu de caubói e sedutoramente coberto de poeira. Só o que ele precisou fazer foi passar do meu lado com seu gingado sexy (classicamente executado à maneira hollywoodiana, como se dissesse "Desculpa-senhora--mas-acabei-de-cavalgar-um-montão"), e eu me converti.

Senti atração por Judson porque eu era uma menina, ele era bonito e eu não era cega nem nada, mas também reconheci nele imediatamente um ponto em comum. Como eu, Judson tinha 22 anos e era um farsante completo e absoluto. Não era mais autenticamente do Oeste do que sua nova amiga Blaze. Nem nós éramos mais autenticamente do Oeste do que Frank Brown, outro caubói de 22 anos que trabalhava no rancho. Ele era um universitário de Massachusetts, na época atendendo pelo apelido de Buck. Além disso, havia nosso chefe, Hank, que sempre berrava "Vamos malhar o couro, moçada!", quando era hora de partir a cavalo, mas cujo pai calhava de ser assistente do procurador-geral do estado de Utah. Todos nós estávamos igualmente encenando.

Mas Judson era o meu favorito, porque gostava da encenação mais do que qualquer outro. Ele de fato tinha a pequena vantagem cultural de pelo menos ser do Sul, por isso podia falar como um sulista. Ele era deliciosamente descolado, e Walt Whitman teria adorado o modo como ele estava vivendo. Ele estava se aperfeiçoando na pontaria e no remo, mas também tinha cruzado os Estados Unidos em vagões de trem e voltado de carona; tinha beijado meninas de toda parte e aprendido a ser um grande contador de histórias e um caçador talentoso. E que cavaleiro mais encantador! Aprendera truques sozinho, como jogar o corpo para cima e para fora do cavalo em movimento, e muitas outras brincadeiras que não eram totalmente úteis para o serviço em um rancho, mas que eram, contudo, bastante divertidas.

Ele e eu nos divertimos muito por dois anos seguidos, ali no Wyoming, e depois cada um seguiu seu caminho. Mas mantivemos contato. Assim como um bom soldado da Guerra Civil, Judson se correspondia com eloquência e lealdade. Nunca telefonava; sempre escrevia. E tinha muito assunto para escrever, pois essa era a vida excelente que ele criara para si: passava as primaveras caçando pombos em casa, na Carolina do Norte, os verões como guia de pesca, no Alasca, os outonos como guia de caça de cervos, no Wyoming, e os invernos ajudando turistas a pescar peixes dignos de troféus, nas Florida Keys.

"Estou decidido a aprender a pescar em água salgada e com esperanças de arranjar emprego em um barco fretado", ele me escreveu em sua primeira viagem à Flórida. "Vou ficar na casa de um casal que levei para cavalgar um dia no Wyoming. Comecei a falar com eles, e aqui estou [...] Tenho passado muito tempo no Everglades National Park, observando pássaros e lutando com jacarés."

"Não estou ganhando a vida", ele escreveu, em sua primeira viagem para o Alasca, "só estou *vivendo*".

Judson sempre jurava que viria me visitar algum dia em Nova York, para onde eu me mudara. ("O rio Hudson tem peixes?") Entretanto, os anos se passaram, ele não apareceu, e eu nunca esperei muito que ele fosse aparecer. ("Vai se casar, não é?", ele finalmente escreveu, depois de uma longa carta minha. "Acho que eu esperei demais para te visitar [...]") E então, um dia, anos depois da última vez que tínhamos nos falado pessoalmente, ele me telefonou. Essa atitude, por si só, foi surpreendente; Judson não usava telefones, não quando dispunha de selos perfeitamente úteis. Mas a ligação era urgente. Ele me disse que estava vindo de avião a Nova York e chegaria logo no dia seguinte, para me visitar. Foi um impulso, ele disse. Disse que queria só ver como era uma cidade grande. E então acrescentou que seu irmão mais velho, Eustace, estava vindo junto.

E, de fato, os irmãos Conway chegaram na manhã seguinte. Saíram de um táxi amarelo bem diante do meu prédio, formando uma dupla totalmente bizarra e incongruente. Lá estava o belo Judson, parecendo um jovem galante do seriado *Bonanza*. E lá, bem ao lado dele, estava seu irmão, o porra do Davy Crockett.*

Eu sabia que aquele era o porra do Davy Crockett porque era disso que todo mundo nas ruas de Nova York começava a chamar o cara imediatamente.

"Rapaz! É o porra do Davy Crockett!"

"Olha só o porra do Davy Crockett!"

"Rei da porra da fronteira selvagem!"

É claro, alguns nova-iorquinos o confundiam com o porra do Daniel Boone,** mas todo mundo tinha algo a dizer sobre aquele curioso visitante, que avançava furtivamente pelas ruas de Manhattan, usando roupas de camurça feitas à mão e carregando uma imponente faca no cinto.

O porra do Davy Crockett.

Foi assim que conheci Eustace Conway.

Ao longo dos dois dias seguintes, naquele cenário improvável de Nova York, ouvi tudo sobre a vida de Eustace Conway. Certa noite, Judson, Eustace e eu fomos beber em um bar meio podre do East Village, e enquanto Judson se mantinha ocupado dançando com todas as meninas bonitas e contando histórias emocionantes da vida na roça, Eustace ficou sentado em um canto, comigo, e explicou em voz baixa que passara os últimos 17 anos morando em uma tenda indígena escondida nas montanhas ao sul dos Apalaches, na Carolina do Norte. Ele chamava

---

* Soldado, político e herói popular americano do século XIX, famoso por suas façanhas na exploração do Oeste, que lhe valeram o epíteto de "Rei da Fronteira Selvagem". (N. do T.)

** Pioneiro e explorador americano do século XVIII, um dos primeiros heróis populares dos Estados Unidos, famoso principalmente pelo desbravamento do que hoje é o estado do Kentucky. (N. do T.)

sua casa de Turtle Island, batizada em homenagem à lenda criacionista dos americanos nativos sobre a robusta tartaruga que carrega nas costas o peso da Terra inteira. Eustace me contou que possuía mil acres de terra ali no mato — uma bacia hidrográfica totalmente independente, intacta e protegida.

Parecia um pouco estranho que alguém que comia gambás e limpava a bunda com folhas pudesse ter conseguido adquirir mil acres de mata virgem e intocada. Mas Eustace Conway era, como eu viria a descobrir depois, um homem muito astuto. Ele foi comprando essa propriedade lentamente, ao longo do tempo, com o dinheiro que ganhava entrando nos sistemas escolares regionais e falando para alunos extasiados sobre comer gambás e limpar a bunda com folhas. A terra, ele afirmava, era sua única grande despesa na vida. Tudo o mais de que precisava, ele mesmo podia fazer, construir, plantar ou matar. Ele caçava sua própria comida, bebia água do chão, fazia suas próprias roupas...

Eustace me contou que as pessoas tendiam a romantizar seu estilo de vida. Isso porque, da primeira vez que as pessoas lhe perguntam o que ele faz da vida, ele invariavelmente responde: "Eu moro no mato." Então as pessoas ficam mais sonhadoras e dizem: "Ah! O mato! O mato! Eu adoro mato!", como se Eustace passasse o dia bebericando o orvalho de flores de cravo. Mas não é isso que morar no mato significa para Eustace Conway.

Alguns anos atrás, por exemplo, quando estava caçando cervos para o inverno, ele se deparou com um lindo cervo macho com uma galhada de oito pontas, pastando entre os arbustos. Ele atirou. O cervo caiu. Sem saber se havia matado o animal, Eustace esperou por um bom tempo para ver se ele ia se levantar de onde caíra e tentar correr. Não houve movimento. Devagar, em silêncio, Eustace foi se aproximando do lugar onde o bicho tinha caído e encontrou o enorme cervo, deitado de lado, exalando um fino vapor vermelho de sangue pelo nariz. Os olhos do bicho estavam se mexendo; ele estava vivo.

"Levante, irmão!", Eustace gritou. "Levante que eu dou cabo de você."

O bicho não se mexeu. Eustace odiou vê-lo deitado ali, vivo e ferido, mas também odiava a ideia de explodir a bela cabeça do animal à queima-roupa, por isso tirou sua faca do cinto e a cravou na jugular do cervo. O cervo se levantou, muito vivo, sacudindo sua galhada de chifres. Eustace agarrou-se nos chifres, ainda segurando a faca, e os dois começaram uma luta corpo a corpo, jogando-se nos arbustos, rolando colina abaixo, o cervo investindo, Eustace tentando desviar os chifres pesados do animal na direção das árvores e das pedras. Por fim, ele soltou uma das mãos e passou a faca por inteiro na transversal do pescoço do cervo, escancarando as veias, as artérias e a traqueia. Mas o cervo continuou lutando, até que Eustace prendeu o rosto dele no chão, ajoelhando-se sobre sua cabeça e sufocando a criatura moribunda. Aí, então, enfiou as mãos no pescoço do bicho e espalhou o sangue em todo o seu próprio rosto, chorando, rindo e oferecendo uma oração extática de agradecimento ao universo pelo formidável fenômeno daquela criatura que dera a sua vida de modo tão valente para que a dele próprio fosse conservada.

É isso que morar no mato significa para Eustace Conway.

Na manhã seguinte à nossa conversa no bar, levei os irmãos Conway para passear pelo Tompkins Square Park. Lá, eu perdi Eustace. Não conseguia encontrá-lo em lugar algum e fiquei preocupada, receosa por ele estar fora de seu ambiente e, portanto, indefeso e vulnerável. Mas, quando o achei, ele estava numa agradável conversa com o grupinho de traficantes mais sinistros que alguém já viu. Eles tinham oferecido crack a Eustace Conway, que educadamente recusara, mas que, no entanto, estava envolvido com eles em uma conversa sobre outros assuntos.

"Aí, cara", os traficantes estavam perguntando quando eu cheguei, "onde você comprou essa camisa maneira?".

Eustace explicou para os traficantes que na verdade não tinha comprado a camisa; ele a tinha feito. Com a pele de um cervo. Ele descreveu exatamente como tinha atirado no cervo com um mosquete de pólvora, pelado o cervo ("com esta faca aqui!"), amaciado a pele com os miolos do próprio cervo, e depois costurado a camisa usando fibras de tendão tiradas da lateral da coluna vertebral do cervo. Ele disse aos traficantes que não era um processo tão difícil, e que eles podiam fazer aquilo também. E se viessem visitá-lo em sua casa nas montanhas, em Turtle Island, ele lhes ensinaria todo tipo de métodos maravilhosos de viver da natureza.

Eu disse: "Eustace, nós temos que ir."

Os traficantes apertaram sua mão e disseram: "Porra, Hustice. Você é *foda*."

É assim que Eustace interage com o mundo todo o tempo todo: aproveitando qualquer oportunidade para ensinar às pessoas sobre a natureza. O que quer dizer que Eustace não é apenas um eremita ou um hippie, nem mesmo um sobrevivencialista. Ele não vive no mato porque está se escondendo de nós, nem porque está plantando uma maconha excelente, nem porque está guardando armas para a guerra racial iminente. Ele vive no mato porque seu lugar é ali. Além disso, ele tenta convencer outras pessoas a se mudarem para o mato com ele, pois acredita que essa é sua vocação particular — nada menos do que salvar a alma coletiva de nossa nação, reapresentando aos americanos o conceito de comunhão reveladora com a fronteira. O que quer dizer que Eustace Conway acredita que é um Homem do Destino.

Eustace criou Turtle Island — um cosmos perfeito de mil acres, projetado por ele próprio — como a mais extrema instituição de ensino, uma universidade rústica, um monastério selvagem. Após anos e anos estudando sociedades primitivas e depois de incontáveis experiências de transformação pessoal dentro da mata virgem, Eustace estabeleceu para si um poderoso dogma. Ele está convencido de que o único jeito possível de os Estados Unidos de hoje começarem a reverter sua corrupção, ganância e mal-estar inerentes é sentindo o arrebatamento que vem dos encontros diretos com o que ele chama de "a grande arte e divindade da natureza".

Ele acredita que nós, americanos, em meio à nossa constante busca por comodidade, estamos erradicando a beleza áspera e edificante de nosso verdadeiro ambiente e substituindo essa beleza por um "ambiente" seguro, mas completamente falso. O que Eustace vê é uma sociedade em processo contínuo de desintegração, devido (talvez possamos dizer) ao seu próprio excesso de inventividade. Espertos, ambiciosos e sempre em busca de maior eficiência, nós americanos criamos para nós mesmos, em dois breves séculos, um mundo de conforto 24 horas, no qual para resolver cada coisa basta apertar um botão. As necessidades básicas da humanidade — alimento, vestimenta, abrigo, entretenimento, transporte e até prazer sexual — não mais precisam ser pessoalmente conquistadas, ritualizadas ou mesmo compreendidas. Todas elas podem agora ser trocadas por mero dinheiro. Ou crédito. O que significa que ninguém precisa mais saber *fazer* nada, exceto possuir uma única habilidade capaz de lhe proporcionar o dinheiro suficiente para custear as conveniências e serviços da vida moderna.

Porém, ao substituir cada desafio por um atalho, parecemos ter perdido alguma coisa, e Eustace não é a única pessoa que sente essa perda. Somos um povo cada vez mais deprimido e ansioso — e isso não é à toa. Pode-se argumentar que todas essas conveniências modernas foram adotadas para nos poupar tempo. Mas tempo para *quê*? Uma vez criado um sistema que satisfaz todas as nossas necessidades sem exigir muito esforço ou trabalho físico, agora podemos preencher essas horas com...?

Com, por exemplo, a televisão — muita televisão, horas de televisão, dias e semanas e meses de televisão na vida de cada americano. E também com o trabalho. A cada ano, os americanos passam mais horas trabalhando; em quase todos os lares, pai e mãe (caso *haja* pai e mãe) precisam trabalhar em período integral fora de casa para pagar por todos os bens e serviços. O que implica muito deslocamento; o que implica muito estresse; menos contato com a família e com a comunidade; refeições de fast-food consumidas em carros na ida e na vinda do trabalho; saúde pior o tempo todo. (Os Estados Unidos são certamente a sociedade mais gorda e mais sedentária da história, e estamos ganhando mais quilos a cada ano. Parecemos ter o mesmo desrespeito por nossos corpos que temos por nossos outros recursos naturais; se um órgão vital para de funcionar, no fim das contas acabamos acreditando que poderemos simplesmente comprar um novo, que outra pessoa vai cuidar disso. Assim como acreditamos que outra pessoa vai plantar outra floresta algum dia, se nós acabarmos com a que temos. Quer dizer, isso se nós sequer notarmos que estamos acabando com ela.)

Existe certa arrogância nessa atitude, porém, mais do que isso, existe nela uma profunda alienação. Nós perdemos o ritmo — é simples assim. Se não cultivamos mais o nosso próprio suprimento de comida, será que precisamos dar alguma atenção à ideia, digamos, das estações do ano? Existe alguma diferença entre inverno e verão, se podemos comer morangos todo dia? Se podemos manter nossa casa numa confortável temperatura fixa de 20 graus o ano inteiro, precisamos perceber que o outono está chegando? Temos que nos preparar para isso? Temos que respeitar isso? E temos, ainda, que refletir sobre o que significa, para nossa própria condição de mortais, o fato de que na natureza as coisas morrem todo outono? E quando a primavera de fato chega outra vez, precisamos nos dar conta desse renascimento? Precisamos reservar um momento e talvez agradecer a alguém por isso? Celebrar isso? Se nunca saímos de casa a não ser para ir de carro ao trabalho, precisamos estar cientes, mesmo que remotamente, dessa força de vida poderosa, avassaladora, extraordinária e eterna que brota e reflui à nossa volta o tempo todo?

Aparentemente, não. Porque parecemos ter parado de prestar atenção nessas coisas. Ou, pelo menos, esta é a percepção de Eustace Conway quando olha para os Estados Unidos. Ele vê um povo que perdeu a sincronia com os ciclos naturais que vinham definindo a existência e a cultura da humanidade há milênios. Uma vez perdida essa conexão vital com a natureza, a nação corre o risco de perder sua humanidade. Afinal, não somos visitantes estrangeiros deste planeta, mas sim seus habitantes naturais e parentes de cada entidade viva daqui. Esta Terra é o lugar de onde viemos e onde todos vamos terminar, quando morrermos; e, nesse ínterim, é o nosso lar. Não podemos ter esperança alguma de entender a nós mesmos se não entendermos, mesmo que apenas superficialmente, o nosso lar; se não entendermos que precisamos situar nossas vidas em algum contexto metafísico maior.

Em vez disso, Eustace vê uma cena arrepiante: somos, atualmente, uma massa de cidadãos tão distantes dos ritmos da natureza, que atravessamos nossas vidas marchando como simples sonâmbulos, cegos, surdos e insensíveis. Levamos uma existência robótica, em cenários esterilizados que entorpecem a mente, enfraquecem o corpo e atrofiam a alma. Eustace acredita, no entanto, que podemos recuperar nossa humanidade: quando contemplamos a venerável idade de uma montanha, nós a recuperamos; quando observamos a ordem sublime da água e da luz do sol, nós a recuperamos; quando vivenciamos em primeira mão a poesia brutal da cadeia alimentar, nós a recuperamos; quando estamos atentos a cada nuance de nosso mundo natural, finalmente entendemos o recado — que a cada um de nós é dado apenas um momento deslumbrante de vida aqui na Terra, e que devemos nos comportar diante dessa realidade de forma tão humilde quanto elevada, sujeitando-nos a cada lei do universo, gratos por nossa breve porém intrínseca participação dentro dele.

Obviamente, essa concepção não é radical. Qualquer ambientalista do mundo põe em prática uma filosofia baseada nessas mesmas hipóteses. Mas o que distingue Eustace Conway de qualquer outro ambientalista é a confiança peculiar que ele tem, desde sua primeira infância, na ideia de que o seu destino *pessoal* é arrancar seus concidadãos do sonambulismo. Ele sempre acreditou ser a única pessoa que possui esse poder e essa responsabilidade, sempre acreditou que seria o propagador da mudança. Um homem, uma visão.

Esta era a sua visão precisa: um a um, os americanos se uniriam a ele em sua utopia mística na floresta. Ali, sob a sua orientação, se livrariam da fragilidade, da ignorância e da mesquinhez que são resultado da educação contemporânea. Usando seu carisma como isca, ele guiaria as pessoas de volta para a mata virgem, retiraria suas vendas, apontaria para elas a paisagem estonteante da fronteira intacta e diria: "Contemplem!" Então daria um passo atrás e assistiria ao despertar.

Eustace sempre teve em mente grupos de crianças vindo participar de acampamentos de verão primitivos, mas também aceitaria de bom grado adultos — aprendizes —, que, por períodos extensos, estudariam seriamente um modo natural de vida, sob a sua liderança. Ele sabe, é claro, que é impossível arrastar um por um cada americano para a floresta, e é por isso que também se comprometeu a sair para o mundo com sua mensagem e levar a floresta diretamente para as próprias pessoas — carregando o próprio cheiro da mata em seus cabelos, em sua pele e em suas palavras. Ele iria pregar e ensinar sua doutrina em cada escola, cada feira estadual, cada shopping center, estacionamento e posto de gasolina que encontrasse. Falaria apaixonadamente com qualquer empresário, babá, dona de casa, prostituta, milionário e viciado em crack dos Estados Unidos.

Com a energia de Eustace e por meio de seu exemplo — ele sempre teve certeza disso —, os americanos gradualmente se transformariam. Eles cresceriam, aprenderiam e voltariam a ser fortes e autossuficientes. Depois, se separariam de Eustace e disseminariam seu recém-adquirido conhecimento entre seus irmãos. Desse modo um tanto ou quanto missionário, sua visão de uma harmonia perfeita com a natureza se espalharia cada vez mais em meio a famílias, cidades, condados e estados, até que todos nós estivéssemos vivendo como Eustace — cultivando nossa comida, fabricando nossas roupas, fazendo fogo com dois gravetos e reconhecendo nossa abençoada humanidade. Assim, tanto nossa grandiosa nação quanto nosso planeta sagrado seriam salvos.

Esse era seu plano, de qualquer modo.

Audacioso? Com certeza. Mesmo assim, havia algo de especial naquele homem...

Não é fácil ignorar alguém como Eustace. Conforme seu irmão Judson atestaria, assombrado, e como eu depois vim a presenciar pessoalmente, as habilidades de Eustace no mato são realmente incontáveis. Ele é absurdamente competente, é física e intelectualmente predestinado a desenvolver habilidades. Tem visão perfeita, audição perfeita, equilíbrio perfeito, reflexos perfeitos e concentração perfeita. Tem músculos longos, em uma estrutura leve, embora de construção robusta, como um corredor de média distância nato. Seu corpo é capaz de dar qualquer resposta que ele peça. Sua mente também. Ele só precisa ser exposto a uma ideia ou observar um processo uma única vez para entendê-lo logo de cara, assimilá-lo e imediatamente começar a aperfeiçoar seus princípios. Ele presta mais atenção ao ambiente onde está do que qualquer pessoa que eu jamais tenha visto. Sua mente opera, como Henry Adams escreveu sobre as mentes dos primeiros colonos americanos, como "um mero instrumento de corte, prático, econômico, afiado e direto".

Essa mentalidade gera uma sinceridade dura. Desse modo, quando eu lhe perguntei, certa vez: "Tem alguma coisa que você *não* consiga fazer?", Eustace respondeu: "Bom, eu nunca achei nada especialmente difícil." Em outras palavras, ele tem a autoconfiança necessária para sustentar sua convicção de que pode realmente mudar o mundo. Além disso, tem a vontade inabalável e a visão de mundo obstinada de um reformador nato. Eustace também tem carisma, que exala generosamente em cada interação com qualquer pessoa.

Minha primeira visita a Eustace em Turtle Island foi em 1995. Na metade da minha estada lá, Eustace precisou sair da montanha, e eu fui junto com ele. Ele tinha que sair da floresta, como muitas vezes faz, para ensinar *sobre* a floresta, para ganhar dinheiro e disseminar seu "evangelho". Então atravessamos a Carolina do Norte até um pequeno acampamento de verão especializado em educação ambiental. Um grupo de adolescentes se apinhou na sala de jantar do acampamento para assistir ao evento da noite, e para mim pareciam todos idiotas — barulhentos, mal-educados, se empurrando, gritando, rindo. Eustace supostamente tinha que fazer com que aqueles meninos se entusiasmassem com a natureza.

Foi então que eu pensei: *Isso não vai acabar bem.*

Eustace, de jeans e camisa xadrez, não de camurça, cruzou o tablado em direção ao microfone. De seu pescoço pendiam dois grandes dentes de coiote. Em seu cinto, a faca.

Os empurrões, gritos e risadas continuaram.

Eustace, magro e sério, ficou parado diante do microfone com as duas mãos nos bolsos. Depois de um longo instante, disse: "Eu sou um homem quietinho, por isso vou ter que falar em voz baixa hoje."

Pararam os empurrões, gritos e risadas. Os adolescentes tontos olharam fixamente para Eustace Conway, hipnotizados. Eu juro que foi simplesmente assim: de uma hora para outra, fez-se um silêncio mortal. Algo como no filme *Ao mestre, com carinho.*

"Eu fui morar no mato quando tinha 17 anos", Eustace começou a falar. "Não era muito mais velho do que vocês são hoje..."

E então contou sobre a sua vida. Aqueles meninos estavam tão absortos, que teria sido possível fazer uma cirurgia neles sem que eles percebessem. Eustace falou para eles de sobrevivência no mato e de suas aventuras, mas também fez seu discurso sobre a diferença entre o mundo das caixas e o mundo dos círculos.

"Eu moro", disse Eustace, "na natureza, onde tudo é conectado, circular. As estações do ano são circulares. O planeta é circular, e assim é seu caminho em volta do Sol. O curso da água sobre a terra é circular, descendo do céu, circulando pelo mundo para espalhar a vida e depois evaporando outra vez. Eu moro em uma tenda circular e acendo minha fogueira dentro de um círculo, e quando as pessoas que eu amo me visitam, nós nos sentamos em círculo e conversamos. Os ciclos de vida das plantas e dos animais são circulares. Eu vivo ao ar livre, onde posso ver isso. Os antigos entendiam que nosso mundo é um círculo, mas nós, pessoas modernas, perdemos isso de vista. Eu não vivo dentro de prédios, porque os prédios são lugares mortos onde nada cresce, onde a água não flui e onde a vida para. Não quero viver em um lugar morto. Algumas pessoas dizem que eu não vivo no mundo real, mas são os americanos modernos que vivem em um mundo falso, porque saíram do círculo natural da vida.

"Eu vi o círculo da vida com mais clareza quando estava atravessando os Estados Unidos a cavalo e me deparei com o corpo de um coiote que tinha morrido recentemente. O animal estava mumificado pelo calor do deserto, mas em volta dele, em um círculo vicejante, havia uma pequena faixa de grama, verde e fresca. A terra estava extraindo os nutrientes do animal e se regenerando. Percebi que aquilo não era uma cena de morte; era uma cena de vida eterna. Tirei os dentes daquele coiote e fiz este colar para mim ali mesmo, um colar que está sempre no meu pescoço, para que eu nunca esqueça essa lição.

"As pessoas vivem em círculos hoje? Não. Elas vivem em caixas. Acordam toda manhã na caixa do seu quarto, porque uma caixa ao lado delas começou a apitar dizendo que é hora de levantar. Comem o café da manhã que vem numa caixa e depois jogam essa caixa dentro de outra caixa. Depois elas saem da caixa onde moram, entram numa caixa com rodas e vão para o trabalho, que é só mais outra grande caixa dividida em vários cubículos, onde várias pessoas passam os dias sentadas, olhando para as caixas do computador na frente delas. Quando o dia termina, todo mundo entra de novo na caixa com rodas, volta para sua casa-caixa e passa a noite olhando para a caixa da televisão, para se divertir. Elas ouvem música que vem de uma caixa, tiram comida de caixas, guardam suas roupas numa caixa, vivem suas vidas numa caixa! Isso soa familiar, para vocês?"

A essa altura, os meninos já estavam sorrindo e aplaudindo.

"Saiam da caixa!", disse Eustace. "Vocês não precisam viver assim porque as pessoas dizem que é o único jeito. Vocês não estão algemados à sua cultura! Esse *não* é o jeito como a humanidade viveu por milhares de anos e *não* é o único jeito como vocês podem viver hoje!"

Mais uma hora disso, depois aplausos incontidos, como em uma sessão evangélica. Após a palestra, Eustace sentou-se na beira do tablado, bebendo da jarra de vidro cheia de água mineral fresca de Turtle Island, que leva consigo para todo lado. Os adolescentes aproximaram-

-se com reverência, atônitos, enquanto o diretor do acampamento dava a Eustace um aperto de mão entusiasmado e um envelope discreto, com um cheque generoso. Os adolescentes amontoaram-se mais perto dele. O menino mais durão, mais mal-encarado, veio se postar bem do lado de Eustace. Pôs o punho no coração e anunciou, com uma verdadeira solenidade:

"Você é demais, cara. Você é *ninja*."

Eustace jogou a cabeça para trás e riu. Os outros meninos fizeram fila para apertar a mão dele e depois começaram a metralhá-lo com perguntas.

"Você conseguiria fazer fogo agora se precisasse?"

"Sim."

"Se alguém te soltasse pelado no meio do Alasca, você conseguiria sobreviver?"

"Acho que sim. Mas seria muito mais fácil se eu tivesse uma faca."

"Você ficou com medo, na primeira vez que foi morar na floresta?"

"Não. O mundo civilizado é muito mais assustador que a floresta."

"Seus pais ficaram bravos quando você foi morar na floresta?"

"Meu pai não sabia por que eu queria sair de uma casa confortável e moderna, mas minha mãe entendeu."

"Você às vezes fica doente?"

"Raramente."

"Já foi alguma vez ao médico?"

"Nunca."

"Sabe dirigir?"

"Como você acha que eu cheguei aqui hoje?"

"Você usa alguma ferramenta moderna?"

"Eu uso a motosserra direto, para cuidar da minha terra. Uso telefones. E baldes de plástico. Meu Deus, mas os baldes de plástico são ótimos! Eu fiz várias das minhas próprias cestas e recipientes com troncos de árvores e grama — quero dizer, eu sei fazer isso e usei várias vezes esses meios primitivos de carregar água —, mas vou dizer uma coisa, não há nada como um balde de plástico para fazer o serviço mais depressa. Uau! Baldes de plástico! Que maravilha! Eu adoro!"

"Você tem escova de dente?"

"No momento, não."

"Tem escova de cabelo?"

"Eu costumava ter uma escova de porco-espinho. Mas já não tenho mais."

"O que é uma escova de porco-espinho?"

"Uma escova de cabelo feita de pelos de porco-espinho."

"Onde você arranjou *isso*?"

"Um porco-espinho salvou minha vida uma vez quando eu estava caminhando na trilha dos Apalaches, por isso eu fiz a escova com os pelos dele, em sua homenagem."

"Como foi que um porco-espinho salvou sua vida?"

"Me dando o que comer quando eu estava morrendo de fome."

Neste ponto, houve um silêncio prolongado enquanto os meninos tentavam entender aquilo. Então todos eles meio que disseram "Ahhh..." ao mesmo tempo, e o interrogatório continuou.

"Por que você estava morrendo de fome?"

"Porque não tinha comida."

"Por que não tinha comida?"

"Porque era inverno."

"Qual foi o maior tempo que você já passou sem comer?"

"Provavelmente as duas semanas antes de eu matar aquele porco-espinho."

"Você pode mostrar sua escova de porco-espinho pra gente?"

"Eu não tenho mais. Levei para uma demonstração que nem essa, para mostrar para alguns meninos da sua idade, e alguém roubou. Vocês conseguem imaginar como isso me deixou triste?"

"Você tem uma arma?"

"Tenho várias armas."

"Já matou uma pessoa?"

"Não."

"Você é casado?"

"Não."

"Por que não?"

"Acho que ainda não encontrei a mulher certa."

"Você queria ser casado?"

"Mais do que qualquer coisa no mundo."

30

"Você às vezes se sente solitário lá no meio da floresta?"

Eustace hesitou, deu um sorriso tristonho.

"Só de noite."

Mais tarde, naquela mesma noite, quando estávamos sozinhos, Eustace me contou como fica de coração partido quando convive com adolescentes americanos modernos. Sim, Eustace consegue se comunicar com eles, mas as pessoas nunca entendem que ele fica dilacerado por dentro ao ver como os meninos são ignorantes, indisciplinados em suas interações pessoais e desrespeitosos com os mais velhos; como são consumidos por desejos materiais e incompetentes de um jeito que você nunca veria, digamos, em uma criança amish.

Mas eu não estava prestando muita atenção ao lamento de Eustace, pois tinha outra pergunta em mente. "Ei, sobre o que aconteceu aqui hoje. Você desperta esse tipo de reação em todos os lugares onde fala?"

"Sim."

"De todas as faixas etárias; de pessoas de qualquer origem?"

"Sim."

Aquilo me fez pensar.

"Então me diga especificamente. Por que você acha que esses adolescentes específicos de hoje ficaram tão hipnotizados com você?"

A resposta dele foi tão imediata, tão resoluta e pronunciada com tanta frieza que eu senti um breve calafrio na espinha.

"Porque eles reconheceram logo de cara que eu era uma pessoa real", Eustace respondeu. "E eles provavelmente nunca conheceram uma pessoa real antes."

CAPÍTULO DOIS

> Meu filho, meu carrasco,
> Tomo-te em meus braços,
> Pequeno e silencioso, teu movimento leve,
> A ti meu corpo aquece.
> — *"Meu filho, meu carrasco"*, Donald Hall

No inverno de 1975, quando tinha 14 anos, Eustace Conway começou um novo diário e escreveu o seguinte parágrafo, como introdução:

"Eu, Eustace Conway, moro em uma casa relativamente grande em Gastonia, Carolina do Norte. Tenho mãe e pai vivos atualmente e também tenho dois irmãos (Walton e Judson) e uma irmã (Martha). Tenho um hobby muito forte, que é o artesanato e a cultura indígena. Montei um grupo de dança indígena com quatro pessoas, incluindo eu mesmo. As pessoas são: eu, meu irmão Walton, que é o mais velho dos meus dois irmãos, Tommy Morris, um amigo próximo que mora a uns dois quarteirões daqui, e também Pete Morris, que é irmão dele. O pai deles se matou uns dois anos atrás, mas a mãe deles vai casar de novo em breve. Eu vou ao Scheile Museum of Natural History sempre que posso, porque adoro esse lugar e adoro as pessoas de lá. Já quase virei um dos funcionários [...] Meu quarto em si é um museu. Eu o cobri de pinturas e imagens indígenas, peles de urso do meu tio que mora no

Alasca, e muitos artefatos indígenas que eu fiz. Não há espaço no meu quarto para mais nada, ele está totalmente abarrotado e eu tenho muito mais coisas que não consigo colocar."

Ele era um menino estranho. Estava ocupado o tempo inteiro. Ia à escola todo dia, é claro, mas só porque era obrigado. Depois da escola, ia de bicicleta até o Scheile Museum, um pequeno museu de história natural cheio de maquetes empoeiradas de bichos e plantas da Carolina do Norte, da época da Primeira Guerra Mundial. E era ali que, a cada dia, a verdadeira aula começava para Eustace: o sr. Alan Stout, diretor do museu, se afeiçoara a ele e sempre o recebia no maravilhoso círculo interno do Scheile Museum.

Era difícil resistir a Eustace. O garoto tinha um sorriso belo e grande, nas ocasiões em que chegava a sorrir. Um menino com uma concentração tão rara! Tão altamente motivado e interessado em geologia, antropologia, história, biologia — qualquer coisa que se pudesse oferecer a ele. O sr. Stout costumava deixar Eustace ficar nas salas dos fundos do museu durante horas, todos os dias, para a felicidade suprema do menino. ("O sr. Stout sabe mais sobre os índios do que qualquer pessoa que eu conheça", escreveu Eustace em seu diário, entusiasmado. "E ele é um ótimo pintor de aquarelas, pinta cenas do Tennessee, onde nasceu e foi criado.") Eustace era diferente de qualquer criança que o sr. Stout jamais conhecera; na verdade, de qualquer criança que ele jamais viria a conhecer. Se alguém lhe dava um livro para olhar, ele estudava o livro, fazia uma dezena de perguntas, e na tarde seguinte pedia outro livro. Se o sr. Warren Kimsey, o taxidermista residente do museu, mostrava a ele como pelar e descarnar um coelho, Eustace o imitava com uma perfeição obsessiva e pedia outro coelho, para que pudesse tentar aperfeiçoar a técnica.

"Warren é novo", Eustace confiou a seu diário, "mas ficou próximo de mim muito depressa. Na verdade, gosto mais dele que de qualquer outra pessoa neste mundo".

E ele era um excelente ajudante: um empolgado de carteirinha, sempre disposto a varrer os depósitos ou a aceitar qualquer tarefa que ninguém mais quisesse fazer. O sr. Stout até deixava Eustace usar o museu para ensaiar com sua trupe de dança indígena. Eustace era o líder da trupe, mas o sr. Stout treinava os dançarinos, levava-os de carro para competições, ajudava a mostrar aos meninos como costurar e pregar contas nos intricados trajes tradicionais de dança indígena. Quando Eustace já estava mais velho, o sr. Stout o levava para passear de canoa no rio Catawba South Fork, a fim de coletarem amostras de água para estudos ambientais do governo. Ele às vezes levava Eustace para acampar, totalmente sós, e observava, com uma admiração sem palavras, o adolescente capturar, matar, pelar, cozinhar e comer cascavéis.

O sr. Stout não apenas gostava de Eustace; ele o respeitava. Achava o menino brilhante. Observava atentamente o desenvolvimento de Eustace Conway mais ou menos da mesma maneira como Thomas Jefferson observara atentamente o desenvolvimento de um jovem vizinho chamado Meriwether Lewis (um garoto de quem o presidente sempre se lembraria como alguém "notável, mesmo na primeira infância, em termos de iniciativa, ousadia e discernimento"). E, de qualquer modo, o sr. Stout percebia que Eustace tinha uma necessidade desesperada de algum lugar para ir à tarde, um lugar que não fosse a sua casa. Ele não sabia os detalhes da situação familiar, mas havia conhecido o pai, e não era preciso ser gênio para reconhecer que a vida não era muito fácil naquela casa relativamente grande em Deerwood Drive.

Por isso Eustace passava as tardes no museu e depois partia para a pequena floresta atrás de sua casa. Conferia suas armadilhas, caçava tartarugas, abria trilhas. Ele anotava as coisas que via durante essas expedições na floresta. Fazia anos que escrevia um diário, mas era menos um meio de expressão pessoal do que uma crônica compulsiva de tudo o que tinha realizado no dia (fosse em relação à vida selvagem ou a coisas mais mundanas) e uma longa lista do que pretendia realizar no dia seguinte.

"Hoje dei minhocas para meu filhote de tartaruga-mordedora. Vi um filme sobre um menino e um pombo-correio, pratiquei a dança com o aro e comecei a trabalhar nas penas para o meu bastão. Depois, fui treinar tênis de mesa. Eu até que fiquei bom nisso. Vou ler minha Bíblia toda noite até terminar. Talvez faça um penacho com penas de rabo de peru de verdade."

"Hoje achei uma trilha de puma com três dias de idade. Peguei uma cobra-do-milho de 1,65m. Também montei uma armadilha para um guaxinim, no lugar onde vi velhas trilhas de guaxinim·de três dias. Espero pegá-lo para tirar a pele."

"Comecei a ler um livro, *Índios combatentes do Oeste*. Depois de ler um pouco, montei dois pés de cervo [...] Martha me disse que um esquilo tinha sido atropelado em Gardner Park Drive. Eu tirei a pele, mas congelei para descarnar depois."

Uma página inteira de um de seus diários de infância tinha o título de "RÃS" e era cheia de informações e observações sobre esses animais. ("Hoje peguei três rãs arborícolas e as coloquei no meu terrário de dez galões. No dia seguinte achei uns punhados de ovos na tigela d'água. Também peguei uma salamandra e a pus ali com as rãs. Acho que uma das rãs está morta, pois faz tempo que não vejo as três juntas ao mesmo tempo [...]")

Era como se Eustace fosse uma espécie de Thoreau mirim. Ou talvez o contrário. Embora fosse atento a seu ambiente, Eustace não tinha, na época — e jamais viria a adquirir —, aquela comunhão lânguida de Thoreau com a natureza. (Por exemplo: "Às vezes, numa manhã de verão, após tomar meu banho costumeiro", contava Thoreau, "sento-me em minha soleira ensolarada do amanhecer ao meio-dia, arrebatado por devaneios, entre os pinheiros, nogueiras e sumagres, numa solidão e silêncio imperturbados".) De modo algum Eustace Conway toleraria esse tipo de indolência decadente. Mesmo quando criança, ele era compulsivo demais para ficar sentado, semanas a fio, observando a variação da luz. Em vez disso, Eustace era impelido a *realizar*. Seria mais certo dizer que ele era como o jovem Teddy Roosevelt, outra criança enérgica e determinada, que também estudou com um mestre taxidermista, que também montou com capricho um museu de história natural em seu quarto e que também escreveu observações meticulosas, acadêmicas, em diários de pré-adolescente. Como Teddy Roosevelt, o jovem Eustace Conway podia ser descrito como alguém que era "pura atitude".

Eustace não tinha muitos amigos. Não se parecia muito com ninguém — e já sabia disso, mesmo aos 10 anos de idade. Quando olhava para os outros meninos da sua idade, via crianças que passavam horas vendo televisão, falando sobre o que viam na televisão e imitando personagens da televisão. Nenhuma das referências deles fazia sentido para Eustace.

Os outros meninos também tinham hobbies estranhos. Nas cantinas, jogavam um complicado jogo de quebra-lápis, tentando roubar

35

os lápis dos outros e quebrá-los ao meio, anotando um placar de quantos lápis cada menino quebrava. Isso deixava Eustace perplexo e chateado. Como alguém podia ter tanto desrespeito pela propriedade alheia? Afinal, os lápis eram feitos de árvores e tinham um valor. Ele também via os meninos de sua classe gastarem semestres inteiros fazendo desenhos e mais desenhos de carros de corrida em seus cadernos de escola — e ainda por cima usando só um lado do papel! Eustace, já naquela época, pensava: "Que desperdício de tempo... e que desperdício de papel!" Aqueles meninos pareciam completamente entediados; só conseguiam pensar em brigar e quebrar coisas. Mas Eustace sempre conseguia pensar em algo útil; o dia não tinha horas suficientes para tudo o que ele queria aprender.

Muitas crianças da vizinhança conheciam Eustace e faziam parte do dia a dia dele, mas não eram seus amigos, do jeito típico de crianças; eram mais como versões precoces de aprendizes. Eustace costumava fazer coisas como desfilar pela calçada com uma enorme cobra preta pendurada em volta do pescoço, o que naturalmente chamava atenção. As crianças se aproximavam, faziam perguntas e ele contava a elas sobre os hábitos e a natureza da cobra; recrutava-as para buscar comida para o bicho, ou — se elas demonstrassem mais interesse — levava as crianças para a floresta e lhes mostrava como pegar cobras por conta própria. Mesmo crianças mais velhas que Eustace seguiam-no até a floresta para construir fortes, sob a supervisão dele, ou para chafurdar em pântanos, à procura de comida para suas tartarugas.

E como era isso na escola? Eustace não tinha amigos. Sem uma cobra com a qual começar uma conversa, sem o cenário de uma floresta como prova de sua perícia, Eustace era quase incapaz de travar contato com os colegas. Sentava à mesa do almoço com os outros excluídos — os deficientes mentais, as crianças com aparelhos ortopédicos nas pernas e as crianças tristes das famílias mais pobres de Gastonia. Mas não era amizade o que ele tinha com essas crianças; elas nem sabiam os nomes umas das outras. Comiam juntas todo dia, mas depois disso uma desviaria o olhar da outra, com um alívio envergonhado, quando ela fosse escolhida para ser atormentada pelos valentões da escola.

Havia, entretanto, um único menino, Randy Cable, que era novo em Gastonia. Seus pais eram gente das colinas, do povo rural dos Apalaches, que havia se mudado das montanhas para aquela cidade suburbana afluente, em busca de trabalho nas usinas locais. Randy também não conhecia ninguém. Certo dia, quando cursavam a sétima série, Randy estava, como de costume na hora do recreio, brincando sozinho na beira do parquinho, onde o cimento acabava e o mato começava. As outras crianças estavam envolvidas numa ruidosa partida de beisebol, mas Randy Cable não sabia jogar beisebol. Então ele estava de bobeira, perto do mato, e encontrou uma tartaruga. Ele estava brincando com ela, cutucando-a, quando Eustace Conway, um menino magro, bronzeado e sério, veio até ele.

"Você gosta de tartarugas?", perguntou Eustace.

"Claro", disse Randy.

"Eu sei tudo sobre tartarugas. Tenho mais de cem tartarugas no meu quintal", disse Eustace.

"Não, não tem."

"Tenho sim. Se você vier na minha casa, eu te mostro."

Randy Cable pensou: *Ahã, claro*.

Contudo, ele foi lá de bicicleta, naquela tarde, e descobriu que era mesmo verdade. No quintal da casa de Eustace havia uma vasta comunidade organizada de tartarugas. Irrigada e protegida do sol, era uma rede de dezenas de gaiolas e caixotes, com mais de cem tartarugas de diversas raças, que Eustace vinha alimentando e das quais cuidava, em um sistema rotativo cuidadosamente documentado, desde os 6 anos de idade.

Eustace adorava tartarugas. Adorava a personalidade delas, sua calma, seu perfeito equilíbrio espiritual e sua aura reconfortante e antiga. Eustace tinha um dom com as tartarugas. Era capaz de encontrar tartarugas em qualquer lugar. Podia avistar uma tartaruga escondida numa camuflagem densa, com apenas um pedaço do casco do tamanho de uma unha à mostra. Diversas vezes em sua vida, Eustace tinha *ouvido* tartarugas. Caminhando em silêncio na floresta, ele podia escutar o chiado quase imperceptível produzido por uma tartaruga quando, rapidamente, puxa a cabeça e as pernas para dentro do casco. Então Eustace parava, ficava imóvel e olhava em volta até localizar o bicho. E, de fato, lá estava um pequeno jabuti, a um metro de distância, escondido entre as folhas caídas da floresta, todo encolhido no casco.

Eustace tinha até criado um sistema para capturar as ariscas tartarugas-pintadas em poças e lagos. Ficava espreitando na floresta, à beira da água, com uma vara de pescar com molinete, usando como isca um grande naco de bacon. Ele jogava o bacon cerca de um metro na frente da tartaruga ao sol, e depois lentamente o arrastava diante dos olhos do bicho até que a tartaruga sentisse o cheiro da isca e entrasse devagar na água para segui-lo. Centímetro por centímetro, Eustace atraía a tartaruga mais para perto da margem e depois saltava de dentro do mato, se jogava na água com uma rede e agarrava a tartaruga antes que ela mergulhasse apavorada.

Em casa, ele punha a tartaruga recém-capturada em um de seus cercados de madeira compensada, cada um deles projetado sob medida, com o correto equilíbrio de sombra, água e grama para a espécie. Ele tinha tartarugas aquáticas, tartarugas-de-lama, jabutis, tartarugas-pintadas. Alimentava-as com lagostins, verduras, legumes e minhocas (colhidas debaixo das dezenas de troncos que Eustace dispusera no mato atrás de seu quintal), e suas tartarugas estavam tão contentes com seu habitat, que se reproduziam em cativeiro. Ele também abrigava cobras ali no quintal, além de um filhote órfão de raposa chamado Sputnik. (O sr. Stout dera a raposa para Eustace depois que alguém de Gastonia achara o animal e o levara aos cuidados do Scheile Museum.) Foi esse império, todo organizado, que ele mostrou a seu novo amigo, Randy Cable, naquela tarde. E tudo aquilo era, para um garoto do interior como Randy, algo próximo ao paraíso. Os dois meninos viraram bons amigos.

"Hoje fui à casa de Randy Cable pela primeira vez", Eustace escreveu em seu diário, não muito tempo depois de ter mostrado as tartarugas ao seu novo amigo. "Ele me mostrou seu bosque e um riacho onde viu trilhas de ratos-almiscarados, guaxinins, aves e gatos. Ele me mostrou uma toca de rato-almiscarado em um banco de argila. Montamos uma armadilha para passarinhos com uma cesta e usamos pão como isca. Usamos um barbante comprido e um gatilho de madeira. Tinha vários melros andando perto da armadilha, mas não conseguimos pegar nenhum, porque eles nunca entravam. Fizemos um conjunto de bastões para usar como gatilho de armadilhas. Pelei um coelho-de-cauda-de--algodão para fazer um colete."

E assim foi, por meses e anos. Randy se lembra de Eustace como um menino estranho e fascinante, cheio de conhecimentos e com uma sensibilidade aguçada para o seu mundo, de um jeito diferente da maioria dos outros meninos de 12 anos. Seu foco sobre cada mínimo detalhe era intenso. Por exemplo, um dia Eustace disse a Randy:

"Você gosta de chocolate? Quer saber o melhor jeito de comer? É só colocar um quadradinho pequeno embaixo da língua e deixar derreter ali. Assim, você vai sentir o máximo de sabor pelo maior tempo possível e nunca vai parar de dar valor."

Eustace era louco por Randy Cable e pelo pai de Randy, um homem criado nas montanhas que sabia tudo sobre caça e pesca e sobre quais tipos de plantas silvestres podiam ser colhidos nas margens dos rios e utilizados como alimento. Eustace ia à casa de Randy sempre que podia. Randy visitava a casa dos Conway com muito menos frequência. Ali não era tão confortável. A sra. Conway era simpática, mas o sr. Conway era assustador. O jantar era um momento especialmente terrível. As crianças raramente falavam durante a refeição, assim como a mãe delas. O sr. Conway, sentado à ponta da mesa, era sisudo e sarcástico, com um temperamento irritadiço. Toda a sua atenção parecia estar concentrada em Eustace. Mal o menino começava a falar algo, o sr. Conway ridicularizava seus erros de gramática. Se Eustace mencionasse algo sobre seu dia, o sr. Conway dava uma risada de desprezo e dizia que era "ridiculamente infantil". Se o sr. Conway perguntava ao filho como ele tinha ido numa prova de matemática recente e recebia uma resposta de que não gostasse, soltava uma enxurrada de ofensas e humilhações.

"Você é burro", eram as palavras do pai para Eustace. "Nunca conheci uma criança mais inepta. Não sei como posso ter gerado um filho tão idiota. O que podemos depreender disso? Creio que você é simplesmente incompetente e jamais aprenderá nada."

E então o sr. Conway incentivava os filhos mais novos a rirem junto com ele da burrice ridícula de seu imprestável irmão mais velho. Coisa que eles faziam de bom grado, à maneira das crianças com os aparelhos ortopédicos, excluídas na mesa do almoço, que sempre ficam aliviadas ao ver outra criança ser atormentada em vez delas.

Outra questão que chamava a atenção de Randy Cable era a ladainha interminável sobre boas maneiras à mesa. Ele nunca tinha estado numa casa "decente" antes, nem presenciado uma formalidade tão rígida na hora das refeições. Se Eustace comia rápido demais ou usava um

39

utensílio de maneira incorreta, o pai o cobria de censuras por suas maneiras "absurdas e primitivas" à mesa. Randy ficava nervoso só de pegar o garfo; nunca levava bronca por nada desse gênero em casa. Trinta anos depois, Randy ainda fica perplexo com a preocupação do sr. Conway em relação à etiqueta à mesa.

"Na nossa mesa de jantar era cada um por si", lembra Randy.

Acredito que há vários fatores envolvidos no raciocínio por trás da decisão de um homem que batiza seu primogênito com o seu próprio nome. Entendo que o costume é visto como uma mera convenção social (especialmente no Sul dos Estados Unidos), mas, para mim, ele parece conter algo mais. Alguns interpretam o costume como uma vaidade, porém eu me pergunto se não é o oposto da vaidade: insegurança. Parece um desejo comovente e esperançoso, como se o pai — assustado com a importância de ter gerado uma vida nova, um novo homem, um novo rival — fizesse uma pequena prece, no ato de nomear o bebê, para que haja uma espécie de paridade entre ele e a criança. Portando esse nome tão familiar, o menino não é mais um estranho ou um possível usurpador; é como se o pai pudesse olhar sem medo para o filho recém-nascido e proclamar: "Você sou eu; eu sou você."

Mas ele não é você, e você não é ele. E é por isso que, no fim das contas, esse costume é tão perigoso quanto reconfortante.

O nome completo do sr. Conway é Eustace Robinson Conway III, e ele batizou seu filho de Eustace Robinson Conway IV. Desde o começo, os dois distinguiam-se apenas por um adjetivo: "Grande" e "Pequeno". Eles eram até parecidos, o Grande e o Pequeno Eustace, com os mesmos olhos castanhos, largos e inteligentes, de pálpebras grossas. No começo, o Grande Eustace ficou fora de si, tamanha era a alegria por ter um Pequeno Eustace em casa. Ele era excelente com o bebê, encantado com ele, repleto de orgulho, atencioso, paciente, afetuoso, gabando-se dele. Queria brincar com o filho o tempo todo. E quando o bebê ficou um pouquinho maior, levava-o para a floresta atrás da casa da família, apontava para as árvores lá em cima e dizia "Olha...".

O Pequeno Eustace era inteligente e perspicaz, e isso certamente fazia sentido, pois o Grande Eustace era reconhecido como um gênio. Orgulho de uma velha família abastada de latifundiários e empresários do Sul, o Grande Eustace era um engenheiro químico com doutorado no Instituto de Tecnologia de Massachussetts – MIT, na sigla em inglês (ele pulara séries no colegial, pulara mais séries na faculdade, e saíra do MIT com seu doutorado aos 20 e poucos anos). Ele tinha um verdadeiro dom para números e para a ciência. Mais que um dom, era um *amor*. Os mistérios do cálculo desvelavam-se para o Grande Eustace com a mesma facilidade com que a harmonia se desvela para os agraciados com instinto musical. E a física? Uma maravilha. Trigonometria? Um prazer. Química? Ora, não havia nada escondido na química além de facilidade, fascinação e entusiasmo. Ele vivia para lidar com quebra-cabeças, cifras, tabelas e equações. Ele era, conforme sua autodescrição favorita, um homem cujo "ser é totalmente controlado por pura lógica". Ele era vaidoso? Talvez. Se era, era só porque era lógico ser vaidoso em um mundo onde os outros humanos eram criaturas divertidamente descuidadas, que faziam escolhas com base em caprichos e emoções, e não em raciocínios precisos.

Eustace Robinson Conway III integrou, na casa dos 20 anos, o corpo docente da Universidade dos Estados da Carolina do Sul e da Carolina do Norte, onde lecionou engenharia química para estudantes não muito mais novos que ele. Era um bom emprego, mas ele não gostava do mundo politizado da academia, uma vez que sempre teve problemas no trato com pessoas. Por fim, acabou deixando o ensino e arranjou um emprego no setor privado, em uma usina química. Também ali ele não socializava com os colegas, mas seu intelecto impunha respeito e um certo temor. Um antigo colega, que se lembra do Grande Eustace como *dr. Conway*, recorda-se de ter ido até ele certo dia com uma dúvida rápida sobre uma fórmula química específica. Ávido por dar a resposta de forma explicitamente completa, o dr. Conway começou a escrever uma equação numa lousa, e continuou escrevendo e acrescentando mais dados até que a equação serpenteasse pela lousa inteira, expandindo-se em novos conceitos químicos até que, eufórico e entusiasmado, ele ficou sem espaço para escrever na lousa. A essa altura, é claro, já fazia muito tempo que seu colega deixara de compreendê-lo.

Obviamente, ele era apaixonado por seu cérebro, por isso deve ter sido com prazer que observou a evolução do cérebro do filho. Com certeza era emocionante ver seu homônimo resolver, com perspicácia, todos esses maravilhosos dilemas com que os humanos se deparam na primeira infância. Está vendo como ele aprende a distinguir a luz da sombra? Está vendo como aprende a identificar rostos e objetos? Está vendo como se agarra nas coisas para ficar de pé? Como tenta formar frases? Como você pode lhe mostrar o formato de uma folha e ele diz o nome da árvore? Que gênio! A qualquer instante, ele deve estar pronto para resolver problemas de cálculos por pura diversão!

Foi então que houve o aniversário de 2 anos do Pequeno Eustace.

No café da manhã desse dia, o Grande Eustace deu um presente para o filho, que ainda usava uma cadeira alta para sentar à mesa. O Grande Eustace estava ansioso para ver seu filho brincar com o presente, antes de sair para o trabalho. Tratava-se de um quebra-cabeça. Mas era um quebra-cabeça complicado demais para uma criança de 2 anos, e o Pequeno Eustace, frustrado, depois de umas poucas tentativas de montá-lo, rapidamente perdeu o interesse. A sra. Conway lembra-se de como seu marido ficou furioso com o menino. "Começou a gritar com ele e a dizer coisas horríveis." A criança, apavorada e confusa, estava urrando a plenos pulmões, e quando a sra. Conway tentou intervir, seu marido gritou também com ela, por mimar o bebê e incentivá-lo a desistir das coisas e tornar-se um imbecil. Meu Deus! O quebra-cabeça era simples! Era óbvio! Que espécie de criança retardada não consegue montar um simples quebra-cabeça?

Como qualquer um pode imaginar, as coisas não melhoraram conforme o tempo foi passando; ao contrário, foram piorando sensivelmente. O sr. Conway decidiu que seu filho o estava provocando, fingindo que era burro por pura "teimosia", e que, portanto, o menino precisava era de mais disciplina. É por isso que Eustace se lembra — e a mãe e os irmãos o confirmam — de uma criação que mais parecia uma estadia num campo para prisioneiros de guerra do que uma verdadeira infância. Se o Pequeno Eustace encostasse em um martelo da caixa de ferramentas do Grande Eustace sem pedir permissão, era mandado para o quarto e obrigado a ficar ali durante horas, sem comida e sem água. Se o Pequeno Eustace não terminasse de comer cada pedacinho de comida que estava no prato, o Grande Eustace o obrigava a ficar sentado à mesa de jantar a noite inteira, mesmo se isso significasse que o menino teria que dormir sentado na cadeira. Se o Pequeno Eustace, ao cumprir as tarefas domésticas, ousasse cortar a grama em sentido anti-horário e não em sentido horário, como seu pai mandara, havia uma grande cena e uma punição correspondente.

Olhando agora em retrospecto — e é surpreendente que ele se disponha a fazer isso —, o sr. Conway admite que talvez tenha cometido erros. Talvez tenha sido um pouco duro com o menino. Mas seu interesse era apenas criar uma criança perfeita, e sua raiva era o resultado das fortes decepções que ele sofreu ao longo dos fracassos inesperados do filho.

"É muito humano pensar que você pode controlar seus filhos, mas agora percebo que é um projeto impossível", ele me disse. "O melhor plano é não ter plano nenhum; apenas deixar que eles sigam suas vidas e se tornem as pessoas que estão predestinadas a ser. Mas não me dei conta disso quando era um marinheiro de primeira viagem. Estava entusiasmado por ter um filho e achei que pudesse manipular Eustace para que ele fosse do jeito que eu queria que ele fosse. Mas ele acabou revelando todos esses problemas de personalidade. Eu queria que ele fosse igualzinho a mim!"

"Como?", perguntei.

"Eu esperava que ele, no mínimo, fosse um bom aluno, como eu tinha sido. Certamente, achei que um filho meu fosse capaz de contar! Eu costumava sentar com ele durante horas, tentando ensiná-lo a contar as moedas de uma pilha, mas ele era incapaz de aprender. Era a antítese do que eu tinha esperado. Eu queria trabalhar em projetos com ele, mas era impossível trabalhar com Eustace. Sempre uma criança problema. Eu não o entendo de modo algum. Nós não conseguimos nos entender."

Em outra ocasião, perguntei ao sr. Conway:

"Você às vezes sente que gostaria que as coisas tivessem sido diferentes entre você e Eustace?"

Ele respondeu imediatamente, como se estivesse esperando justamente esta pergunta.

"É uma verdadeira decepção para mim ter essa relação precária com Eustace. É a maior decepção da minha vida. E não sei o que fazer a esse respeito. Não acho que exista esperança alguma de eu ter uma boa relação com ele."

"Esperança alguma? Nem um restinho de esperança?"

"Tenho grandes dúvidas quanto a aceitar a teoria de que não amei meu filho o bastante. Talvez as pessoas digam que isso é verdade. Não sei. De minha parte, creio que amei muito o meu filho. Fiquei entusiasmado quando soube que ia ter um filho. Eu lhe contei isso? Eu mal podia *esperar* para ele nascer."

É preciso dizer que o pequeno Eustace Conway também se lembra daquelas pilhas de moedas. Noite após noite, hora após hora, no chão da sala de estar, seu pai formava e desmanchava pilhas de moedas de um centavo e exigia que Eustace resolvesse problemas de divisão, adição e multiplicação. Ele se lembra do terrível branco que se formava em sua mente e da recusa de seu pai em permitir que ele fosse dormir antes de acertar as respostas, forçando-o a ficar acordado até depois da meia-noite com aquelas assustadoras pilhas de moedas. Depois, vinham o seu choro e os gritos do pai, a humilhação e as intermináveis piadas.

Havia algo, nas atitudes do sr. Conway para com seu filho mais velho, tanto de extremo quanto de pessoal. Era como se ele tivesse, desde cedo, tomado a decisão de recusar-se a legitimar o filho, chegando a um ponto de pura bizarria. Quando a foto de Eustace começou a aparecer no jornal, por causa dos sucessos de sua trupe de dança indígena em concursos, seu pai não lia os artigos. ("Ridículo, na minha opinião", ele dizia, "mas ninguém me escuta".) Quando Eustace ganhou da Smithsonian Institution um prêmio nacional de jovem talento, seu pai não compareceu à cerimônia.

Certo ano, no Natal, o Pequeno Eustace, que guardara todo o seu dinheiro para isso, comprou para o pai amendoins e chicletes de presente, pois sabia que o pai adorava amendoins e chicletes. Na manhã de Natal, ele apresentou, nervoso, o presente ao pai. O Grande Eustace recebeu o embrulho, disse "Obrigado" e colocou-o de lado; jamais, contudo, chegou a desfazer o embrulho.

Para piorar tudo, Eustace não era um bom aluno. Ele se saiu bem na pré-escola (os relatórios mostram que ele sabia pular, amarrar os cadarços, obedecer a ordens sem reclamar e dizer seu número de telefone de forma satisfatória), porém na segunda série ele tirava o conceito C o tempo todo, fazendo um progresso apenas regular, e precisando, como sugeriu sua professora, de "muito mais ajuda em casa com as lições".

"Eustace se dedica pouco às lições", relatou sua professora da terceira série. "Ele precisa memorizar a tabuada de adição."

Que recomendação! O menino de 7 anos já ficava preso à mesa da cozinha durante quatro horas por noite, com um pai que fechava as portas, baixava as persianas (isolando, desse modo, tanto o Grande quanto o Pequeno Eustace do resto da família) e gritava com o filho sobre as lições de aritmética, com toda a privacidade. Mais ajuda em casa? Eustace já ficava rangendo os dentes de tensão com todo o conceito de escola, morria de medo da lição de casa, suava de pânico por causa da sua jornada noturna de esforço, fracasso e punição. Não eram os típicos maus-tratos infantis, sobre os quais se lê nos jornais; não era algo como se o Pequeno Eustace tivesse queimaduras de cigarro nos braços. Mas uma coisa era indiscutível: ele estava completamente traumatizado. Estava tão perturbado, que seu medo se manifestou em um sintoma físico específico; ele passou a infância inteira com prisão de ventre, "apavorado demais até para cagar".

"Noite após noite, semana após semana, mês após mês, ano após ano, era como se meu pai cortasse minhas pernas fora", lembra Eustace. "Depois ele cortava os tocos que restavam das pernas. Depois cortava meus braços. Depois atravessava o meu corpo com a espada."

Havia três outras crianças na casa: Walton, Martha e o belo bebê Judson. As experiências de cada um foram diferentes, o que faz sentido se aceitarmos a teoria de que cada criança, em uma mesma família, é como se fosse criada em um país diferente, dada a enorme variação de acontecimentos ao longo dos anos. Quando as outras crianças vieram, nunca sofreram a pressão do pai que Eustace sofreu.

Judson, o mais novo, parece ter ficado de fora dos dramas mais pesados da família, mais do que qualquer outro filho, como parece sempre acontecer com o caçula, um sortudo alheio a tudo. Seu pai era "teimoso e egoísta", mas Judson jamais teve medo dele. Ele era uma criança adorável, que seu pai amava e chamava de "Pequeno Inseto". De qualquer modo, na época em que Judson nasceu, seu pai praticamente desistira de criar crianças perfeitas, entregara os filhos aos cuidados da mulher e, nas suas próprias palavras, "se exilara no porão", para se deprimir em um silêncio ressentido. Por isso Judson nunca pegou a pior parte.

A infância de Judson, na verdade, foi um interminável acampamento de verão, pois ele tinha esse irmão mais velho, Eustace, que o levava para a floresta, fazia-o escalar montanhas e lhe ensinava coisas legais sobre a natureza. Judson era, desde que nasceu, o projeto especial de Eustace; Eustace sempre o tirava de casa e o levava para o mato, onde as coisas eram mais seguras. Estava tentando manter Judson fora do alcance do radar do Grande Eustace. Essa foi uma decisão deliberada, que Eustace lembra claramente de ter tomado. Ele sabia que era tarde demais para salvar Walton e Martha (sentia que os dois já tinham passado pela "lavagem cerebral" do pai), mas, quando Judson nasceu, Eustace bateu os olhos nele e disse para si mesmo: "Este é meu. Vou salvar a vida dele." Em troca, Judson idolatrava Eustace, embora admita que "nunca fui o prodígio que Eustace queria que eu fosse. Eu era preguiçoso. Ele falava, por exemplo, 'Vamos fazer camurça!', e eu queria ficar no meu quarto e brincar com meus bonequinhos de Guerra nas Estrelas. Mas eu fazia qualquer coisa para estar na companhia dele".

Martha, a única filha, era uma criança séria e responsável, que se lembra de uma infância totalmente diferente da de suas amigas — uma infância cheia de cobras, tartarugas, filhotes de raposa, que tinham que ser alimentados com pássaros vivos, e longas expedições com Eustace ("o líder do bando") dentro da floresta, onde aconteciam aventuras fantásticas. Ela se lembra dos perigos que ela e os irmãos corriam. Todas aquelas tardes brincando com rios turbulentos, aranhas venenosas e casas nas árvores! Agora que vive em um subúrbio e é uma mãe altamente organizada e severamente protetora, ela não consegue nem *começar* a entender por que os pais permitiam que ela e os irmãos vivessem tais experiências sem ninguém tomando conta. Ela se lembra de um pai duro, sim, mas também de uma mãe inconsistentemente permissiva, bem como das brigas entre os dois a respeito da educação das crianças ("Decidam-se!", era o que Martha sempre quis gritar para eles.). E ela se lembra de Eustace como um menino que "arranjava problemas" por não ir tão bem na escola quanto o pai esperava e por ser "teimoso".

Quanto a Walton Conway, ele mal consegue lembrar os detalhes de sua infância, descrevendo-a como "um borrão, algumas pinceladas de uma cor escura". Isso e um pesadelo recorrente, em que seu pai o levava ao porão, amarrava-o a uma mesa e serrava seus membros. Isso e um episódio específico, no meio de uma noite, em que seus pais estavam brigando e o pai berrou para a mãe que ia "enfiar um picador de gelo no coração dela". Isso e uma lembrança de ver seu pai postado diante do irmão Eustace, quando este tinha 10 anos de idade, ameaçando "bater nele até ele virar purê".

Mas a situação não era tão ruim quanto Eustace a pinta, diz Walton. Seu pai certamente era capaz de ter momentos carinhosos, como enxugar as lágrimas de uma criança que ralara o joelho. Mas e quanto àquela noite horrível, quando Walton ameaçou fugir de casa, seu pai derrubou a porta do quarto dele, flagrou o filho passando pelo parapeito da janela para fugir e, então, empurrou Walton janela afora? Bem, na verdade não foi bem um *empurrão*. Não foi como se o sr. Conway tivesse jogado o filho, de propósito, de uma janela do primeiro andar; ele só "meio que me empurrou um pouquinho".

Em todo caso, o que Walton não lembra é a sensação de que seu pai era a fonte principal da insatisfação e dos problemas que rondavam a casa. Não, esse era Eustace. Eustace era sempre o problema. Mesmo quando pequeno, ele tornava tudo pior do que tinha de ser. Era emburrado, infeliz e turrão, e "não fazia a lição de casa". O pai tinha um humor instável e era severo, de fato, mas podia ser aplacado com obediência. Tanto para Walton quanto para Martha, que eram melhores alunos e estavam sempre entre os primeiros da classe, a solução para a infelicidade da família era bastante óbvia: se Eustace passasse a ir bem na escola, o pai ficaria contente. Se Eustace parasse de ser tão teimoso, o pai ia parar de gritar com a mãe e com todos os outros.

"Por que você nunca podia respeitar a autoridade dele?", Walton questionaria Eustace, anos depois. "Por que não era capaz de se dobrar? Por que tinha sempre que fazer as coisas do seu jeito, mesmo quando era criancinha, só para provocá-lo? Por que você sempre tinha que enfrentá-lo e deixá-lo tão bravo?"

No entanto, quando alguém lhe pede um exemplo, Walton é incapaz de se lembrar de um único caso específico em que Eustace tenha enfrentado o pai. Todavia, ele tem certeza de que isso deve ter acontecido. Na verdade, sua imagem de Eustace como alguém que desafiava agressivamente o pai, como adversário turrão e de igual para igual ("mesmo quando era criancinha"), é uma imagem que o sr. Conway criou e que todos os irmãos Conway mais novos aceitaram fielmente. No entanto, a ideia de um Pequeno Eustace combativo não é muito coerente com os relatos de adultos de fora que visitaram a casa dos Conway durante aqueles anos. O sr. Stout, do Scheile Museum, lembra-se de ter sido convidado a jantares na casa dos Conway, nos quais via o jovem Eustace comer petrificado em silêncio, submisso, nervoso e tomando o cuidado de "nunca manter contato visual com o pai".

Uma das tias de Eustace lembra-se de quando o sr. Conway acordou Eustace, então com 4 anos de idade, no meio da noite, e desceu com ele para a sala, a fim de que ele conhecesse os convidados, depois lançou ao menino perguntas difíceis de matemática e o pressionou para que ele respondesse. Cada vez que o Pequeno Eustace dava uma resposta errada, ele era caçoado e humilhado pelo Grande Eustace, pois aquela tortura verbal supostamente era para divertir os convidados, vejam só! E assim continuou, interminavelmente, até que o menino se debulhasse em lágrimas, momento em que a tia saiu da sala, achando que não podia mais assistir àquilo, achando aquela cena "sádica, o pior jeito de tratar uma criança" que ela já tinha visto, e prometendo a si mesma que nunca mais voltaria àquela casa.

E, assim como o sr. Stout, a tia não parece se lembrar do Pequeno Eustace, em momento algum da noite, dizendo ao pai algo do gênero "Vai se foder, pai".

Mesmo assim, quando Walton se lembra de ouvir o pai ameaçando bater no irmão até ele virar purê, a pergunta que ele faz é: "O que Eustace fazia para deixar o pai tão bravo o tempo todo?" E quando Walton se lembra de ouvir o pai ameaçar enfiar um picador de gelo no coração da mãe, ele supõe: "Eles devem estar brigando por causa do Eustace de novo." E se Eustace tinha que passar horas trancado no quarto sem comida e sem água: "Bem, ele deve mesmo ter aprontado alguma coisa séria dessa vez."

Talvez a parte mais difícil de entender nessa história é onde estava a mãe de Eustace durante todo esse sofrimento de seu filho. Como era possível que Karen Conway — que já tinha sido Karen Johnson, a menina-macho sem remorso, exímia amazona, habilidosa garota do mato que vendeu sua flauta de prata para viajar para o Alasca aos 22 anos de idade

— tivesse se tornado uma mulher incapaz de proteger seu filho? Por que ela nunca conseguiu defender o Pequeno Eustace do Grande Eustace?

Ela própria não consegue explicar isso hoje. Esses são os mistérios de um casamento, imagino, e essas são as tragédias de uma família. A sra. Conway diz agora que tinha medo do marido. Ela também recebia vários desses mesmos maus-tratos que o filho recebia (seu marido parecia adorar incitar as crianças a caçoar da mãe, chamando-a de "gordona hipopótamo"). Seus amigos e parentes incentivavam-na a acabar com o casamento, mas ela nunca teve coragem de se ausentar por muito tempo. Parte disso, certamente, devia-se ao cristianismo sincero da sra. Conway, que fez com que ela se convencesse de que o divórcio é um pecado mortal. E parte disso devia-se a... quem sabe? Quem sabe por que as mulheres não vão embora? O que ela de fato se lembra é de que, sempre que chegava a tentar defender o filho, isso só deixava seu marido mais furioso e mais radical nos castigos que aplicava ao Pequeno Eustace. Por isso ela decidiu desde cedo que era melhor não interceder nem interferir.

Em vez disso, ela pensava em maneiras de ajudar o filho secretamente. Como se Eustace fosse um dissidente encarcerado, cumprindo pena na solitária de uma prisão totalitarista, ela tentava clandestinamente lhe inspirar coragem, por baixo da porta e pelas frestas das paredes. Às vezes, passava bilhetes ("Com amor, daquela que tem fé em você e gosta muito de você..."); também demonstrava seu afeto quando estavam a sós, quando ninguém estava olhando. Ela dava ao menino tanto a habilidade quanto a liberdade de explorar a floresta, onde ele podia não apenas se superar, mas também desfrutar de uma sensação de segurança muito diferente da constante turbulência que era a sua casa. E o que ela também transmitiu ao filho, mais essencial do que qualquer outra coisa, foi a ideia secreta, mas persistente, de que, a despeito de tudo o que seu pai fizesse ou dissesse, Eustace Robinson Conway IV se tornaria um Homem do Destino.

A teoria do Homem do Destino não foi invenção de Karen Conway. Ela a assimilara de seu pai, um extraordinário idealista de nome C. Walton Johnson. Essa figura, o avô materno de Eustace, foi um honrado veterano da Primeira Guerra Mundial, que todos chamavam de "Chefe". Logo após voltar da guerra, o Chefe Johnson fundou a filial da Carolina do Norte da associação de escoteiros, os "Boy Scouts of America". Ele queria trabalhar com meninos devido à sua forte convicção — ou melhor, chamemos logo de dogma inflexível e didático — sobre o processo que podia transformar menininhos fracos em poderosos Homens do Destino. Ele acreditava que essa evolução acontecia melhor em meio aos desafios de um ambiente fronteiriço e, assim como diversos americanos antes e depois dele, estava apreensivo sobre como a dissolução da mata virgem afetaria o desenvolvimento dos homens americanos. Pois bem, o Chefe Johnson não ia ficar olhando e deixando que os meninos americanos crescessem efeminados, decadentes, e mimados pela "influência amolecedora da cidade, que distorce a visão".

Não, senhor. Não enquanto ele estivesse ali.

Por isso, a primeira tropa de escoteiros na Carolina do Norte foi um bom começo, mas o Chefe rapidamente se desiludiu com o programa, sentindo que isso acabava mimando os meninos. Desse modo, em 1924, fundou um acampamento de verão particular, extremamente rigoroso, em 125 acres montanhosos perto de Asheville, que batizou de "Campo Sequoia para Rapazes: onde os fracos viram fortes e os fortes viram grandes" (infelizmente, não há registros dizendo se os fracos chegaram a virar grandes, mas eu apostaria que eles tentaram). Ele pedia aos campistas e funcionários apenas uma coisa: que lutassem sem descanso para atingir a perfeição física, moral e intelectual em cada aspecto de suas vidas. Depois, e só depois, eles poderiam tornar-se Homens do Destino.

"Todas as eras da História precisam de Homens do Destino", o Chefe escreveu em um de seus vários tratados publicados sobre o assunto, "e, em cada era, alguns homens irão reagir a essa necessidade, como fizeram Aristóteles, Galileu e Wilson [...]. Estes homens acreditavam que eram Homens do Destino e se prepararam para a tarefa que tinham pela frente. Foram tomados por um impulso ao qual não puderam resistir. Nenhum homem torna-se um Homem do Destino a não ser que acredite, com grande convicção, que tem uma contribuição exclusiva para dar à sociedade de sua época. Vaidade? Não! Apenas um senso de missão e a coragem necessária para levá-la a cabo. Aquele que é *compelido* pela convicção interna de possuir uma missão que *precisa* cumprir, de que ele nasceu para esse propósito, de que *precisa* e *quer* levá-la a cabo; esse homem será um Homem do Destino".

O Chefe acreditava que o melhor jeito de formar tais figuras heroicas era começar com os jovens e na natureza selvagem. Afinal, escreveu ele, "o verdadeiro menino americano herdou demais do espírito pioneiro para se sentir em casa na cidade". Por isso, ele sugeria que os pais tirassem seus filhos da "tensão emocional da vida" e os transferissem para um "acampamento com um propósito", onde a "grandiosidade das montanhas", aliada à orientação de monitores que o diretor escolhera por sua "liderança madura, íntegra, inteligente e responsável", ajudaria os meninos a crescer "segundo a intenção da natureza e de Deus, alcançando a plena estatura da virilidade".

O Campo Sequoia não se assemelhava em nada a um campo para jovens hitleriano. O Chefe acreditava que nenhum menino dos Estados Unidos, por mais fraco ou imperfeito que fosse (ou, o que era incrível, considerando a época, independentemente de sua raça ou religião), devia ser excluído da oportunidade de se tornar um Homem do Destino, frequentando o Campo Sequoia. Seu filho era um "menino saudável normal" já abençoado com um "físico soberbo"? Ora, ele naturalmente voltaria do Campo Sequoia "com suas esplêndidas forças multiplicadas". Seu filho era "inteligente demais, emburrado e às vezes do contra"? Não hesite em matriculá-lo no Campo Sequoia; o ar fresco ensinará a ele "a necessidade de desenvolver o corpo e mantê-lo equiparado à mente". Seu filho era "tímido, receoso e difícil de fazer amizades"? O Campo Sequoia o ensinaria a socializar. Seu filho era um valentão? Os assessores do Campo Sequoia lhe ensinariam que atormentar os outros era algo "covarde e desprezível". Ora, mesmo se seu filho fosse "grande, gordo e sempre alvo de provocações", o Campo Sequoia era o lugar para onde ele devia ir, se não para alcançar um físico soberbo, ao menos para aprender a "aceitar uma piada e lidar com as provocações da melhor forma possível".

A mãe de Eustace Conway era a única filha do Chefe Johnson. (Há uma linda foto do Campo Sequoia nos anos 1940, com o acampamento inteiro reunido em fileiras, de acordo com a idade. É um monte de homens retos como tábuas e meninos sérios com corte militar sorrindo para a câmera, com uma única exceção: a garotinha loira de vestido branco, sentada no centro do grupo — a filha do Chefe, a mãe de Eustace Conway, aos 5 anos de idade.) Karen cresceu no Campo Sequoia, cercada não apenas de mato e de meninos, mas também de ideais. Ela amava o pai e, mais que qualquer um de seus irmãos, aceitava o dogma dele com obediência. Quando chegou a hora de Karen se casar, ela escolheu como marido um dos monitores favoritos do pai: apaixonou-se pelo brilhante e jovem Eustace Conway III, que, com sua rígida disciplina pessoal, sua elegância física, seu diploma do MIT e seu grande amor pela vida ao ar livre, deve ter parecido a encarnação dos princípios mais caros ao Chefe.

E embora seu marido tenha abandonado seus sonhos de ensinar sobre a natureza quando entrou para a vida corporativa, ela própria nunca perdeu a fé na natureza. Por isso, quando nasceu o primeiro filho de Karen Conway, ela não teve dúvidas sobre como criá-lo — livre, desafiador, motivado a tentar feitos heroicos, e sempre ao ar livre. Foi devido à mão de Karen que Eustace conseguiu lançar uma faca com precisão suficiente para pregar um pequeno roedor a uma árvore aos 7 anos de idade; e matar com um arco e flecha um esquilo correndo, a 15 metros de distância, aos 10; e partir para o mato, sozinho e de mãos vazias, aos 12 anos de idade, para viver com o que tirava da terra e construir seu próprio abrigo.

Enquanto o sr. Conway continuava pacientemente explicando ao jovem Eustace que ele era um fracote idiota, a sra. Conway ia à biblioteca todo dia e voltava com pilhas cada vez maiores de inspiradoras biografias de americanos para Eustace ler — George Washington, Davy Crockett, Daniel Boone, Abraham Lincoln, Kit Carson, John Frémont, Andrew Jackson, Geronimo, Red Cloud, Sitting Bull —, histórias audaciosas, sem ironia, histórias de heroísmo, vida selvagem e perseverança. Aquelas eram vidas que deviam ser imitadas, ela dizia ao filho, quando o Grande Eustace não estava ouvindo. E aquele era o tipo de homem que você pode ser: um Homem do Destino.

Eustace Conway era uma criatura que levava as coisas no sentido literal, mesmo quando criança (principalmente quando criança), e absorveu as lições morais daquelas histórias com tanta pureza que era como se sua mãe estivesse colocando um funil no seu ouvido e derramando tudo direto no cérebro. Quando ele leu que os índios valentes testavam sua resistência mental e física correndo quilômetros pelo deserto, guardando água na boca sem a engolir, ele tentou correr quilômetros pela floresta fazendo o mesmo. Quando leu que os pioneiros costumavam usar a mesma calça de camurça durante anos seguidos, ele decidiu fazer uma calça para si e nunca mais usar outra coisa. Quando leu que Lewis e Clark não levaram só comida e munição em sua jornada, mas também papel e tinta, ele começou a escrever seu diário. Quando leu sobre o guerreiro indígena deixado para trás das linhas inimigas em uma batalha com colonos — ferido e abandonado, com uma bala no joelho —, que sobreviveu o inverno inteiro escondido em uma vala, coberto por folhas e comendo os roedores que andavam sobre ele... bom, essa situação era impossível de seguir exatamente, mas Eustace imitou o espírito da história, pedindo ao dentista da família que por favor não usasse novocaína ao fazer a obturação de suas cáries. Ele queria aprender a tolerar a dor física.

Quando estava no ensino primário, Eustace todo dia levava umas seis dessas biografias heroicas e livros de aventura para a classe. Ficava lendo um dos livros até que a professora o confiscasse, e então começava a ler um dos outros que tinha trazido. Quando ela tomava um, ele começava outro, e depois mais outro. Quando todos os livros tinham sido tomados, ele olhava pela janela e criava projetos inspirados em suas leituras. Ele ainda estava na segunda série, por exemplo, quando começou a construir para si uma casa na árvore de cinco andares (incluindo um porão e passarelas que se estendiam até os ramos da árvore vizinha), baseada nas descrições do livro *Os Robinsons suíços*.

Naturalmente, os professores não tinham ideia do que fazer com aquele menino estranho, que não prestava atenção nas aulas. Quando ele estava na quinta série, sua professora teve que chamar a sra. Conway para uma reunião.

"Acho que Eustace é incapaz de aprender", disse ela.

Mas já era tarde demais; ele tinha aprendido, com certeza, as técnicas e lições morais que sua mãe lhe ensinara. E como as ideias dela sobre a criação do filho conflitavam com as do marido, o truque não era combinar as duas filosofias em uma única doutrina pedagógica, mas sim aplicar cada uma delas individualmente — uma explícita e publicamente, a outra secreta e persistentemente. As rígidas humilhações do pai eram aplicadas apenas à noite e nos fins de semana; os desafios instigantes da mãe eram reservados para os longos dias de liberdade na floresta. O traço em comum desses pais era a ênfase absoluta. Ambos punham Eustace no centro das atenções, onde ele recebia ou grandes elogios ou humilhação e aviltamento. A mãe de Eustace dizia-lhe que ele era um Homem do Destino e que não havia conquista neste mundo que fosse grande demais para ele; seu pai dizia-lhe que ele era um inútil.

Sendo uma criatura que toma as coisas no sentido literal, o pobre menino acreditava em ambos. É difícil saber como a cabeça dele não explodiu com as contradições. Mas não é de causar surpresa que Eustace tenha passado um número significativo das horas de sua infância cogitando a possibilidade de que fosse o sujeito de um vasto e sádico experimento científico. Quem sabe sua vida inteira estava acontecendo dentro de algum laboratório gigante, no qual ele estava sendo testado, e suas reações sendo estudadas de perto por cientistas que ele não podia ver, muito menos entender. Que outra explicação podia dar conta daquilo? De que uma tarde Eustace recebia uma carta clandestina da mãe dizendo que ele era um "filho bonito, audacioso, destemido, interessante e carinhoso, de quem sinto orgulho e a quem sou grata", e, no entanto, talvez ainda no mesmo dia, registraria em seu diário que seu pai lhe dissera que ele era "mais burro 'que um preto favelado'. Eu senti vontade de matá-lo. Me pergunto o que vai acontecer comigo".

Eustace dormia umas poucas horas por noite. Depois que o resto da família tinha ido para a cama, ficava acordado até as duas ou três ou quatro da manhã. Terminava a lição de casa, o que era sempre uma tortura, a não ser nas raras circunstâncias em que tinha oportunidade de escrever redações sobre temas como "A tenda indígena ontem e hoje". Quando a lição de casa estava pronta, ele escrevia no diário, abarrotando as páginas com seus feitos e observações:

"Hoje fui ao lago Robinwood pela primeira vez no ano e peguei uma grande tartaruga-pintada fêmea, que tive que soltar no ano passado para hibernar."

"Hoje, finalmente, vi ao mesmo tempo as três rãs do meu terrário."

"Hoje, Randy Cable pegou uma salamandra albina e eu a coloquei no álcool."

"A serpente preta está feliz em sua nova gaiola."

Ele relia o diário, tentando registrar seu avanço no processo de tornar-se um homem do mato competente. Todo dia lançava desafios maiores para si mesmo na natureza selvagem, porque, como ele disse depois: "Cresci em uma cultura e em uma família que não tinham meios de me proporcionar ritos de passagem para a idade adulta, portanto tive que inventá-los sozinho."

Depois de escrever seu relato do dia, Eustace ficava um bom tempo acordado, noite adentro, aperfeiçoando obsessivamente sua habilidade no trabalho com contas e com tapeçaria. Às vezes passava meses trabalhando em um único par de mocassins de camurça, distraindo sua mente, sentado sob uma luz fraca, com um velho livro sobre artefatos dos índios das planícies aberto na cama, reproduzindo os complicados padrões de contas nas fotos de antigos trajes indígenas.

Aquela vida infeliz, sempre entre dois extremos, tinha gerado em Eustace um perfeccionismo ferrenho. Era importante para ele viver cada momento de sua vida completamente isento de erros, tanto para minimizar as oportunidades de o pai humilhá-lo quanto para provar à mãe que os vivos elogios que ela lhe fazia eram merecidos. O padrão que ele determinou para si mesmo era incrivelmente alto (ele lamentaria, nos diários, anos depois, jamais ter sentido a "liberdade atemporal da juventude"; em vez disso, era atormentado pela "ameaça da incompletude que pairava"). Mesmo em momentos só seus, mesmo no meio da noite, quando se dedicava secretamente a seus queridos projetos de trabalho com contas à moda indígena, seus esforços precisavam ser executados de forma impecável, caso contrário o trabalho não lhe traria consolo algum. Rasgando os pontos, quando eles eram imperfeitos, e tentando de novo, Eustace refinava cada linha de contas de seus mocassins até que os desenhos estivessem precisamente iguais aos dos antigos mestres Cheyenne. Ali, em seu quarto em Deerwood Drive, ele estava fazendo uma arte que criança nenhuma se atrevia nem mesmo a tentar.

Quando, finalmente, chegava a um ponto de exaustão, apagava a luz e pensava em dormir. Às vezes, deitado no escuro, ouvia os pais discutindo. Outras vezes — muitas —, chorava. Outras, ainda, apertava uma faca de caça contra a garganta, enquanto caía no sono. Era um estranho consolo, aquele de sentir a lâmina no seu pescoço; era um certo conforto saber que podia se matar a qualquer momento, se as coisas ficassem ruins demais. De algum modo, ter essa opção sempre lhe dava a paz de que ele precisava para finalmente cair no sono.

CAPÍTULO TRÊS

> Assim situados, a muitas centenas de milhas de nossas famílias, na inóspita mata virgem, creio que poucos teriam apreciado da mesma forma a felicidade que sentimos. Eu muitas vezes comentava com meu irmão: "Está vendo como a natureza exige pouco para ficar satisfeita?" A felicidade, companheira da satisfação, é encontrada mais em nossos peitos do que na fruição de coisas externas.
>
> — *Daniel Boone*

Davy Crockett fugiu de casa aos 13 anos de idade, para escapar de um pai irado. O pai de Daniel Boone costumava bater nos filhos até eles pedirem perdão, mas Daniel nunca cedia. ("Não sabes implorar?", perguntava seu pai.) Em vez disso, o jovem Daniel passava dias inteiros sozinho na floresta, para escapar ao controle do pai, e aos 15 anos ganhara a reputação de ser um dos melhores caçadores das florestas da Pensilvânia. O explorador John Frémont tinha 5 anos de idade quando perdeu o pai. Kit Carson perdeu o pai (que foi morto por um galho que caiu de uma árvore em chamas, deixando a esposa sozinha para criar oito filhos) e fugiu de casa aos 16. O montanhês Jim Bridger vivia por conta própria aos 14.

Nenhum desses casos era incomum para a época. As rotas de diligências para o Oeste estavam cheias de garotos que tinham saído de casa por inúmeros motivos — mas com certeza não foi pequeno o número dos que buscaram a fronteira por acreditarem que mesmo o desconhecido mais perigoso do mundo era mais atraente que o que quer que estivesse acontecendo no lugar onde viviam, uma pequena cabana na Nova Inglaterra, na Virgínia ou no Tennessee. Fala-se muito, em nossos livros de história, sobre o que *atraía* os jovens para a fronteira, mas eu não ficaria nada surpresa se os relacionamentos ruins com pais durões fossem um dos principais fatores que *impeliam* os meninos para longe.

E é assim que cada geração testemunha uma nova onda de meninos com pressa de abandonar suas casas, morrendo de ansiedade de seguir qualquer caminho que os leve para longe do pai. Sem dúvida, é uma boa maneira de povoar um país bem depressa, embora talvez não fosse ideal para a vida emocional das famílias. Eustace Conway estava tentando fazer o mesmo: tentando fugir. Sua adolescência foi um trauma interminável, e ele sonhava em fugir o tempo todo.

"Logo antes de eu ir para a cama", escreveu ele em seu diário, aos 14 anos de idade, "meu pai entrou e me passou um sermão sobre como eu devia agir com as pessoas e como eu só me importo comigo mesmo. Disse que ninguém vai gostar de mim, desse jeito, que eu sou mandão com todo mundo e que não faço nada para os outros. Seria burrice fugir, mas, mesmo assim, acho que eu seria mais feliz em algum lugar na floresta. E se eu realmente for embora, vou fazer o possível para não voltar, mesmo se estiver morrendo de fome. Qualquer coisa é melhor que isso".

Mas ele não fugiu. Aguentou durante mais três anos. Foi só depois de ter terminado regularmente o colegial que Eustace Conway partiu. Pegou a tenda que fizera à mão (uma velha senhora indígena que conheceu Eustace na época descreveu a tenda como "a coisa mais linda que eu já vi"), pegou sua faca, pegou alguns livros e foi embora.

"Tomara que eu esteja certo", confiou ao diário, no momento de sair da casa dos pais, "e que eu esteja seguindo um caminho que realmente seja bom para mim".

Os anos seguintes foram, provavelmente, os mais felizes da vida de Eustace; e também os mais livres. Ele tinha uma tenda e uma moto —

e quase só isso. Viveu nas montanhas perto de Gastonia ou em volta delas. Reconstruiu a moto para aprender como funciona um motor; costurava todas as suas roupas; comia urtigas e caçava animais pequenos com uma zarabatana cherokee, usando dardos que fazia com gravetos, penugem de cardo e fibras de tendão de cervo; talhava suas tigelas e pratos em madeira lustrada com gordura de castor; fazia jarros d'água com a argila que tirava das bacias de riachos, os mesmos riachos onde tomava banho; dormia no chão, sobre peles de animais; trançava cordas com cascas de árvore e seus próprios cabelos; cortava carvalho-branco e o trançava, para fazer cestos; cozinhava e se aquecia com fogo — e passou três anos sem encostar em um fósforo.

"Meu abrigo parece ter um aspecto decente", escreveu em seu diário, depois que sua nova casa estava em ordem. "E espero que eu venha a conhecer melhor a ele e a mim mesmo ao longo do estilo de vida que estou adotando no momento." Sua nova vida, de fato, exigia certa adaptação ("No meio da noite começou a chover, e por isso saí da cama com relutância e fechei as abas de ventilação, coisa que devia ter feito antes"), mas Eustace pôde sentir, quase imediatamente, que estava enfim vivendo no mundo do modo como tinha sido predestinado a viver nele. "Dormi até às sete da manhã", escreveu após uma de suas primeiras noites na tenda, "quando o sol, reluzindo na lona esfumaçada, chamou minha atenção para o mundo. Levantei e lavei meu rosto na água da fonte. Oh, como meu corpo me ama! Um dia feliz para todos!".

Sua tenda era uma maravilha: uma fortaleza e um templo, um lar tão satisfatoriamente leve e transitório que não tinha nada do impacto psicológico do excesso de estabilidade de uma casa. Ele podia armá-la ou desarmá-la em questão de minutos. Podia embrulhá-la, carregá-la em cima do carro de um amigo, levá-la até uma escola primária e armá-la outra vez no pátio, para a alegria de algumas crianças, as quais ele fora contratado para ensinar sobre a natureza, naquele dia. Ele podia levar sua tenda para um *pow-wow** em outro estado, para passar um fim de semana dançando e aproveitando a companhia dos indígenas, de quem ficara amigo ao longo dos anos. Podia guardá-la embrulhada, quando sentia um impulso de viajar pelo país de carona, ou podia ficar

---

* Encontro sazonal de povos indígenas norte-americanos. (N. do T.)

em sua tenda, escondido em algum lugar da floresta, completamente vidrado por saber que ninguém podia encontrá-lo.

Ele arranjou um emprego quando terminou a escola, mas que durou pouco tempo. Foi no Tennessee, aonde foi para trabalhar como educador da natureza para crianças com problemas e deficiências de aprendizagem, em um lugar chamado Bodine School. Ele era brilhante com os alunos, mesmo não sendo muito mais velho que eles. Eustace tinha uma relação incrível com seus alunos, mas não se dava tão bem assim com os chefes. Eustace Conway, é preciso dizer, não tem muita paciência para trabalhar sob a autoridade de outras pessoas. Isso o deixa irritado. Ele rapidamente entrou em conflito com o diretor, que prometera a Eustace que ele podia morar na sua tenda dentro do campus, mas que logo quebrou sua promessa. E Eustace Conway não tem muita paciência com pessoas que quebram suas promessas.

Por isso, irrequieto e irritado, ele partiu para visitar um conhecido seu chamado Frank, que gostava de mato e estava fazendo faculdade no Alabama. Eles passaram um bom fim de semana juntos. Passearam na floresta, praticaram tiro com um rifle de pólvora à moda antiga e fizeram piadas. Mas Eustace teve a impressão de que o amigo estava incomodado com alguma coisa, e, de fato, durante o resto da conversa, surgiu o assunto de que Frank tinha terminado com a namorada e estava sem rumo algum — tinha parado de praticar esportes, parado de ir às aulas, depois largado o emprego. Não fazia a mínima ideia do que fazer com sua vida depois daquilo. Quando Frank terminou de contar sua triste história, Eustace disse ("e as palavras simplesmente pularam da minha boca como uma rã pulando de uma frigideira quente"): *Vamos fazer a trilha dos Apalaches a pé.*

Ele nem sabia ao certo de onde a ideia viera. Mas, de repente, ela tinha brotado de dentro dele.

"Claro", disse Frank. "Vamos lá."

Então Eustace ligou para o diretor da Bodine School e largou seu emprego de educador (nada de mais; o cara era um imbecil que quebrara sua palavra, e quem precisa de um maldito emprego, afinal?), e quatro dias depois os dois rapazes estavam parados em uma estação rodoviária em Montgomery, Alabama, esperando um ônibus da Greyhound que os levaria até Bangor, no Maine. Uma decisão tão repentina e impulsiva surpreendeu até a mãe de Eustace, com quem geralmente ele sempre podia contar que incentivaria tais aventuras.

"Seu telefonema com notícias foi uma grande surpresa", escreveu sua mãe em um bilhete rápido, tentando alcançá-lo antes que ele partisse. "Tenho sentimentos ambíguos em relação à viagem a pé que você planejou. Entendo que você queira fazer uma viagem dessas e concordo com os aspectos positivos dela, mas, do outro lado da balança, isso mostra irresponsabilidade na hora de manter sua palavra e incapacidade de priorizar as coisas importantes." O que ela escreveu depois foi um pouco provocativo (além de ser óbvio), mas ela provavelmente acrescentou aquilo para amenizar suas próprias preocupações: "Seu pai acha que você é um playboy e nunca vai se assentar se não começar a levar a vida a sério e pensar mais em se preparar para o futuro. Ele acha que você deveria estar trabalhando mais e sendo mais confiável na hora de cumprir suas promessas. Ele não aprova essa viagem!"

Mas, enfim, é para isso que as pessoas fazem 19 anos.

A aventura deles começou logo de cara com uma... aventura. Eustace e Frank compraram passagens de ônibus, mas não podiam entrar no ônibus até que um último problema fosse resolvido. Estavam na estação esperando que uma menina, uma amiga de Frank, aparecesse com o saco de dormir dele, parte essencial do equipamento. Esperaram um bom tempo, mas a menina não apareceu. Imploraram ao motorista do ônibus que esperasse, mas, no fim, o ônibus teve que partir, para não perder o horário. Frank e Eustace ficaram arrasados. E então, poucos momentos depois que o ônibus começou a andar, a menina e o saco de dormir chegaram. Frank e Eustace pularam no carro da menina e partiram em disparada pela rodovia interestadual, perseguindo o ônibus. Quando o alcançaram, Eustace mandou a menina emparelhar com o ônibus. Buzinaram e acenaram; porém, apesar de os outros passageiros olharem fixamente, estupefatos, para eles, o motorista fingiu que não existiam. Eustace Conway não ia permitir que o ignorassem, e certamente não ia perder aquele ônibus para o Maine. Por isso mandou a menina levar o carro — disparando a 120 quilômetros por hora — até bem embaixo da janela do motorista. Eustace baixou a janela do lado do passageiro, se jogou para fora e ficou de pé em cima do carro, agarrando o bagageiro com uma mão e segurando as passagens dele e de Frank na outra. Ele sacudiu as passagens na cara do motorista, gritando contra o vento: "*Deixa a gente entrar!*"

"Nesse ponto", lembra-se Eustace, "o motorista decidiu que talvez fosse melhor encostar o ônibus e deixar a gente entrar. Todos os passageiros estavam torcendo por nós, e quando passamos pelo corredor, teve uma senhora gorda que gritou: 'Jesus! Parece coisa de filme!'"

Chegaram ao Maine, pegaram carona até a cidade de Bangor e descobriram que haviam chegado cedo demais, que ainda não era a estação do ano adequada. Os guardas-florestais advertiram-lhes que nem *pensassem* em ultrapassar a linha da vegetação enquanto ainda houvesse tanta neve espessa e gelo pesado no chão. É claro que eles ignoraram o aviso e partiram montanha acima antes que raiasse o dia seguinte; ainda naquela tarde viram uma águia-de-cabeça-branca traçando uma curva no ar frio e rarefeito, e seguiram seu caminho, um mês antes dos outros alpinistas.

Mas uma coisa aqueles dois não tinham previsto: nunca achavam comida suficiente naquela trilha. Nunca, nunca, nunca. Estavam o tempo todo famintos. Caminhavam entre 40 e 50 quilômetros por dia, sem comer quase nada. Tinham levado um pouco de aveia, e nada mais. Cada um comia uma xícara de aveia toda manhã. Frank mandava aquela papa goela abaixo e olhava tristonho para Eustace, enquanto Eustace saboreava cada floco como se fosse um precioso pedaço de chocolate. Na primeira perna da viagem, não encontraram na trilha praticamente nenhum animal para caçar; era cedo demais no ano para os bichos subirem tão alto, acima da linha da vegetação, e, além do mais, o chão era gelo sólido, sem nenhuma planta comestível à vista.

Quando chegaram a New Hampshire, meio enlouquecidos de fome, Eustace avistou algumas perdizes em uns arbustos rasteiros. Tirou um pedaço de barbante que tinha guardado no bolso, fez um laço de uns 20 centímetros de diâmetro, amarrou o barbante em volta de um graveto comprido e se aproximou, de fininho, da perdiz mais próxima que vislumbrou. Soltou o laço em cima da cabeça da ave, apertou o barbante, prendeu o bicho e arrancou sua cabeça fora. Frank estava berrando, dançando, gritando, abraçando e beijando Eustace enquanto a ave, ainda batendo as asas, espalhava sangue sobre a neve branca e compacta.

"Meu Deus", lembra-se Eustace, "comemos aquela perdiz que nem uns loucos".

Comeram sua carne; comeram seus miolos; comeram seus pés; e, ainda famintos, comeram cada um de seus ossos.

A fome motivou-os de uma tal maneira, que eles se tornaram ótimos caçadores. Eustace ensinou Frank a pegar uma ave com um laço (dando graças a Deus por esse truque, um velho jogo que ele jogara com Randy Cable), e juntos eles vasculharam a trilha enquanto rumavam para o sul. Também começaram a comer lagostins, trutas, frutas silvestres, urtigas, qualquer coisa. Matavam cascavéis e as abriam para ver se havia filhotes de coelho ou alguma outra coisa gostosa dentro da barriga delas; eles comiam a cobra e o que quer que a cobra tivesse acabado de comer. Eustace chegou a matar um tetraz-dos-abetos com uma pedra. Viu a ave, pensou consigo mesmo "Preciso comer isso", agarrou a pedra mais próxima, matou a ave com uma pedrada certeira e depois comeu cada parte daquela criatura abençoada, exceto as penas.

Estavam decididos a ser caçadores e coletores. Esse era um grande desafio, e aquele era um lugar estranho para tentá-lo; a trilha dos Apalaches, um caminho já intensamente percorrido, fora tão dilapidada por seres humanos que era mais difícil encontrar comida ali do que em uma floresta normal. E Eustace sabia muito bem que não faria sentido algum, levando-se em conta o meio ambiente, se cada pessoa que caminhasse na trilha dos Apalaches continuasse depauperando a terra, fazendo o que ele estava fazendo. Ciente disso tudo, e talvez se sentindo um pouco culpado por abusar de uma terra já tão abusada, ele continuou o experimento. Sabia que povos primitivos haviam percorrido enormes distâncias a pé, milênios atrás, comendo só o que conseguiam encontrar no caminho, e tinha certeza de que ele e Frank podiam aguentar aquilo também. Mas isso não mudava o fato de que eles estavam morrendo de fome.

Eles comiam o que quer que conseguiam caçar, colher, pegar do chão, ou, às vezes, até roubar. Quando chegaram a Bear Mountain, no estado de Nova York, era, por acaso, o dia 4 de julho, quando centenas de famílias porto-riquenhas e dominicanas comemoravam e faziam piqueniques. Aquilo foi um verdadeiro banquete para Eustace e Frank. Eles ficaram tontos ao descobrir que cada lixeira do parque estava transbordando de estupendas latas de arroz com feijão, frangos comidos pela metade, pipoca e bolo. Os dois se sentiram como o rato Templeton na cena da feira estadual, no filme *A menina e o porquinho* — dois onívoros no paraíso, gritando de uma lixeira para a outra, por cima da salsa que tocava no volume máximo:

"Achei um presunto inteiro! Ah, meu Deus! Batatas-doces!"

Mas a experiência alimentícia mais desesperada deles foi no Maine, quando saíram da trilha por alguns dias e ficaram numa cidadezinha com uma família que cuidava de uma pocilga comunitária situada no quintal da casa. A pocilga comunitária funcionava no seguinte esquema: todos na cidade davam aos porcos seus restos de comida e, depois, na hora do abate, dividiam a carne com a qual iriam passar o inverno. Frank e Eustace ficaram sabendo desse interessante costume no dia em que a dona da casa assou tortas de maçã e deu aos meninos um balde de cascas para que levassem para os porcos comerem, no quintal. Lá fora, Frank e Eustace se entreolharam, olharam para as cascas de maçã e disseram "Foda-se". Esconderam-se atrás do celeiro e mandaram ver nas cascas. Depois disso, gentilmente se ofereceram para ficar encarregados da alimentação dos porcos. Até hoje, tudo o que eles se limitam a dizer sobre esta experiência é que o bom povo daquela cidadezinha do Maine jogava fora muita comida em perfeito estado, e que os belos porcos da comunidade certamente não ganharam nenhum peso enquanto Eustace Conway e Frank Chambless estavam na área.

Em todos os aspectos, a jornada foi um sucesso. Caminhadas, diversão, revelações, desafios e epifanias, dia após dia. Frank e Eustace encontraram um modo muito elevado de se comunicarem um com o outro, um senso íntimo de companheirismo. Eles estavam na mesma sintonia em relação à natureza e ao que havia de errado com os Estados Unidos, e ambos se interessavam muito pela cultura e pelos ensinamentos dos indígenas americanos. Eustace podia falar com Frank sobre os problemas com seu pai, e Frank podia falar com Eustace sobre os problemas com o pai *dele* e sobre o que sentia pela namorada, Lori. Havia nesses dois rapazes uma seriedade, uma completa ausência do cinismo, do distanciamento e da frieza que definiam sua geração como um todo. Eles eram desavergonhadamente abertos um com o outro.

Eles não tinham vergonha nem de falar de Deus. Ambos haviam sido criados em famílias da Convenção Batista do Sul, onde a devoção e o fundamentalismo eram o padrão. O avô de Eustace, o Chefe Johnson, tinha sido um cristão inabalável, homem de moral sólida e intensa, e a mãe de Eustace tentara transmitir essas convicções para seu filho mais velho. Eustace tinha se dado muito bem na igreja quando criança. Foi destaque precoce nas aulas de catecismo — perspicaz, curioso, atento. Eustace sempre foi um grande fã de Jesus Cristo; tinha uma grande atração pela ideia de Jesus entrando no templo dos agiotas e "derrubando as porras das mesas", e gostava especialmente da parte em que o Redentor partia para o deserto em busca das grandes respostas.

Porém, à medida que foi ficando mais velho, foi se desiludindo com a congregação e com a liderança de sua igreja. Sentia cheiro de insinceridade e de enganação por todo lado. Sentava entre o pai e a mãe todo domingo, enquanto eles curvavam a cabeça e absorviam o devoto sermão. Domingo após domingo, Eustace foi tendo uma triste noção de como aquilo era uma farsa e de como era grave o contraste entre aquela imagem pública de santidade familiar e aquela outra realidade íntima de discórdia na família — uma discórdia violenta, que todo sábado era escondida em uma gaveta, para não incomodar os vizinhos. Ele logo passou a olhar para as outras famílias aparentemente devotas em seus bancos, todas bem-vestidas, com suas cabeças curvadas, e não conseguia deixar de imaginar os horrores que se escondiam por trás de seus hinários.

Cada vez mais, ele começou a se incomodar com o ciclo cristão de rezar-pecar-arrepender-se-rezar-pecar-arrepender-se-rezar-pecar-arrepender-se. Parecia óbvio, para ele, que aquilo não passava de um subterfúgio moral, com um verniz de grandeza. Você peca; você é imediatamente perdoado; você vai e peca mais um pouco, sabendo que será perdoado de novo. Ele achava aquilo estúpido, fraco e mesquinho. Por que havia esse pressuposto de que as pessoas estavam destinadas a pecar, de qualquer modo? Se as pessoas amavam tanto a Bíblia, perguntava-se Eustace, por que não podiam simplesmente obedecer às instruções claras que ela apresenta e parar de mentir, trair, roubar, matar e dormir com prostitutas? Quantas vezes você precisa ler os tais Dez Mandamentos para entendê-los direito? Pare de pecar! Viva do jeito que foi ensinado! Então você não vai precisar ir à igreja todo domingo, se ajoelhar, chorar e se arrepender. E vai ter muito mais tempo para passar ao ar livre na floresta, onde, como Eustace acreditava, "só se encontra a verdade — não há mentiras, farsas, ilusões, hipocrisia. É tão somente um lugar verdadeiro, onde todos os seres são governados por um conjunto de leis perfeitas, que nunca mudaram e nunca mudarão".

É claro que, dadas sua disposição e sua força pessoais, não demorou muito para que Eustace se recusasse a ir à igreja e começasse a buscar suas próprias respostas. Ele passou a adolescência estudando todas as religiões com as quais se deparava, guardando as lições do cristianismo de que gostava e acrescentando a elas algumas partes de outras crenças. Ele se sentia inspirado pelas celebrações de amor extáticas dos antigos místicos sufistas, enquanto seu atento perfeccionismo interior era atraído instintivamente pelo pilar central do budismo — a saber, que só se pode atingir a iluminação através de uma atenção constante. Ele gostava da ideia taoista de que as pessoas deviam tentar ser como a água, contornando fluidamente as superfícies duras, mudando de configuração para se encaixar nas formas da natureza e erodindo as pedras com paciência. Gostava das lições espirituais das artes marciais do Oriente, que ensinavam a se dobrar diante da agressão alheia e a deixar que os outros se machuquem, sem que você seja ferido.

De quase todas as religiões, ele tirava algum ensinamento para si; e gostava também de falar com pessoas de todas as religiões (mórmons, testemunhas de Jeová, krishnas nos aeroportos) sobre Deus. No entanto, sempre foi a espiritualidade dos indígenas americanos que teve maior apelo para Eustace. Ele fora exposto a ela por intermédio dos líderes indígenas que conhecera no Scheile Museum e de seus estudos de antropologia. Eustace era capaz de aceitar totalmente a ideia de que Deus — ou melhor, a divindade — é encontrado em cada ser vivo deste planeta e de que cada coisa nele é um ser vivo: não apenas os bichos, mas também as árvores, o ar e até as pedras duras, todas elas antigas e essenciais.

Era nesse ponto que Eustace e Frank, seu parceiro na trilha dos Apalaches, tinham uma crença em comum: na convicção mútua de que Deus só é encontrado na natureza. E era por isso, é claro, que os dois estavam ali, naquela trilha, a fim de buscar a divindade dentro de si mesmos e do mundo lá fora. Eles não tinham vergonha de falar dessa divindade, noite após noite; nem de, ao entardecer, sacar seus cachimbos indígenas feitos à mão, fumar e rezar, conectados um ao outro pela crença de que o cachimbo era o veículo da oração, e a fumaça, apenas a representação sagrada do que eles estavam oferecendo ao cosmos. Eles sabiam que algumas pessoas talvez considerassem dois brancos rezando com um cachimbo indígena uma coisa idiota ou até ofensiva, mas Eustace e Frank não estavam apenas brincando de índio — estavam no limiar da virilidade, vivendo do jeito mais sério que podiam, enfrentando juntos as revelações e desafios de cada dia. E era essa união, mais que qualquer outra coisa, que Eustace estimava naquela jornada.

E então, na Pensilvânia, Eustace Conway conheceu uma menina.

Seu nome era Donna Henry. Ela era uma estudante universitária de 19 anos, vinda de Pittsburgh, e ela e Eustace se esbarraram no trecho da trilha dos Apalaches que passa pela Pensilvânia. Donna estava fazendo uma caminhada de fim de semana com a tia e a prima, e sua pequena jornada ia de mal a pior, pois a tia e a prima estavam totalmente fora de forma e tinham abarrotado as mochilas com um excesso de comida e equipamento. Por isso, no momento do encontro, Donna Henry não estava caminhando; estava sentada na beira da trilha, fazendo uma pausa, porque a tia e a prima tinham pedido. Ali estava ela, tentando não ouvir as duas reclamarem de dor nos pés e nas pernas e nas costas, quando eis que chega Eustace Conway.

Àquela altura, Eustace tinha começado a se desfazer de todos os seus pertences que considerava inúteis. Quando avançava rumo ao sul, aproximando-se da Geórgia, ele se cansou de carregar coisas, por isso — exercendo o velho princípio de que "quanto mais você sabe, de menos você precisa" — aos poucos foi se livrando de tudo o que não fosse seu saco de dormir, uma faca, um pedaço de corda e uma panela pequena. Abandonou até algumas de suas roupas; e completou os últimos mil quilômetros da jornada vestindo nada além de duas bandanas amarradas com nós, para cobrir as partes íntimas. Não guardou nem uma jaqueta para se aquecer. Enquanto estava andando, ele não sentia frio; quando não estava andando, estava dormindo. Quando chovia, vestia um saco de lixo. Quando cansava de seu passo monótono (mesmo o passo de um homem avançando quase 50 quilômetros por dia), disparava pela trilha em velocidade máxima.

E foi essa a aparição que surgiu diante de Donna Henry naquele dia, na trilha: uma criatura esbelta, bronzeada, barbada e bestial, quase nua, usando tênis e disparando pela floresta feito um coiote. Ele estava muito magro, é claro, mas com músculos salientes. E tinha um rosto incrível. Ele parou de correr quando viu Donna. Ela disse "oi"; Eustace respondeu "oi". Então ele abriu um de seus sorrisos mais sedutores, e Donna sentiu sua tia, sua prima e sua mochila pesada sumirem no brilho daquele sorriso, tomada pela certeza de que sua vida jamais seria a mesma.

Bem, eu tenho o hábito de especular sobre a vida sexual de toda e qualquer pessoa que conheço. Podem chamar de hobby; podem chamar de perversão — não estou me defendendo. Estou afirmando um fato. Ainda assim, devo confessar que passei meses observando Eustace Conway antes de considerar, minimamente que fosse, a possibilidade de que ele pudesse de fato ser uma criatura carnal. Principalmente em comparação com seu irmão Judson, que não é nada além de uma criatura carnal, Eustace parecia de algum modo estar acima desse tipo de bobagem mundana e corporal. Como se não precisasse disso.

Na primeira vez que vi os dois irmãos juntos, notei esse contraste entre eles. Lá estava Judson, no bar de East Village, flertando e dançando com cada ser do sexo feminino que passava em sua linha de visão, e lá estava Eustace, sentado ereto no canto, conversando comigo em um tom sério sobre o prazer de beber água direto do chão, e sobre como a qualidade da luz do sol filtrada pela folhagem dos Apalaches muda a química do seu corpo, e sobre como os que vivem na natureza selvagem são os únicos capazes de reconhecer a verdade central da existência, qual seja, que a morte vive bem ao nosso lado o tempo todo, tão próxima e relevante quanto a própria vida, e que essa realidade não é nada para se temer, e sim uma verdade sagrada que devemos louvar.

"*Eu sou o Professor de todas as Pessoas*", ele parecia dizer quando saía de seu mundo e pairava sobre o nosso. "*Elas devem confiar em mim e me seguir, porém nunca me dar um beijo de língua...*"

E, realmente, o fato de ele se banhar em riachos gelados faz com que toda a questão da libido seja um pouco difícil de imaginar. Mesmo assim — e foi isso que me deixou instigada — Eustace Conway se apresentava como um herói épico masculino americano, e toda a noção de amor romântico ou sexual é algo completamente alheio a esse tipo clássico.

Como observou o escritor Leslie Fiedler em sua obra pioneira, *Love and Death in the American Novel* (Amor e morte no romance americano), nós americanos somos a única grande cultura do mundo conhecido que jamais considerou o amor romântico um preceito sagrado. O resto do mundo fica com Don Juan; nós ficamos com Paul Bunyan. Não há história de amor em *Moby Dick*; Huckleberry Finn não fica com a garota, no final das histórias; John Wayne jamais sonhou em largar seu cavalo para ficar confinado a uma vida doméstica, com uma esposa; e o porra do Davy Crockett não sai por aí para namorar.

Quaisquer que sejam os conflitos envolvidos e qualquer que seja a evolução que esses homens vivenciam, eles o fazem na companhia de seu único amor verdadeiro, a natureza, e fazem isso sozinhos ou com a ajuda de um fiel parceiro masculino. As mulheres servem para ser resgatadas e também para você acenar com o chapéu, enquanto parte a cavalo rumo ao sol poente, sem elas. Às vezes isso leva a uma circunstância insólita — a saber, que, enquanto as mulheres na maior parte da literatura mundial são retratadas protegendo escrupulosamente sua sagrada virgindade, nas histórias heroicas americanas os homens muitas vezes também são de uma castidade obstinada.

Pensem, como exemplo clássico, no romance *Deerslayer* (O caçador de cervos), de James Fenimore Cooper. O belo, sábio, corajoso e disponível Natty Bumppo jamais se casa, pois, se o fizesse, teria de abandonar seu mundo de perfeita solidão junto à fronteira, onde é sempre livre. Não só o Caçador de Cervos não se casa; ele de fato parece não gostar de meninas. Quando a estonteante, espirituosa e corajosa heroína, Judith Hutter, basicamente joga seu corpo esbelto, moreno e de olhos brilhantes aos pés dele, ele educadamente recusa suas investidas, embora faça um tempão que ele está enfurnado nas montanhas sem companhia feminina. É verdade que ele proclama que sempre irá respeitá-la e sempre estará pronto a salvar sua vida, caso ela precise dele.

Judith, é claro, não entende isso. Que homem inescrutável é esse herói selvagem vestido de camurça! Tão diferente dos galantes capitães da guarda nascidos na cidade, que moram nas casernas ali perto e adoram flertar e dançar! Ela até se oferece para morar no meio do mato com Natty, para sempre, longe dos confortos da civilização, e ainda assim ele a recusa. Será que o Caçador de Cervos nunca conheceu o amor?

"E onde, então, está a *tua* amada, Caçador de Cervos?", Judith quer saber, tentando compreender a situação.

"Ela está na floresta, Judith", responde o Caçador de Cervos (em uma fala que exemplifica não só a relação do homem épico americano com as mulheres e o meio ambiente, mas também uma péssima escrita), "pendendo dos ramos das árvores, em uma chuva amena — no orvalho sobre a grama descoberta — em nuvens que passeiam nos céus azuis — nos pássaros que cantam na mata — nas doces fontes onde sacio minha sede — e em todos os outros gloriosos presentes da divina Providência!".

"Queres dizer que, até agora, jamais amaste ninguém do meu sexo, porém amas mais os lugares que frequentas e teu próprio modo de vida?", pergunta Judith (as mulheres, nesses romances, são às vezes um pouco obtusas, e facilmente deixam tudo bem claro).

"É isso, é isso", responde o Caçador de Cervos.

E assim ele manda a bela Judith ir saciar sua sede na doce fonte de algum outro sujeito.

Vejam bem: sou uma pessoa razoavelmente lida e extremamente impressionável; quem poderia me culpar por imaginar, à primeira vista, que Eustace Conway seria um homem do mesmo tipo que Natty Bumppo, o Caçador de Cervos? Eles são até parecidos ("cerca de 1,80 metro, calçando seus mocassins, porém sua estrutura era comparativamente leve e esbelta, revelando músculos, no entanto, que prometiam uma agilidade incomum") e se vestem de um jeito parecido. E Eustace, lembrem-se, é o homem que costumava me escrever cartas cheias de notícias sensuais, porém castas, como: "O raiar do dia me encontrou olhando para o meu cavalo selado, de cima de uma árvore cheia de cerejas maduras — boca e mãos cheias delas — e muitas mais para colher." Sim, a mata virgem deve ser o único amor de Eustace; e a divina Providência, sua única necessidade.

Bem, eu estava enganada.

Então lá estava Eustace Conway na trilha dos Apalaches, em 1981, cruzando o caminho de Donna Henry. Donna, incrivelmente sadia, simpática e bonita, chamou a atenção de Eustace, e vice-versa. Cumprimentaram-se e depois sorriram, um para o outro. Donna não sabia por que ele estava vestindo aqueles dois lenços, mas lhe ofereceu comida logo de cara, fascinada. Por um lado, seu motivo para alimentar Eustace era fazê-lo ficar ali por mais tempo, pois ela sentiu uma atração imediata por ele; por outro lado, ela queria aliviar as mochilas da tia chorona e da prima resmungona. Tudo o que ela dava para Eustace comer, ele comia. Comia como um saco sem fundo, como se estivesse morrendo de fome. E, de fato, ele estava.

Quando ele disse que precisava encher sua garrafa d'água, Donna disse "Eu também!", e os dois andaram um quilômetro e meio até um riacho ali perto, enquanto ele falava das aventuras que vivera em sua caminhada desde o Maine. Absorta, Donna Henry convidou-o para jantar com ela e suas parentes naquela noite. Mais uma vez, ele devorou tudo o que elas puseram na sua frente, sem parar de contar mais e mais coisas sobre suas ousadas façanhas, sua tenda e seu estilo de vida primitivo.

Donna disse a Eustace que ele seria bem-vindo se quisesse acampar com elas naquela noite também. Ele aceitou o convite, e quando o céu estava bem escuro, e o fogo, bem baixo, Eustace entrou de mansinho na barraca de Donna e arrastou seu longo e esbelto corpo para junto do dela. E ela estava no papo.

No dia seguinte, agora oficialmente apaixonada, Donna pediu para a tia e a prima descerem a trilha com todo o equipamento delas e caminhou os 40 quilômetros seguintes com Eustace. Ela estava em ótima forma — fizera uma trilha no verão anterior, com alguns amigos da faculdade —, por isso não teve dificuldade em acompanhar o passo dele. Eles conversaram, caminharam e comeram amoras-pretas colhidas direto dos arbustos, e Eustace lhe ensinou sobre cada planta, pedra e graveto pelos quais passaram ao longo do caminho.

Depois da caminhada, Donna tinha que voltar para sua vida real em Pittsburgh, porém não queria ir embora. Eustace disse a ela que os dois formavam uma boa equipe, e ela concordou — sim, formavam mesmo! A ocasião também era oportuna, pois, como Eustace viria a saber em breve, ele estava prestes a perder seu parceiro de viagem. Frank Chambless estava desistindo da jornada, porque sentia muita saudade de sua namorada Lori e achava que tinha uma chance agora mesmo de fazer o amor deles dar certo, saindo da trilha e dedicando toda a sua energia à reconciliação com ela. Eustace entendeu e aceitou as desculpas sinceras do amigo; mesmo assim, ficou muito chateado de perder seu companheiro de viagem quando ainda havia mais de 1.500 quilômetros para percorrer. Por isso — é claro —, vendo que Donna era uma ótima caminhante (isso sem falar em uma encantadora parceira de barraca), ele teve uma intuição. Perguntou a Donna se ela, quem sabe, não gostaria de se encontrar com ele na Virgínia, dali a umas semanas, e juntar-se à caminhada. Ela topou na hora. Donna Henry, naquele momento, teria concordado de bom grado em caminhar até Islamabad, se isso lhe desse a chance de rever Eustace Conway.

Algumas semanas depois, ela embarcou em um ônibus no meio da noite com sua mochila e seu saco de dormir e partiu rumo ao sul, para encontrá-lo. Sua mãe ficou tão brava, por sua filha fugir impulsivamente com um homem magricelo vestindo bandanas, que nem quis se despedir.

Mas, enfim, é para isso que as pessoas fazem 19 anos.

Donna pensou que percorrer a trilha dos Apalaches a pé com Eustace Conway seria assim: mais conversas, mais caminhadas, mais frutas silvestres e contemplação da natureza e romance, e assim por diante, pelo resto do tempo. E, realmente, no primeiro dia da caminhada, Eustace ficou bem ao seu lado e lhe ensinou muitas coisas sobre árvores e flores. No entanto, na segunda manhã da jornada, ele acordou cedo e disse: "Vou andar na sua frente hoje. Quero percorrer 50 quilômetros. Te encontro no acampamento na hora do jantar." E eles nunca mais caminharam juntos. Dia após dia, ela não o via na trilha. Ele partia ao amanhecer, e ela ia atrás. A única comunicação entre os dois eram os bilhetinhos instrutivos que ele deixava para ela ao longo da trilha: "Donna — tem água 6 metros à esquerda. Este é um bom lugar para descansar." Ou: "Eu sei que esta subida é difícil — você está indo muito bem!"

No começo da noite, ela o alcançava no acampamento que Eustace já tinha armado para eles. Os dois comiam a comida catada do chão, caçada ou apodrecida, que estivesse à mão, e depois dormiam. Às vezes Eustace ficava acordado e falava noite adentro sobre seus sonhos de mudar o mundo, que ela adorava ouvir. Donna jamais foi tão feliz quanto nesses momentos, a não ser talvez quando Eustace lhe dizia com orgulho que ela era sua "italianinha durona".

Todo esse lance de natureza era novo para Donna (ela uma vez perguntou a Eustace, enquanto eles passavam por um rebanho de gado em um pasto nas montanhas: "Então, isso são vacas ou cavalos?"), mas ela estava aberta a tudo e topava tudo. Um dia, depois de caminhar 40 quilômetros, eles estavam jantando juntos enquanto o sol se punha, e o céu estava bonito. Donna disse: "Olha, Eustace, vamos correr até o topo dessa montanha para ver o sol se pôr!", depois de caminhar 40 quilômetros! Ela era, como ele muitas vezes lhe dizia, "uma escultura sólida de músculos" e também uma companheira de viagem descomplicada. Não havia nada que ela se recusasse a fazer para acompanhar o ritmo do seu homem. Além disso, Donna acreditava em cada sonho que Eustace Conway tinha e queria ajudá-lo a realizá-los. Sentia-se inspirada e revigorada por ele. Quando a manhã chegava, ele partia à frente dela na trilha, e outra vez ela o seguia sem hesitação nem perguntas — e isso, Donna diz agora, "era simbólico do relacionamento".

"Eu simplesmente obedecia na hora", lembra-se ela. "Era arrastada atrás dele como uma força magnética, andando 40, 50 quilômetros por dia. Eu era pau pra toda obra, e estava doida para mostrar a ele que era capaz de acompanhá-lo. Estava completamente apaixonada por aquele homem. Teria ido atrás dele até o fim do mundo."

Quando Eustace Conway relembra sua viagem pela trilha dos Apalaches, não é em Donna Henry nem em Frank Chambless que ele pensa. Embora não hesite em dar a seus companheiros de viagem o devido crédito por arrastarem o esqueleto sem nunca reclamar, a coisa que ele mais lembra desses gloriosos meses no meio do mato são as imagens de si mesmo, sozinho. Enfim, só. Fora da casa da família, fora da sombra do pai e finalmente sozinho.

Ele se lembra de seus pés doendo tanto que as lágrimas escorriam por seu rosto, enquanto andava, mas ele nunca parava de andar, pois na infância tinha se educado para resistir à dor física como se fosse um guerreiro indígena. Lembra-se de vezes em que estava tão desidratado que via manchas diante dos olhos. Lembra-se de entrar a pé na cidade de Pearisburg, na Virgínia, que fica bem ao lado da trilha e possui um albergue e uma mercearia. Ele estava passando fome havia tanto tempo que decidiu — ora, que se dane — dar-se ao luxo de pedir uma refeição.

Uma refeição de verdade, paga em moeda americana, não uma maldita refeição de sobrevivencialista, um filhote de coelho semidigerido tirado do estômago de uma cascavel. E foi isto o que ele comprou:

"O maior, mais maduro e mais bonito melão-cantalupo que você já viu. Comprei uma bandeja de ovos, com duas dúzias e meia. Não eram ovos pequenos. Não eram ovos médios. Não eram ovos grandes. Eram ovos *extra*grandes. Comprei o pão de trigo mais substancial que encontrei. Comprei um galão de leite e um frasco de iogurte. Comprei uma margarina, um pedaço de queijo e uma grande cebola amarela. Então fui para a cozinha do albergue, fritei a cebola na margarina e mexi aqueles ovos fazendo uma omelete gigante, que enchi com metade do queijo. Eu comi aquilo. Depois torrei cada fatia do pão e ralei o resto do queijo nas torradas. Depois bebi o galão de leite. Depois comi o iogurte. E depois comi o belo melão maduro. Quando eu terminei, toda a comida tinha acabado, mas eu não estava estufado. Apenas me senti *satisfeito* pela primeira vez em meses. Senti: *Sim, agora finalmente comi o bastante.*"

Ele se lembra de outro longo dia na Virgínia, quando acabou caminhando tarde da noite para cumprir sua quota de quilômetros diários, andando por uma estrada escura na parte mais rural do interior do estado. Era uma noite de sexta-feira, por isso todos os caipiras locais estavam passeando em seus caminhões, ouvindo música, bebendo e indo para festas. Toda hora eles paravam para ver o que Eustace estava fazendo.

"Precisa de uma carona, filho?", eles perguntavam.

"Não, obrigado", respondia Eustace.

"De onde você está vindo a pé?"

"Do Maine."

Essa resposta não impressionava muito os caipiras.

"Bom, para onde você está indo?"

"Para a Geórgia", dizia Eustace, e eles piravam na hora, berrando de descrença.

"Esse maluco está indo a pé até a *Geórgia*!"

Obviamente, eles nunca tinham ouvido falar do Maine.

Então, sentindo pena de Eustace, eles lhe davam uma cerveja e partiam. Eustace continuava andando no escuro, bebendo a cerveja, cantarolando consigo mesmo e ouvindo todos os insetos noturnos da

Virgínia cantarem. Quando ele estava terminando a cerveja, eis que chegava outro carregamento de caipiras.

"Precisa de uma carona, filho?"

E a conversa se repetia, palavra por palavra, até a frase do clímax.

"Esse maluco está indo a pé até a *Geórgia*!"

Eustace terminou de percorrer a trilha em setembro de 1981, quase no dia de seu vigésimo aniversário. Levara quatro meses e meio para completar a jornada. Escreveu uma carta de congratulação para si mesmo — uma carta dramática, que um homem só pode escrever em seu vigésimo aniversário, orgulhoso, sério e inflado de espanto com a magnitude do que acabara de realizar.

O sol se pôs atrás da serra e as sombras estão começando a brincar na floresta. Esta é minha última noite na trilha dos Apalaches, uma "Longa Jornada de Sempre e Eternamente". Faz tanto tempo que comecei, que parece apenas um sonho embaçado. Meu comportamento mudou. Tornei-me um homem. À maneira indígena, adotei um novo nome — é "Perseguidor de Águias". Estou aspirando às metas e à moral mais elevada do Rei dos Seres Alados. Muitas histórias posso contar. Vi muitos lugares, vi muitas pessoas, todas diferentes, mas, na maioria, boas. Aprendi a rezar com frequência e aceitei muitos presentes do mais Sagrado Provedor. Acredito que Deus tenha ajudado a planejar esta viagem antes que eu sequer soubesse dela... Meu motivo para percorrer a trilha começou razoavelmente simples e cresceu em profundidade com o tempo e com a experiência. Originalmente, eu queria me aproximar da natureza de um modo bom e sadio e, número dois, queria descobrir mais sobre mim mesmo. Acredito que me saí bem em ambos os propósitos. Estou muito satisfeito. Queria que a luz do dia me desse mais forças para concluir esses pensamentos escritos, porém a noite está surgindo e as sombras não se veem mais. Os animais noturnos saíram e preciso avançar no ciclo que escolhi.

Eustace R. Conway.

E, de fato, ele avançou no ciclo que tinha escolhido. Todas as outras viagens e realizações de sua vida brotariam a partir daquela. Por exemplo, quando Eustace estava, alguns meses depois, sentado em uma mesa de piquenique na Carolina do Norte, pelando um guaxinim, um homem veio até ele e disse: "Você é Eustace Conway, certo? Da última vez que eu te vi, você estava na trilha dos Apalaches pelando uma cobra. Lembro de ter falado com você sobre sua aventura na mata." O homem se apresentou como Alan York, os dois conversaram por um tempo, e então Alan disse: "Que tal cruzarmos o Alasca a pé juntos?" Eustace respondeu: "Não acho que seja possível cruzar o Alasca a pé, mas tenho quase certeza de que dá para ir de caiaque"; e foi isso que eles fizeram. Eustace e Alan atravessaram o estado, lutando com o frio e a arrebentação brutal, remando poucos centímetros acima de arenques, salmões, algas e baleias.

Depois disso, não podia ser muito difícil viajar pelo México rural, para estudar cerâmica e tecelagem. E essa bem-sucedida viagem ao México deu ao jovem empreendedor a confiança necessária para ir à Guatemala, sair do avião e perguntar: "Onde estão todos os primitivos?" Tudo começou com a trilha dos Apalaches, no entanto. E o que Eustace tem especialmente em mente, quando se lembra da trilha dos Apalaches, aos 19 anos, é um único momento, um momento que para ele será, para sempre, o mais feliz de sua vida.

Ele está em New Hampshire. Conseguiu sair do Maine sem morrer de fome ou de frio. Chega até uma serra. Para onde quer que olhe, vê a esplêndida luz rosada da manhã incidindo sobre a neve, o gelo e o granito. Isso é tudo. Uma paisagem típica das White Mountains no fim do inverno. Com o passar dos anos, Eustace viajará para muitos lugares mais interessantes que esse, e verá algumas das paisagens mais espetaculares do mundo, do Alasca até a Austrália ou o Arizona, então essa talvez não seja a cena *mais* bonita que ele jamais verá; nem é um momento tão heroico e triunfante como o que ele viverá na Geórgia, onde pode sacar a retórica pesada das "muitas histórias que posso contar". Contudo, esse é melhor; porque esse é o cenário do momento em que Eustace Conway compreende, pela primeira vez, que é livre. Ele é um homem e está exatamente onde quer estar, realizando o que sempre soube que podia realizar, se tomasse suas próprias decisões. Ele se sente subjugado, exaltado, simplificado, purificado e salvo por esse momento, pois o momento contém a percepção de que — ali tão longe, no alto daquela bela montanha — seu pai não está à vista em lugar algum. Ninguém pode alcançá-lo. Ninguém pode controlá-lo e ninguém poderá jamais puni-lo outra vez.

Eustace está ali, em pé, paralisado pela alegria, apalpando-se para ver se aquilo é mesmo verdade. Sente-se como um homem que escapou de um esquadrão de fuzilamento, cujas armas emperraram, e está conferindo seu corpo para ver se há buracos de balas — e não há nenhum. O ar tem um cheiro doce, ele sente seu coração batendo e está rindo sem parar, ao perceber que está intacto.

É o melhor momento de sua vida, pois é o momento em que Eustace Conway, pela primeira vez, tem a noção de que sobreviveu.

CAPÍTULO QUATRO

Estamos um pouco confusos aqui com inúmeros projetos de reforma social. Não há um único homem culto que não tenha, no bolso do colete, o esboço de uma nova comunidade.

— *Ralph Waldo Emerson*

Quando Eustace Conway voltou para a Carolina do Norte no outono de 1981, começou a procurar um novo lugar para armar sua tenda. Ele sabia que poderia achar um ponto excelente, se procurasse com paciência. Durante os anos do início de sua vida adulta, sempre que Eustace precisava se assentar por um período significativo, achava fácil viver na (e da) terra de pessoas que fossem gentis o bastante para deixar que ele se instalasse ali.

"Sou diferente pelo fato de que moro em uma tenda indígena", escreveu Eustace em uma carta de iniciativa própria, com a intenção de se apresentar a um proprietário na Carolina do Norte, cujas boas terras ele acabara de avistar. "Enquanto buscava um pedaço de terra para ficar no próximo outono, deparei-me com este lugar e gostaria de saber se o senhor talvez permitiria que eu armasse meu acampamento ao lado do riacho na sua propriedade. Não tenho muito dinheiro, mas poderia pagar um pequeno aluguel. Poderia tomar conta da sua propriedade, como um zelador. Eu teria muito respeito e compreensão pelos seus desejos. Incluí um envelope já endereçado e selado para o senhor responder. Também incluí um artigo de jornal que fornece mais informações sobre meu estilo de vida."

Deve ter sido uma tarefa e tanto para Eustace decidir exatamente qual artigo de jornal mandar para o homem; muitos tinham sido escritos recentemente sobre ele. Ele estava recebendo muita atenção da mídia e era o queridinho dos repórteres da Carolina do Norte, que gostavam de visitar este "rapaz quieto, despretensioso, muito modesto", que vivia "com mais austeridade que um espartano, não se permitindo nem mesmo o luxo de fósforos para sua fogueira".

A imprensa o adorava porque ele era perfeito. Eloquente, inteligente, educado, intrigante e abençoadamente fotogênico, o jovem Eustace Conway em sua tenda era o sonho de qualquer editor de reportagens sobre assuntos humanos. Ele vivia da terra como um montanhês de antigamente, mas não era nenhum racista bizarro, recusando-se a pagar impostos e resmungando sobre a extinção iminente do homem branco. Era dócil e idealista em relação à natureza, mas não era um hippie molenga, incentivando as pessoas a tirar a roupa e fazer amor com as árvores. Era sedutoramente isolado da sociedade, mas não era nenhum eremita em fuga, como bem mostrava a gentileza com que ele recebia a imprensa. Sim, ele desafiava seus semelhantes a questionarem as convicções dos americanos modernos, mas era educado, articulado e podia mostrar seu histórico universitário cheio de conceitos A, para provar sua responsabilidade.

Pois é, um histórico universitário cheio de conceitos A. Curiosamente, Eustace decidira cursar uma faculdade, depois de terminar de percorrer a trilha dos Apalaches a pé. Uma estranha escolha para alguém que havia odiado a escola tanto como Eustace odiara. Mas ele sempre acreditara que podia ser um acadêmico decente, se conseguisse se livrar da pressão do pai; e, de fato, tirou notas perfeitas na faculdade desde o começo, mesmo nos cursos de matemática. Provavelmente, podemos presumir com segurança que não havia no Gaston Community College nenhum outro aluno como Eustace. Ele era uma celebridade no campus, com sua tenda e suas roupas de pioneiro, sua voz calma e suas histórias de aventuras nas montanhas e no rio Mississippi. Ele começou a despertar em seus colegas o tipo de reação que viria a despertar pelo resto da vida. As meninas — não sei dizer de outro jeito — curtiam

Eustace totalmente; os caras queriam ser iguaizinhos a ele. Ele estava adquirindo uma beleza mais madura, uma aparência mais exótica e mais cool — ossos largos no rosto e uma boca forte, olhos escuros espaçados e de pálpebras espessas, um nariz comprido e aquilino. Seu corpo estava incrivelmente em forma — um amigo que viu Eustace depois que ele saiu da trilha dos Apalaches disse que ele parecia "uma rocha alta e dura" — e seu cabelo era mais preto que castanho. Sua pele era escura; seus dentes, brancos. Não havia ambiguidade em seu rosto; tudo eram ângulos, sombras e planos. Era uma criatura de vigor impactante, que parecia ter sido esculpida em madeira de lei. Tinha cheiro de bicho, mas de um bicho limpo. Ele fazia os pescoços virarem. Era popular e interessante.

Scott Taylor, que estudou com Eustace durante esses anos, lembra-se de vê-lo no campus da universidade com "aquele sorrisão e aquela camurça, e ele parecia o cara mais cool do mundo. Eu estava morrendo de vontade de ver a tenda dele, mas você não pode simplesmente se convidar para ir à tenda de um homem". Com o tempo, Scott conseguiu receber um convite, em um "belo dia chuvoso de outono", e Eustace fez Scott sentar-se à margem do riacho e cortar legumes para o cozido. Scott nunca tinha feito nada parecido antes e ficou eletrizado. Era um garoto suburbano conservador, que se casara cedo, estava na faculdade para estudar química e sentia-se chocado e despertado por tudo o que Eustace dizia ou fazia.

Scott lembra-se: "Eu tinha 19 anos e minha mulher também, e nós tínhamos um apartamentinho que estávamos tentando montar como o lar de um típico casal americano de classe média. Estávamos imitando nossos pais, sem nos darmos ao trabalho de pensar na nossa vida com algum tipo de profundidade. Então eu convidei Eustace Conway para ir lá em casa, um dia, e ele ficou andando em silêncio, olhando para tudo, e disse: 'Nossa, vocês têm um monte de posses materiais.' Eu nunca tinha considerado, nem uma vez, que existisse algum outro jeito de viver. Eustace disse: 'Imagina só se você pegasse todo o dinheiro que gastou com essas coisas e em vez disso viajasse pelo mundo com ele, ou comprasse livros para ler. Pense em quantas coisas você saberia sobre a vida.' Eu te digo, nunca tinha ouvido ideias como essa. Ele me emprestou livros sobre carpintaria, curtimento, marcenaria, para mostrar que eu podia aprender técnicas e construir coisas sozinho. Ele dizia: 'Sabe,

Scott, tem outras coisas que você pode fazer nas férias de verão além de simplesmente trabalhar em um escritório. Você pode fazer trilhas pelos Estados Unidos, ou pode ir conhecer a Europa.' Europa! Trilhas! Eram as palavras mais exóticas que eu já tinha ouvido!"

Em seus dois anos no Gaston Community College, Eustace tirou boas notas e conseguiu se transferir para um curso de quatro anos na Appalachian State University, situada em Boone, uma pequena cidade nas montanhas da Carolina do Norte. No começo ele ficou nervoso em relação a seu desempenho na ASU, sabendo que a instituição exigiria mais dele intelectualmente do que a faculdade comunitária tinha exigido, e ele ainda se sentia um pouco tolhido pelos anos de críticas do pai, assim como se sentia intimidado pela perspectiva de ter tantos colegas.

No primeiro dia de aula, ele nem usou suas roupas de camurça, tão grande era o seu medo de chamar atenção. Vestiu roupas discretas, pulou na sua moto e saiu da tenda cedo o bastante para ter tempo de conferir o campus e se orientar. No caminho para Boone, entretanto, ele avistou um coelho recém-atropelado na beira da estrada e, por hábito, parou para pegá-lo. (Fazia muito tempo que os bichos atropelados eram parte substancial da dieta de Eustace. Sua regra prática era que, se as pulgas ainda estivessem vivas e pulando na pelagem, a carne estava fresca o bastante para comer.) Ele enfiou o coelho na mochila, continuou dirigindo, e foi o primeiro a chegar à aula, Introdução à Arqueologia. Na verdade ele chegou uma hora antes, pois fizera questão de ter tempo para se localizar. Com bastante tempo disponível, e não querendo ficar sentado sem fazer nada, ele ficou pensando se deveria simplesmente pelar o coelho ali mesmo.

Então ele teve uma inspiração! Lembrou-se de que sua mãe muitas vezes lhe dissera que "a escola é só o que você faz dela". Por isso ele decidiu fazer uma coisa. Perguntou aqui e ali, localizou a professora a cuja aula ele estava prestes a assistir e se apresentou. Ele deve ter assustado a mulher. Era a professora Clawson, que acabara de sair da Harvard University, e aquele era não só seu primeiro dia de aula, como também era sua primeira experiência como professora e sua primeira vez morando no Sul.

"Escuta", disse Eustace, "eu sei que essa aula é sua, mas tenho uma ideia. Achei que talvez nós pudéssemos ensinar alguma coisa interessante sobre arqueologia juntos hoje, se eu explicar que vivo de uma maneira primitiva, tradicional, sabe? E eu tenho esse coelho que acabei de achar morto na beira da estrada e precisa ser pelado para eu comer hoje à noite. Que tal você me deixar pelar o coelho na frente da classe como uma lição? Vou usar as ferramentas que fiz com pedras, iguais às que os povos antigos usavam. Eu podia até fazer as ferramentas bem na frente da classe. Isso seria uma ótima aula de arqueologia, você não acha?".

Ela passou um bom tempo olhando fixo para ele. Depois se recuperou e disse: "Ok. Vamos lá."

Eles andaram até o laboratório de geologia, acharam umas boas pedras, bastante resistentes, e foram para a sala de aula. Quando os outros alunos chegaram, a professora Clawson se apresentou, entregou alguns papéis e disse: "E agora deixo a aula a cargo de um dos seus colegas, que vai mostrar a vocês como pelar um coelho à maneira primitiva."

Eustace pulou da cadeira, tirou o coelho da mochila com a elegância de um mágico experiente, pegou suas pedras e começou a falar com entusiasmo, enquanto lascava as pedras, para esculpir as ferramentas. "Cuidado para as lascas não entrarem nos seus olhos, galera!", disse ele, e explicou como o homem primitivo talhava pedras para formar uma lâmina tão afiada que pudesse desmembrar e retalhar um cervo adulto com duas pedras pequenas; o próprio Eustace já tinha feito aquilo várias vezes. Ele contou aos colegas que, na verdade, os astecas produziam ferramentas de pedra afiadas e precisas o bastante para fazer cirurgia cerebral uns nos outros — "E a cirurgia funcionava!" Para um arqueólogo, disse Eustace, o estudo dessas ferramentas de pedra é crucial não apenas por sua importância intrínseca, mas também porque um animal retalhado com elas traz nos ossos um padrão específico de marcas, e isso pode ajudar os pesquisadores a descobrir se a criatura antiga morreu de morte natural ou foi morta e comida por humanos.

Então Eustace pendurou seu coelho atropelado em uma das cordinhas das velhas venezianas de cor bege da sala de aula, com um belo nó corrediço. Extraiu rapidamente as vísceras do coelho, discutindo como o intestino grosso do animal costumava ser razoavelmente limpo, pois continha apenas bolotas fecais pretas e duras, mas que era preciso tomar cuidado com o intestino delgado e com o estômago, pois estes continham os fluidos mais salobros e fedidos da digestão. Se você rasgar esses órgãos sem querer, "essas coisas sujas vão todas para cima da sua carne, o que é bem nojento".

Enquanto trabalhava, Eustace falava sobre a fisiologia de um coelho selvagem, sobre como sua pele é tão delicada quanto papel crepom e sobre como, portanto, é um desafio mexer nela sem que ela rasgue. Não é como pele de cervo, explicou ele enquanto fazia uma incisão precisa da pata traseira até o ânus, subindo até o outro pé. A pele de cervo é forte, flexível e útil para várias coisas, disse Eustace, mas não a pele de coelho. Não dá para tirar a pele de um coelho selvagem em um pedaço só e depois simplesmente dobrá-la para fazer uma luva. Removendo cuidadosamente a pele do coelho, que tinha a fragilidade de uma toalha de papel úmida, ele observou que o segredo de pelar um coelho era retirar a pele em uma única tira comprida, como se estivesse descascando uma maçã. Fazendo desse jeito, no fim você tem uma tira de pele de 2 metros e meio de um único coelho, e *voilà*!

Eustace passou a pele de mão em mão pela classe, para que todos pudessem manuseá-la. Os alunos perguntaram o que era possível fazer com uma tira tão frágil de pele. Naturalmente, ele tinha a resposta. Os nativos pegavam essa tira de pele de coelho e a enrolavam bem apertado em um barbante de grama trançada, com a pele virada para dentro, e os pelos virados para fora. E quando isso secava, a grama e a carne tinham se fundido perfeitamente, e as pessoas tinham em mãos uma corda comprida e forte. Se você trançar algumas dezenas dessas cordas, você pode fazer um cobertor que será não só leve e macio, mas também extremamente quente. E se você explorar antigas cavernas habitadas no Novo México, como Eustace Conway tinha feito muitas vezes, talvez ache um desses cobertores escondido em um canto escuro, preservado por mais de mil anos, no clima árido do deserto.

Depois desse dia, Eustace Conway ficou famoso outra vez. Recuperou sua confiança e até começou a usar as roupas de camurça no campus. Na verdade, logo naquela primeira noite, a professora Clawson foi à tenda de Eustace e comeu uma grande tigela de cozido de coelho atropelado junto com ele.

"E ela tinha sido estritamente vegetariana até aquele dia!", lembra-se Eustace. "Mas com certeza gostou daquele coelho."

Bem-vinda ao Sul, professora.

* * *

Eustace morou na tenda durante todos os anos de faculdade, edu-cando-se cada vez mais na ciência da vida ao ar livre, enquanto se ins-truía, também cada vez mais, nas aulas da ASU. A maioria das técnicas de que ele precisava para viver com conforto no mato, ele já as tinha dominado na infância e na adolescência. Todas aquelas horas atentas de exploração e descoberta nas florestas atrás das várias casas da família Conway tinham valido a pena, assim como suas experiências na trilha dos Apalaches. O que Eustace chama de sua "atenção vigilante e agres-siva" inata fizera dele um perito em uma idade precoce.

Ele também passou muito tempo, durante esses anos, aperfei-çoando suas habilidades como caçador. Começou a estudar o compor-tamento dos cervos, percebendo que quanto mais soubesse sobre esses animais, mais fácil seria encontrá-los. Anos depois, quando havia se tornado um caçador realmente exímio, se lembraria daqueles dias de faculdade e se daria conta de que provavelmente perdera dezenas de cervos; de que passara a 6 metros de um cervo em diversas ocasiões e simplesmente não o notara. Eustace precisou aprender a fazer mais que apenas percorrer a floresta procurando "um enorme par de chifres e um bicho imenso em uma clareira, com uma grande placa apontando para ele dizendo *TEM UM CERVO BEM AQUI, EUSTACE!*". Em vez disso, ele apren-deu a localizar cervos da mesma maneira como antigamente localizava tartarugas — procurando atentamente diferenças mínimas de cor ou movimento nos arbustos rasteiros. Aprendeu a flagrar o canto da orelha de um cervo se mexendo; a notar pequenos trechos claros de barriga branca, realçados contra a camuflagem de outono, e reconhecer o que eram. Como um gênio da música capaz de discernir cada nuance de cada um dos instrumentos de uma orquestra, Eustace atingiu um ponto em que podia ouvir um graveto quebrar na floresta e saber, pelo som, o diâmetro do graveto, que lhe dizia se tinha sido pisado por um cervo pesado ou por um esquilo. Ou será que o estalo era apenas o som de um galho seco caindo de uma árvore na brisa da manhã? Eustace aprendeu a perceber a diferença.

Durante seus anos na tenda, ele também passou a respeitar e apre-ciar cada condição meteorológica que a natureza enviava para sua casa. Se chovia durante três semanas, não adiantava ficar chateado; obvia-mente, era aquilo que a natureza precisava naquele momento. Eustace

83

tentava se adaptar e aproveitar o tempo dentro da tenda para fazer roupas, ler, rezar ou praticar seus trabalhos com contas. Ele passou a entender de forma plena que o inverno é uma estação tão bela e importante quanto a primavera; que as tempestades de gelo são tão relevantes e necessárias quanto o sol de verão. Eustace ouvia seus colegas de faculdade reclamarem do tempo, voltava para sua tenda e escrevia em seu diário longos trechos sobre sua descoberta de que "não existe um dia 'ruim' na natureza. Você não pode ficar julgando a natureza desse jeito, pois ela sempre faz o que precisa fazer".

"Esta noite, minha fogueira foi bem alimentada", escreveu Eustace Conway, estudante universitário, em seu diário, em um dia gélido de dezembro, "e estou colhendo uma bela safra de CALOR. Adoro isso. Estou vivendo de um jeito que muitas pessoas modernas achariam difícil de aguentar. Ontem, por exemplo, no começo da noite, quando estava escurecendo, eu acendi o fogo e fui aquecer a água, para preparar meu jantar. Quando a água estava morna, tirei a parte de cima de minha vestimenta (naquela temperatura gelada) e lavei os cabelos e o corpo. Meus colegas de turma não aguentariam isso!".

Isso provavelmente era verdade. Embora, para falar com justiça, houvesse alguns jovens modernos que poderiam ter se identificado com aquela cena sem problema algum. Donna Henry, por exemplo. Apesar de o nome dela não aparecer muitas vezes nos diários, Donna estava lá ao lado de Eustace boa parte do tempo, bem ali na tenda, junto a ele, também tirando a parte de cima da vestimenta e lavando os cabelos na mesma temperatura gelada.

Donna continuou com Eustace, depois de terem vencido juntos a trilha dos Apalaches. No verão seguinte, os dois caminharam pelos parques nacionais do Oeste, outra vez em uma velocidade alucinante (ele na liderança; ela penando para ir atrás), e ela descobriu, depois de todo o tempo que eles passaram no mato, que estava louca para casar com aquele cara. Ela foi sincera com ele a esse respeito. Disse a ele na lata que "nós temos uma ligação, somos almas gêmeas, somos parceiros. Este é um relacionamento que só acontece uma vez na vida". Mas Eustace sentia que era imaturo demais para pensar em casamento. Tirando, talvez, a possibilidade de voltar a morar em casa com o pai, casar era a última coisa que passava pela cabeça de Eustace aos 20 anos de idade.

Todo esse percurso de fazer faculdade, viajar e morar na tenda era mais ou menos o oposto do casamento, para Eustace; a ideia era atingir a liberdade perfeita.

Mesmo assim, ele amava Donna e apreciava sua companhia, por isso deixou que ela ficasse por perto. Ela foi morar na tenda com ele por algum tempo, enquanto ele cursava a faculdade, e adotou para si os interesses dele. Aprendeu a costurar a camurça, começou a estudar a cultura indígena americana e passou a ir aos *pow-wows* com ele, conhecendo seus amigos e brincando de anfitriã da tenda.

Donna Henry estava virando Donna Reed,* e isso a deixava solitária e confusa. O fato era que ela acabava não vendo muito Eustace; ele estava mergulhando de cabeça em um mestrado duplo em antropologia e inglês e, quando não estava em aula, estava ocupado tornando-se o ativista e professor que, cada vez mais, ele se sentia predestinado a ser. Eustace Conway, aos 20 e poucos anos, era um Homem do Destino em Treinamento, e com isso não sobrava muito tempo para namorar. Ele começara a viajar por todo o Sul, lecionando nas escolas públicas, desenvolvendo o que depois chamaria de seu "circuinho ambulante" — um programa prático e interativo de educação e conscientização sobre a natureza. Ele era brilhante naquilo; era capaz de levar uma plateia de executivos enfastiados a aplaudir de pé. E quanto às crianças? As crianças amavam Eustace como se ele fosse uma espécie de Papai Noel da floresta: "Sr. Conway, o senhor é um homem muito legal... Obrigado por vir ao nosso Dia da Memória Indígena ... eu gostei de aprender sobre os índios. Gostei principalmente de ouvir sobre como eles viviam e o que eles comiam... Foi muito interessante ver que o senhor sabe costurar suas próprias roupas... Quando eu crescer, talvez tente ser que nem você... Acho que você me ensinou mais em um dia do que eu aprendi nesses oito anos de escola."

Eustace também era consumido pelo esforço em definir os detalhes de sua filosofia pessoal. Sabia que estava predestinado a ser um professor, mas como, exatamente, deveria educar o mundo? Ele queria alertar as pessoas sobre a violência lamentável que a vida moderna, regi-

---

* Atriz norte-americana, famosa especialmente nos anos 1960 por séries de televisão em que interpretava uma típica dona de casa de classe média. (N. do T.)

da pelo consumo, exerce sobre a Terra. Ensiná-las a libertarem-se do que seu avô chamara de "influência amolecedora da cidade, que distorce a visão". Treiná-las para ficarem atentas a suas escolhas ("Reduzir, reutilizar e reciclar são boas ideias", dizia ele em suas palestras, "mas esses três conceitos devem ser apenas o último recurso. O que vocês realmente precisam ter em mente são duas outras palavras que também começam com R: Repensar e Recusar. Antes mesmo de adquirirem um produto descartável, perguntem a si mesmos por que vocês precisam dele. E depois recusem. Vocês *conseguem*."). O ponto crucial era a ideia de que as pessoas tinham que mudar. Tinham que voltar a viver em contato direto com a natureza, ou então o mundo estava próximo do fim. Eustace Conway acreditava que podia mostrar às pessoas como fazer isso.

Ele também passou seus anos de faculdade trabalhando no manuscrito de um livro — um manual prático, por falta de uma descrição melhor — chamado *Andar na beleza: morando ao aberto*. Era um plano detalhado de diretrizes para que os americanos fizessem a transição da insípida cultura moderna para uma vida natural mais rica, na qual eles e seus filhos pudessem prosperar longe da "fumaça, do plástico e de um interminável blá-blá-blá de baboseiras capaz de confundir o cérebro, elevar a pressão sanguínea, criar úlceras e causar doenças cardíacas". Ele entendia que uma mudança abrupta para a vida selvagem seria apavorante para a maioria dos americanos, mas tinha certeza de que, se conseguisse escrever um guia claro, passo a passo, podia ajudar até as famílias mais mimadas a voltar para a floresta de forma confortável e segura. *Andar na beleza* tem um maravilhoso tom de otimismo, como se dissesse "você pode". Cada palavra mostra quanta confiança Eustace tinha, aos 21 anos, não apenas de que possuía as respostas, mas de que seria escutado com atenção.

O livro é organizado em tópicos precisos, como Aquecimento, Iluminação, Bem-Estar, Preparação da Cama ("Entender os princípios do isolamento térmico é um bom começo"), Limpeza, Vestuário, Ferramentas, Culinária, Crianças, Água, Animais, Comunidade, Fogo, Solidão, Obtenção de Alimento, Questões Espirituais e Visão de Mundo. Sua prosa é limpa e cheia de autoridade. Sua mensagem constante é a de que quanto mais instruída a pessoa se torna na vida selvagem, menos ela está "passando um aperto", e, portanto, mais confortável será a sua vida. Não há motivo para sofrer na floresta, garante ele ao leitor, uma vez que você saiba o que está fazendo.

"Não pode ser divertido sentir-se infeliz na natureza! Andar na beleza significa inserir-se com harmonia na cena natural, vivendo momentos felizes, satisfeitos, memoráveis. Memoráveis não porque você queimou os sapatos na fogueira e teve disenteria por beber água ruim! Memoráveis no sentido de amaciar a natureza e torná-la agradável, boa, pacífica, benéfica e aconchegante — assim como deve ser uma casa."

Vá com calma, tranquiliza-nos Eustace. Avance um passo por vez. "Use seu quintal para praticar habilidades básicas." Quando estiver aprendendo a fazer uma cama quente com materiais naturais, "primeiro tente dormir ao ar livre em uma noite fria, na varanda de trás, onde você possa voltar para o quarto e descobrir o que deu errado, caso precise". Pronto para começar a procurar comida e cozinhá-la na fogueira? Experimente em um parque do seu bairro, antes de se mudar para o outback australiano. "Você ainda pode pedir uma pizza, se o seu jantar queimar. Ou pode começar de novo e acertar da segunda vez, ou da terceira, melhorando a cada uma delas." Acima de tudo, por menor que possa parecer o detalhe: *Preste atenção!* Passei três anos e meio morando no mato antes de perceber a grande diferença que pode fazer um vidro realmente limpo em uma lamparina a óleo. Não é que eu não limpasse o vidro antes — eu só não limpava bem o bastante. Mas agora que o mantenho perfeitamente limpo, enxergo muito melhor à noite."

Só é preciso, promete Eustace, prática, bom senso e uma certa disposição americana básica para tentar uma coisa nova. Persista, acredite em você mesmo, e em um piscar de olhos você e sua família podem estar vivendo em uma "casa escondida na floresta, [tão] maravilhosa e pacífica" quanto a casa de Eustace Conway.

A parte complicada era que seus estudos, suas atividades e sua escrita contribuíam para manter esse homem da floresta nato fora da floresta por boa parte do tempo. Há um limite para o quanto alguém pode defender uma causa de dentro de uma tenda. Se você está decidido a mudar o mundo, precisa se colocar no mundo. Não pode deixar passar nenhuma oportunidade de campanha. Eustace via oportunidades de campanha em toda parte, quase a ponto de se distrair. Certo dia, em janeiro, ele escreveu em seu diário uma observação radiante: "Fiquei feliz ao ver a estrela da manhã pelas aberturas de ventilação hoje cedo." Porém rapidamente acrescentou: "Estou começando a tentar escrever um artigo sobre a vida na tenda para uma revista."

Ele estava acumulando tantas obrigações e compromissos, que muitas vezes passava vários dias seguidos fora de sua casa escondida na floresta. Isso significava deixar sua namorada e ex-parceira de caminhadas, Donna Henry, sozinha na tenda a maior parte do dia, dia após dia. Era ela quem ficava lá sentada, observando a natureza, enquanto seu homem estava ocupado dando aulas, estudando, dançando em algum *pow-wow* ou sendo cercado por admiradores, e aquela história toda a estava deixando cada vez menos maravilhosamente em paz. Donna (que hoje admite ter sido a única culpada por não construir uma vida independente do homem que idolatrava) não tinha muita coisa para fazer com seu tempo, além de tentar agradar Eustace e cuidar da tenda, na ausência dele.

E às vezes, quando Eustace chegava a ver Donna, ele podia ser duro com ela. Seu perfeccionismo não se aplicava só a ele próprio, e ele podia ficar irritado porque ela não tinha terminado todas as tarefas, ou não sabia fazer panquecas do jeito certo na fogueira, ou não tinha mantido o vidro da lamparina limpo o bastante. E ele estava ocupado demais com suas obrigações para ficar mostrando a ela o tempo todo como fazer as coisas direito. Ela deveria estar aprendendo tudo aquilo sozinha, deveria estar tomando a iniciativa!

Com o passar dos meses, Donna sentia cada vez mais que estava estragando alguma coisa e que seus maiores esforços jamais seriam o suficiente para agradar aquele homem. Ficava nervosa todo dia sobre qual seria o motivo da bronca que ia levar. E então, certa tarde fria de janeiro, ela finalmente não aguentou mais. Eustace entrou na tenda com uns esquilos mortos que achara na beira da estrada. Jogou-os no chão e disse:

"Faça uma sopa com isso para o jantar de hoje."

E foi embora, já atrasado para o compromisso seguinte.

"Agora, pense só", diz Donna hoje, pensando naquela época. "Aquela vida era o sonho dele, e eu estava seguindo Eustace e morando na tenda porque o amava. Mas eu não sabia fazer sopa de esquilo. Afinal, eu sou de Pittsburgh, não é? A única coisa que ele disse foi para eu não tirar as cabeças, para não desperdiçar carne. Então eu tentei separar a carne dos ossos com a faca, sem saber que seria melhor cozinhar o bicho inteiro para que a carne se desprendesse dos ossos. Não saiu quase carne nenhuma com a minha faca, é claro. Mas eu fiz o melhor que pude, deixei as cabeças na sopa, e então enterrei os ossos no mato atrás da tenda. Quando Eustace chegou em casa e olhou aquela sopa com as cabeças boiando, ele perguntou: 'Onde está toda a carne? E onde está o resto dos ossos?' Eu contei para ele o que tinha feito, e ele ficou furioso comigo. Tão furioso que me obrigou a sair da tenda, em pleno janeiro, no meio da noite, para desenterrar aqueles malditos ossos de esquilo e mostrar a ele, para provar quanta carne eu tinha desperdiçado. Depois ele me fez lavar as carcaças e cozinhá-las. Quatro dias depois, eu deixei Eustace."

Donna e Eustace demoraram seis anos para voltarem a se falar. Donna mergulhou no estudo da cultura indígena americana. Mudou-se para uma reserva indígena e casou-se com um índio Lakota Sioux, principalmente porque achou que ele seria um substituto para Eustace. Mas o casamento dos dois foi infeliz. Pelo bem de seu filho, chamado Tony, ela se recompôs e partiu por conta própria. Acabou se casando de novo — dessa vez um homem bom —, abriu uma bem-sucedida editora e teve outro filho.

Apesar de tudo, vinte anos depois, Donna ainda ama Eustace. Acha que, em algum nível, eles foram feitos um para o outro, e que ele foi bobo de não ter se casado com ela. Apesar do "relacionamento emocional significativo" que ela tem com seu decente segundo marido (que teve a elegância de aceitar os sentimentos que a mulher ainda nutre por seu antigo amante como parte do pacote Donna Henry), e apesar de achar que Eustace "não sabe amar, só sabe mandar", ela acredita que veio a este mundo para ser a "excelentíssima parceira" de Eustace Conway; e que talvez a história deles ainda não tenha chegado ao fim. Ela pensa que algum dia poderá voltar a viver naquela montanha com ele. Enquanto isso, manda o filho para o acampamento de verão de Eustace em Turtle Island todo ano, para aprender a ser homem.

"Eustace Conway é o herói do meu filho", diz ela. "Não sei se Eustace algum dia terá seus próprios filhos, mas, se ele tem filhos de coração, meu Tony é um deles."

Quanto a Eustace, ele tem lembranças muito preciosas de Donna, que era "a atleta nata mais extraordinária que eu já conheci — uma parceira forte e disposta". Ela era ótima, diz ele, e provavelmente teria sido uma esposa incrível, mas ele era novo demais para se casar. Quando perguntei se ele se lembrava do famoso incidente com os ossos de esquilo (minha pergunta exata foi "Por favor, diga que você não fez isso de verdade, Eustace!"), ele deu um suspiro e supôs que não apenas era uma história verdadeira, mas exatamente o tipo de história que se repetiu em sua vida "inúmeras vezes, com várias pessoas diferentes". Ele parecia coberto de remorsos a esse respeito, a respeito das expectativas elevadas que ele tem em relação a todo mundo e do jeito como sua personalidade inflexível às vezes impede que pessoas boas se sintam bem consigo mesmas. Então mudamos de assunto e terminamos a conversa.

Mas quando cheguei em casa, naquela noite, achei uma mensagem de Eustace na minha secretária eletrônica. Ele tinha refletido sobre o incidente dos ossos de esquilo e "odiava imaginar" que eu não tivesse entendido a situação. Ele agora se lembrava de tudo. E lembrava que o motivo pelo qual obrigara Donna a desenterrar os ossos de esquilo no meio da noite foi a excelente oportunidade que aquela situação oferecia para que ela aprendesse melhor a maneira correta de lidar com uma carcaça de esquilo.

"E por que desperdiçar carne em perfeito estado?", continuou. "E o fato de ser janeiro, na verdade, era uma vantagem para nós, porque a temperatura estava muito baixa. Isso significava que a carne teria sido bem preservada no chão frio. No entanto, se tivesse sido no meio do verão, eu talvez tivesse simplesmente deixado passar, porque a carne poderia ter ficado apodrecendo ao sol e estar coberta de vermes e insetos. Devo ter levado tudo isso em conta e percebido que a carne ainda estava boa e que era uma boa oportunidade de ensinar; e então devo ter decidido que teria sido um desperdício simplesmente jogar aquilo fora, entende? Por isso, quando pedi para ela trazer os ossos de volta, eu só estava sendo lógico."

Concluindo seus comentários, com a esperança de que tudo aquilo agora fizesse mais sentido para mim, Eustace me desejou uma boa-noite e desligou o telefone.

"O que esse montanhês moderno está tentando provar?", perguntou um dos muitos jornalistas que visitaram Eustace Conway em sua tenda, durante aqueles anos de faculdade. E esse mesmo jornalista citou a resposta de Eustace: "Nada. A maioria das pessoas gosta de morar em uma casa, ver televisão e ir ao cinema. Eu gosto de morar na minha tenda, ver a chuva ou a neve caindo e escutar a língua da natureza. Se eles acham que o dinheiro e o materialismo são as maiores virtudes da vida, como posso julgá-los? Só o que peço em troca é a mesma consideração pela minha vida."

Mas não era assim tão simples. Eustace estava pedindo muito mais que o direito inalienável de ser deixado em paz para viver sua vida longe dos olhos críticos da sociedade. Ser deixado em paz pode ser bem fácil — não fale com ninguém, não saia em público, não convide jornalistas para ir à sua casa, não conte ao mundo como é suave o som da chuva caindo e não escreva para jornais, ensinando às pessoas como transformar suas vidas. Se você quer ser deixado em paz, mude-se para o meio do mato e fique ali sentado, parado e quieto. Isso se chama "virar um eremita"; e, enquanto você não começar a enviar cartas-bomba, é um meio bastante eficaz de ser ignorado. Caso seja isso realmente o que você quer.

Mas não era isso que Eustace queria. O que ele queria era o oposto do que dissera ao repórter: queria que as pessoas parassem para julgá-lo, sim, porque acreditava conhecer um modo de vida melhor para todos os americanos, um modo de vida que as pessoas deviam avaliar com bastante cuidado, para se dar conta da veracidade de sua visão. Ele queria que as pessoas que assistiam TV e filmes vissem como ele vivia, fizessem perguntas sobre sua vida, testemunhassem como ele era satisfeito e saudável, levassem seriamente em conta suas ideias e as experimentassem. Queria estender a mão para elas — para todas elas.

Porque é isso que um Homem do Destino faz, e Eustace Conway ainda estava de olho nesse título — assim como sua mãe. Quando ele se formou com louvor na faculdade, em 1984, a sra. Conway escreveu para o filho para parabenizá-lo por sua conquista e lembrar-lhe que a pressão ainda não tinha acabado.

"Você atingiu um novo marco na sua jornada — e isso é uma conquista notável, fruto de um longo empenho", ela escreveu. "Como aquela que melhor entende e valoriza as circunstâncias nas quais você obtêve um diploma universitário com dois cursos principais, aplaudo e parabenizo você com grande orgulho e respeito! Mas, lembre-se, a educação deve ser um processo contínuo que dura até a morte. Você acaba de lançar um grande alicerce — que você também possa buscar uma sabedoria maior que o conhecimento. Rezo para que Deus te dê orientação, proteção e bênção, conforme você siga sua jornada por essa boa terra. Sua mãe orgulhosa e dedicada."

Não que Eustace precisasse ser lembrado disso. Ele já estava impaciente: "Quero fazer alguma coisa grande, para sentir que *consegui*, que *cheguei*", escreveu em seu diário.

E estava ficando mais perturbado pelas coisas que via. Houve um incidente especialmente triste, certa noite, quando uns caipiras locais vieram até sua tenda pedir emprestados alguns cartuchos calibre 22 para dar cabo de um grande guaxinim que eles haviam encurralado em uma árvore, na serra atrás do lugar onde Eustace estava morando. Pelo jeito, eles estavam bebendo, caçando e se divertindo à beça. Mas eram caçadores tão incompetentes, como admitiram para Eustace, que tinham atirado no guaxinim mais de vinte vezes, sem matá-lo, nem tirá-lo da árvore. O bicho teimoso, com certeza, estava lá em cima, ferido. Será que Eustace poderia lhes fornecer munição para ajudá-los a dar cabo da maldita criatura de uma vez por todas?

Eustace odiou tudo naquela cena — os cachorros latindo, a cacofonia dos tiros ("Parecia uma guerra lá em cima", lamentou depois em seu diário), a inépcia dos homens e o total desrespeito deles pelo espírito do animal. Como eles eram capazes de atirar em um ser vivo como se fosse um alvo de plástico de uma barraca de parque de diversões e depois deixá-lo sofrer, enquanto perambulavam por uma hora, procurando mais munição? E que espécie de cretino tosco e desajeitado conseguia errar o tiro vinte vezes? E, aliás, por que ele era obrigado a lidar com aqueles idiotas que invadiam sua privacidade no meio da noite, justamente quando ele estava tentando viver longe da sociedade humana?

Sem mencionar nenhuma dessas preocupações, Eustace levantou e se vestiu. Não tinha nenhum cartucho calibre 22, mas pegou seu rifle de pólvora e seguiu os cachorros e homens pela trilha, na floresta iluminada pelo luar, até a árvore. Bastou um tiro de sua antiga arma e o guaxinim foi exterminado sem sujeira.

"Foi só quando pelei o guaxinim", escreveu, "que me dei conta de que meu tiro era o único buraco na pele".

Os caipiras não tinham nem arranhado o bicho. Nem uma única vez, em vinte tiros. Não que aqueles sujeitos se importassem com isso. Só o que queriam era a pelagem, que Eustace realizou para eles e lhes entregou, para que pudessem vender. Ele quase chorou, enquanto pelava o animal, e guardou a carne para comer depois, agradecendo solenemente ao guaxinim por abrir mão de sua vida. Aqueles caipiras não iam comer carne alguma do guaxinim.

Todo aquele incidente deixou-o deprimido. O desrespeito pela natureza, a ganância, a estupidez, o desperdício, o desrespeito pelo espírito de outro ser, a falta de consideração pelas leis da natureza — tudo isso enojava Eustace, cuja missão na Terra era defender as antigas ideias sobre o caráter sagrado intrínseco da vida. Mas por onde começar a discutir, com pessoas tão imaturas e inconsequentes? Pessoas que atiram em animais por brincadeira, bêbadas, e nem mesmo querem a carne?

"Pelo fogo maldito do inferno!", escreveu em seu diário. "O que é que eu posso fazer? Eles iam simplesmente achar que eu era algum naturista maluco, um Grizzly Adams, se eu tentasse explicar para eles."

E essa era outra coisa que incomodava Eustace. Ele estava ficando meio cansado de ser visto como um excêntrico, um naturista maluco, um Grizzly Adams, quando tinha tanto mais a oferecer ao mundo. Estava ficando mais contemplativo e agitado, e não se contentava mais em fazer suas próprias roupas e atirar em seus bichos com uma zarabatana. Eustace estava pronto para algo maior, algo mais ousado.

"Preciso de alguma coisa nova, fresca, viva, estimulante", registrou em seu diário. "Preciso da vida de perto, com seus dentes e garras; viva, real, poderosa, um esforço. Existem coisas mais reais, gratificantes e satisfatórias para se fazer do que ficar sentado, falando com um monte de caipiras sobre as mesmas velhas coisas, ano após ano. Não quero *falar* sobre fazer coisas, quero *fazer* coisas e quero conhecer as realidades e os limites da vida segundo a medida delas! Não quero que minha vida passe em branco, não quero não fazer diferença. As pessoas me dizem o tempo todo que eu *estou* fazendo tanta coisa, mas não sinto que eu sequer esteja arranhando a superfície. Não mesmo, não estou! E a vida é tão curta, eu poderia morrer amanhã. Visão, concentração, centro... o quê? Como fazer isso? O que fazer? Eu consigo? Para onde vou? Fugir não é a solução. Só existe uma maneira — destino, destino. Confiar no destino."

Ou seja, para ele não bastava ficar sentado ao redor de sua tenda, trabalhando em seus mocassins e ouvindo a chuva cair. E, por falar em tenda, ele não queria passar o resto da vida transferindo-a das terras de alguém para as terras de outro alguém. Todos os lugares onde já se instalara acabaram sendo vendidos, tirados de baixo de seus pés e transformados em áreas residenciais bem diante dos seus olhos. Era terrível ver aquilo acontecendo. Era como ficar parado em um banco de areia, vendo a maré subir. Para onde ele poderia ir, se quisesse ficar invulnerável aos empreendimentos comerciais? E ele queria continuar ensinando, porém nos seus próprios termos, e não necessariamente durante os 45 minutos que lhe eram designados pelo diretor de qual fosse a escola pública que estivesse visitando no dia. Ele precisava de mais desafios, mais poder, mais pessoas para atingir. Precisava de mais *terra*.

Anos depois, quando as pessoas perguntavam a Eustace Conway por que ele morava em Turtle Island e gastava tanta energia preservando seus mil acres, ele fazia o seu discurso de esclarecimento. E este acabaria se tornando um dos trechos mais fortes de suas apresentações públicas:

"Tem um livro que eu adorava quando era criança chamado *Retorno ao Bosque das Sombras*", ele dizia. "É sobre uns bichos que moram em uma linda floresta. A vida é perfeita, feliz e segura para eles, até que um dia chegam os tratores e destroem o lar deles, para construir uma estrada para os humanos. Eles não têm para onde ir, e seus lares foram destruídos. Mas então, um dia, os bichos sobem no vagão de um trem e partem para o Oeste. Quando chegam lá, acham uma nova floresta, igualzinha ao lar que perderam, e todo mundo vive feliz para sempre.

"Eu sempre me identifiquei com esse livro, porque todos os lugares onde morei foram destruídos. Quando eu era pequeno, morei em Colúmbia, na Carolina do Sul, perto da mata virgem e dos pântanos. Então as empreiteiras vieram, violentaram a terra e a destruíram. Por isso minha família se mudou para Gastonia, na Carolina do Norte, onde comprou uma casa com vista para centenas de acres de terra, divididos por um belo e limpo riacho. Eu me apaixonei por aquela floresta. Conhecia aquela floresta melhor do que jamais conheci qualquer lugar, porque passava todos os dias ali, brincando e explorando o lugar. Desfrutei dessa terra durante toda a minha juventude. Construí fortes, abri trilhas, treinei para conseguir correr em uma velocidade alucinante pela floresta, para rolar, caso caísse, levantar com um pulo e continuar correndo. Subi entre os arbustos rasteiros e me balancei de árvore em árvore, como o Tarzan. Eu conhecia as texturas das folhas e o calor do solo. Conhecia os sons, cores e sensações da floresta.

"E então, um dia, as estacas do agrimensor começaram a aparecer por toda a floresta. Eu não sabia para que serviam as estacas, mas sabia que eram ruins. Sabia que aquilo era uma violação da natureza e eu tentava arrancar as estacas onde quer que elas surgissem. Mas eu era uma criança — como podia impedir aquilo? As empreiteiras derrubaram minha floresta, e aos poucos construíram centenas e centenas de casas por toda a região, até que a terra que eu amava estivesse nivelada e o rio fosse apenas água poluída. Eles batizaram o conjunto residencial de Bosque Gardner, mas era uma mentira. Não tinha mais bosque nenhum. O bosque Gardner tinha sido dizimado. A única coisa que restava do bosque era o nome.

"Então me mudei para uma tenda, instalada no terreno que pertencia a alguns amigos, perto da colina Allen, uma floresta de madeira de lei, e morei lá até as empreiteiras derrubarem a floresta, para construir casas. Então achei um velho montanhês em Boone chamado Jay Miller, e ele me deixou armar minha tenda em seu belo terreno nos Apalaches. Eu adorava aquele lugar. Morava ao lado da colina Howard, uma floresta cheia de ursos, perus e raízes de ginseng. Havia uma fonte natural bem em frente à minha tenda, na qual eu bebia água toda manhã. E era uma maravilha a vida ali, até o dia em que o velho Jay Miller decidiu ir atrás do poderoso dólar e vendeu seu terreno para a extração de madeira. E a madeireira veio e montou sua serraria bem perto de mim — uma serraria que chegava cada vez mais perto, conforme eles derrubavam cada árvore que havia entre mim e eles. Eu estava terminando meu último ano da faculdade naquela época e, literalmente, tinha que usar tampões nos ouvidos para estudar para as provas, tão alto era o barulho da serra. Na época em que eu fui embora, aquela floresta que eu tinha amado, de onde havia tirado minha vida, comida e roupa, não passava de um vasto campo de tocos. E a bela fonte na qual eu costumava beber estava suja e assoreada.

"O que eu podia fazer, então? Foi nesse momento que me dei conta de que a moral de *Retorno ao Bosque das Sombras* era uma mentira. Era uma mentira descarada, inventada para tranquilizar as crianças com a ideia de que sempre há outra floresta para se morar, em algum outro lugar do Oeste, em algum lugar logo além da colina. Era uma mentira que dizia que estava tudo bem, mesmo os tratores continuando vindo. Mas não está tudo bem, e precisamos ensinar às pessoas que isso é uma mentira, porque os tratores vão continuar vindo até que cada árvore tenha sido derrubada. Não existe lugar seguro. E quando eu me dei conta disso? Bem, foi aí que eu decidi arranjar uma floresta para mim e lutar até a morte contra qualquer pessoa que jamais tentasse destruí-la. Essa era a única resposta, e a coisa mais importante que eu podia fazer com a minha vida neste planeta."

Era hora de encontrar Turtle Island.

"A terra", ele escreveu em seu diário ao longo de todo o começo da década de 1980, como se precisasse ser lembrado. "Preciso conseguir a terra. A terra! Eu sonho com ela. Eu a quero. Farei sacrifícios por ela."

CAPÍTULO CINCO

> Este é o lugar!
> — *Brigham Young, ao ver pela primeira vez o vale de Great Salt Lake*

Os Estados Unidos sempre se prestaram generosamente — entregaram tanto seu corpo quanto seu caráter espaçoso — às visões de utopistas. Pode-se argumentar que qualquer pessoa que tenha vindo aos EUA por livre e espontânea vontade foi um aprendiz de utopista, um indivíduo com uma ideia pessoal sobre a criação de um pedaço de paraíso no Novo Mundo, por mais modesta que possa ser essa ideia. Também é possível argumentar, é claro, que o país era uma utopia de milênios, de antes mesmo que os europeus chegassem e começassem a destruir tudo, para que se adequasse aos planos rígidos que eles tinham para o espaço. Mas imaginem como o país deve ter parecido para os primeiros europeus — algo livre, interminável, vazio. Certamente era tentador pensar no tipo de sociedade que era possível criar aqui.

É claro que os americanos não inventaram a ideia de utopia. Como sempre, foram os gregos. E os europeus já vinham concebendo sociedades perfeitas desde antes do Renascimento. Sir Thomas Moore, Tommaso Campanella e Francis Bacon tiveram suas visões, assim como, posteriormente, Rabelais, Montaigne, Hobbes. Mas o que esses homens não fizeram foi transformar suas visões em realidade. Eles eram pensadores e escritores, não eram líderes carismáticos. Além disso, não havia um lugar, no mapa do Velho Mundo, castigado por tantas batalhas, onde alguém pudesse tentar fundar uma utopia de verdade. Política, geográfica e socialmente, era algo impossível. Portanto, esses foram homens que projetaram navios sem jamais ter visto um oceano; podiam imaginar que as embarcações de seus sonhos seriam do tamanho ou do formato que eles quisessem — elas jamais precisariam içar velas.

Porém, quando a América foi descoberta — ou melhor, quando o conceito de América foi inventado —, pensadores, escritores e líderes carismáticos começaram, todos, a entrar em apuros. Pois aquele era o lugar para pôr a coisa em prática. Se você fosse capaz de arranjar um pedaço de terra e convencer um número suficiente de pessoas a se juntar a você, podia fundar seu paraíso. E então, além dos grandiosos projetos utópicos de homens como Jefferson (projetos que acabaram sendo conhecidos como "governo"), tivemos dezenas de projetos utópicos menores e mais estranhos espalhados por toda a terra.

Entre 1800 e 1900, mais de cem dessas comunidades ergueram-se em ondas de entusiasmo por todo o território dos Estados Unidos. A Sociedade Inspiracional de Amana foi concebida originalmente na Alemanha por um tecelão de meias, um carpinteiro e uma criada analfabeta. Contudo, o sonho deles virou realidade tão somente quando eles vieram para os Estados Unidos, em 1842, e compraram 5 mil acres nas cercanias de Buffalo. Aquela população austera, bastante silenciosa, altamente capaz, sóbria e organizada vingou e acabou vendendo suas terras com lucro e mudando-se para Iowa, onde prosperou até 1932. Os shakers também prosperaram, por mais tempo do que qualquer pessoa poderia ter esperado de uma comunidade celibatária. E os diligentes harmonistas construíram, em seu primeiro ano no vale Conoquenessing, na Pensilvânia, o impressionante número de cinquenta casas de madeira, uma igreja, uma escola, uma moenda e um celeiro, além de desmatar 150 acres de terreno.

Mas a maior parte das comunidades-modelo dos Estados Unidos não se saiu tão bem. Em geral, elas se esfacelaram diante de realidades nada utópicas, como a falência financeira, as lutas internas de poder, as discordâncias filosóficas insolúveis e o simples sofrimento humano. A

Nova Harmonia foi fundada em Indiana por volta de 1825 por Robert Owen, que chamava o projeto de "um novo império da boa vontade", que se espalharia "de Comunidade para Comunidade, de Estado para Estado, de Continente para Continente, dominando finalmente toda a Terra, projetando luz, fragrância e abundância, inteligência e felicidade sobre os filhos dos homens". Centenas e mais centenas de devotos seguiram Owen, mas ele não tinha nenhum plano econômico consistente para sua comunidade, e não tardou em voltar sorrateiramente para a Inglaterra, quando as coisas começaram a desmoronar. Seus seguidores passaram por cinco constituições em um único ano, cindiram-se em quatro comunidades rivais e finalmente implodiram sob a pressão de uma dezena de processos judiciais.

A Bishop Hill foi fundada por Eric Janson, um sueco que trouxe seus oitocentos seguidores aos Estados Unidos em 1846 para formar uma comunidade socialista teórica. Os fiéis passaram seu primeiro inverno em cavernas em Illinois, onde 144 deles morreram de cólera em uma única quinzena, enquanto Janson velava por eles, dizendo alegremente "Vá, morra em paz", conforme os membros de seu rebanho sucumbiam, um após o outro. A Comunidade de Espiritualistas Mountain Cove criou sua sociedade perfeita em uma área rural da Virgínia, exatamente no ponto, segundo o cálculo deles, em que o Jardim do Éden outrora se situara. Assim como Adão e Eva, no entanto, os espiritualistas foram expulsos do Éden em um piscar de olhos; seu experimento durou apenas dois anos. Os despreocupados fruitlanders foram fundados por Bronson Alcott, um homem encantador que acreditava na "discussão profunda" e achava que o trabalho só deveria ser feito quando o "espírito dita". Os fruitlanders talvez tenham batido um recorde nacional de desmantelamento de utopia; seu projeto durou o verão de 1843, até que todo mundo voltou para casa, quando começou a esfriar.

Os icarianos se apressaram em vir da França até aqui. Seu líder, Étienne Cabet, despediu-se deles com a seguinte proclamação: "O dia 3 de fevereiro de 1848 será uma data que marcará uma época, pois, nesse dia, um dos atos mais grandiosos da história da humanidade foi realizado — o grupo de vanguarda partiu para Icaria a bordo do navio *Rome*... Que os ventos e ondas vos sejam propícios, soldados da humanidade!" Talvez nenhum soldado da humanidade jamais tenha sofrido tanto quanto os icarianos, que foram parar em 100 mil acres de terra pantanosa e quente perto de Nova Orleans, dizimados pela malária, exaustão, fome, deserção e morte por raios.

A despeito de todos esses, o utopista favorito de todo mundo só pode ser Charles Fourier. Fourier já tinha pensado em tudo, como explicou em diversos livros, todos enormes. Seus seguidores surgiram ao longo do território dos Estados Unidos em meados do século XIX, principalmente na Nova Inglaterra, onde uma grave crise econômica deixara hordas de homens desempregados. Das quarenta sociedades fourieristas independentes formadas nos Estados Unidos, no entanto, apenas três duraram mais de dois anos. Pensando hoje no fenômeno, é difícil imaginar que as ideias de Fourier possam ter se espalhado para qualquer lugar além dos recôncavos de sua própria cabeça lindamente insana. Mas devia haver algo, na sedutora regularidade de sua visão, que reconfortava os americanos quando eles mais precisavam, quando as pessoas estavam atrás de respostas cristalinas.

A única esperança da humanidade, proclamava Charles Fourier com bastante clareza, era uma estrutura social altamente organizada das associações humanas — quase como as dos insetos, em seu grau de detalhes e hierarquia. A menor associação, chamada Grupo, conteria sete pessoas, duas das quais ficariam em cada asa para representar os extremos de gosto "ascendente" e "descendente", enquanto as outras três permaneceriam no meio, para manter o equilíbrio. Na sociedade ideal, haveria um Grupo para cada ocupação (educar crianças, criar aves, plantar rosas etc.). Cinco Grupos de sete formavam uma Série, cada uma das quais, por sua vez, teria um centro e duas asas. E uma Falange — o último estágio da organização humana — consistiria de várias Séries reunidas, formando batalhões de 1.620 a 1.800 indivíduos. Cada Falange cobriria três acres quadrados de jardins e pomares, e os membros de cada Falange residiriam num esplêndido falanstério, composto por dormitórios, salões de baile, câmaras de conselho, bibliotecas e berçários.

Na sociedade perfeita de Fourier, o trabalho seria valorizado de acordo com sua utilidade. Portanto, os trabalhos mais desagradáveis e necessários (manutenção de esgotos, serviços de coveiro) renderiam os salários mais altos e o mais alto apreço. As pessoas trabalhariam de acordo com suas afinidades naturais. Já que as crianças, por exemplo, têm uma habilidade natural para fuçar na terra e na sujeira, elas formariam grupos especiais de vasculhamento de lixo chamados "Pequenas Hordas" e receberiam um alto salário, assim como um lugar de destaque em cada desfile, em que seriam regularmente exaltadas pelos outros cidadãos com a venerável "Saudação de Apreço".

Fourier chegou mesmo a alegar que havia decifrado todo o funcionamento do universo, além de simplesmente entender o funcionamento da sociedade humana perfeita. Cada planeta, dizia ele, durava 800 mil anos, e essa duração era naturalmente dividida em estágios. Ele especulou que, quando a Terra adentrasse seu oitavo estágio, os homens desenvolveriam caudas equipadas com olhos, cadáveres seriam transformados em "ares aromáticos", as calotas polares emanariam orvalho perfumado, seis novas luas se formariam e animais nocivos seriam substituídos por seus opostos inofensivos (chamados "antitubarões", por exemplo, ou "antipulgas"). E seria nesse momento — o glorioso oitavo estágio da Terra — que as Falanges de Fourier finalmente se alastrariam pelo planeta inteiro, até que houvesse exatamente 2.985.984 delas, unidas em uma mesma irmandade e em um mesmo idioma.

Pois bem; como vocês estão vendo, é possível uma pessoa levar seus ideais utópicos até onde ela quiser.

Ainda assim, parece ter havido uma época para esse tipo de sonho, e essa época foi o século XIX. No ano de 1900, não só a maioria das comunidades idealistas dos Estados Unidos havia desaparecido, mas também ninguém mais estava falando em comprar terras no meio do nada e criar uma sociedade-modelo com um punhado de fiéis. Assim como por tantas outras coisas que aconteceram nesse país, a era industrial provavelmente foi a culpada por esse declínio. A produção em massa, a transição de uma economia agrária para uma economia urbana, o declínio do artesanato individual — tudo isso estava corroendo a ideia de autossuficiência dos americanos. Estava ficando mais difícil acreditar que uma única pessoa (ou uma única congregação, ou uma única Falange) fosse capaz de desligar-se da grande máquina dos Estados Unidos. A rede tinha começado a surgir. Ou o laço tinha começado a apertar, para quem prefere pensar desse jeito. Na virada do século, parecia valer muito pouco a pena qualquer tentativa de alterar a cultura americana

— barulhenta, forte, estabelecida, uniforme, onipresente. Na verdade, seria só na década de 1960 que os americanos voltariam a reunir a energia (ou a loucura) para tentar mais uma vez a formação em massa de sociedades utópicas.

Os anos 1960, é claro, na verdade começaram nos anos 1950. Tudo teve início com a ascensão do movimento beat, que trouxe uma mudança na música, um questionamento da sociedade, um interesse sério na experimentação com drogas e com sexo, uma atitude geral de resistência ao convencional. Em meados dos anos 1950, aquelas velhas ideias românticas americanas do século XIX sobre desligar-se das corrupções da sociedade em geral estavam começando a parecer boas outra vez. Poetas como Allen Ginsberg (herdeiro de Walt Whitman) e escritores como Jack Kerouac (que se autodenominava um "Thoreau urbano") propuseram-se a redefinir e redescobrir jeitos de viver nos Estados Unidos sem se alinhar no que Kerouac chamava de interminável sistema de "trabalho, produto, consumo, trabalho, produto, consumo...".

Os beats muitas vezes são associados à vida urbana, especialmente a San Francisco. Porém, no clássico estilo de Teddy Roosevelt, no século XIX, os poetas do movimento beat obedientemente deram as costas à influência afrescalhante das cidades, para buscar experiências mais rústicas e transformarem-se em homens de verdade. O poeta Lew Welch largou um bom emprego de preparador de texto em Chicago, no começo dos anos 1960, e tornou-se um eremita no sopé das montanhas Sierra. O jovem Jack Kerouac arranjou trabalho no Serviço Florestal Nacional, operando um posto de vigilância contra incêndio nas montanhas Cascade (ele também trabalhou em um navio mercante e foi guarda-freios na Companhia Ferroviária do Pacífico Sul). Allen Ginsberg e o poeta Gary Snyder conseguiram empregos em navios nos anos 1940 e 1950. ("Já fui empregado em todos os níveis da sociedade", gabava-se Snyder. "Posso me orgulhar do fato de que trabalhei nove meses num navio-tanque no mar e ninguém adivinhou nem uma vez que eu tinha curso superior.")

Os beats estavam frustrados com o efeito mortificante dos valores de consumo dos Estados Unidos contemporâneos e achavam que a mata virgem e o trabalho manual eram bons jeitos de, como disse Kerouac, "expurgar os coágulos da existência". Mais uma vez, era hora de voltar à fronteira para fazer uma limpeza. Na metade dos anos 1960, essas ideias estavam se difundindo entre um número cada vez mais vasto de jovens americanos. Os romances de Kerouac, por si sós, já tinham levado inúmeros rapazes a cruzar o país em busca de seus destinos, mas *Walden* — uma obra negligenciada por um bom tempo, que celebrava tanto a natureza quanto o inconformismo — também foi redescoberta por volta dessa época, assim como os ensaios de John Muir, grande naturalista do século XIX. Uma revolução da contracultura estava a caminho outra vez, e nos calcanhares dessa resistência vieram, quase inevitavelmente, as novas utopias.

De 1965 a 1975, dezenas de milhares de jovens americanos tentaram a sorte em experimentos idealistas de vida comunitária. As comunidades eram mais coloridas e excêntricas do que suas contrapartes do século XIX tinham sido. A maioria fracassava rapidamente, muitas vezes de modo cômico, embora seja difícil não sentir afeto por suas elevadas noções idealistas.

Houve a famosa Drop City, no Colorado, fundada por um grupo de artistas hippies desvairados, que pregavam a pobreza, construíam casas com tampas de garrafa e lona (não estou brincando!) e cuja fugaz utopia era repleta de "todo tipo de música de percussão e toques de sinos, repiques, chocalhos e cânticos". Os fundadores da Drop City odiavam regras e julgamentos, de tal modo que insistiam em aceitar toda e qualquer pessoa em sua utopia. E foi por isso que o lugar acabou se transformando num abrigo de viciados em drogas e gangues sinistras de motociclistas. A mesma sina acometeu os bem-intencionados californianos da Gorda Mountain, que fundaram nesse lugar uma comunidade totalmente aberta em 1962, prevendo que sua política de aceitação atrairia muitos artistas e sonhadores. Em vez disso, a comunidade precisou ser fechada em 1968, após ter sido invadida por drogados, vagabundos, fugitivos e criminosos.

Ken Kesey, o grande guru do LSD, com seus Merry Pranksters, fundou uma miniutopia informal, em sua casa na Califórnia (embora, no fim, Kesey tenha se enchido tanto de sua comunidade, dizendo que não passava de "uma mentira comunitária", que enfiou todo mundo em um ônibus para Woodstock em 1969, com ordens severas de que ninguém voltasse nunca mais). Timothy Leary fundou uma utopia psicodélica mais elaborada, em um terreno verdejante em Millbrook, Nova York, que outrora pertencera à família de Andrew Mellon. O experimento de Leary foi descrito como "uma escola, uma comunidade, e uma festa de dimensões inigualáveis", e — embora acadêmicos sérios de fato tenham ido a Millbrook para discutir cultura e poesia — ninguém cumpria as tarefas, de modo que o sonho se desintegrou em 1965.

Outras comunidades, nos anos 1960, caracterizaram-se por semelhante falta de estrutura interna. O Black Bear Ranch (rancho do urso negro), inicialmente fundado sobre a noção de uma ausência completa de regras, finalmente cedeu e criou duas regras muito rígidas: (1) proibido sentar nas bancadas da cozinha, e (2) proibido girar a manivela da desnatadeira, pois, como lembrava certo velho hippie, "as pessoas ficavam malucas quando alguém sentava na bancada da cozinha e brincava com a manivela da desnatadeira". Tirando isso, você podia fazer praticamente o que quisesse no rancho do urso negro.

Não era moleza manter essas utopias funcionando. Os meninos que as fundavam eram apenas isto: meninos. Meninos brancos, de classe média, com curso superior, a maioria dos quais não possuía nenhuma habilidade prática como fazendeiro. Suas comunidades fracassavam a torto e a direito, corroídas por dentro por abuso de drogas, desorganização, apatia, rancores e falência financeira; e atacadas de fora pelos valores e leis convencionais dos Estados Unidos. O Morning Star Ranch (rancho da estrela da manhã), na Califórnia, por exemplo, teve infinitos problemas com o xerife local que, em 1967, prendeu o líder da comunidade, Lou Gottlieb, pelo crime de "administrar um acampamento organizado violando normas sanitárias estaduais". Gottlieb — que era um engraçadinho de primeira, além de um idealista utópico — declarou com sarcasmo na época de sua prisão: "Se eles conseguirem achar qualquer evidência de organização aqui, por favor me mostrem."

Pois é, senhor policial, seria difícil achar qualquer evidência de organização na maioria dessas utopias dos anos 1960. É fácil demais olhar para elas agora, como se não passassem de um efeito colateral espasmódico de um movimento juvenil desgovernado, que na verdade só estava buscando jeitos novos e criativos de evitar a responsabilidade da vida adulta. No entanto, examinando mais de perto, é preciso dizer que nem toda comunidade americana dos anos 1960 era um parque de

104

diversões aloprado. Algumas eram fundadas sobre princípios religiosos sérios; algumas tinham fortes pautas políticas; algumas eram agraciadas com membros que, de forma sóbria e consciente, tentavam levar uma vida boa e simples. E umas poucas comunidades hippies de fato conseguiram desenvolver habilidades administrativas suficientes para garantir uma sobrevivência a longo prazo.

Um lugar comunalmente produtivo, que se chama simplesmente "Fazenda", no Tennessee, está em atividade desde 1971, após alguns ajustes significativos em sua política original de completa anarquia. Ao longo dos anos, foram introduzidas regras e restrições mais tradicionais e ideias mais realistas sobre a preservação dos direitos do indivíduo dentro do quadro mais amplo da vida comunitária utópica, que mantiveram seus membros mentalmente sãos e relativamente livres de amarguras e rancores. Como em qualquer experimento comunitário que dura mais de um ano, a Fazenda precisou trocar boa parte de seu romantismo inicial por um princípio organizacional mais pragmático. Mesmo assim, os projetos sociais duradouros e bem-sucedidos da Fazenda (diversos programas de ensino ambiental; um escritório de advocacia pública) refletem os sonhos idealistas originais dos fundadores.

De fato, esse senso entusiasmado de idealismo parece ser um fator tão crítico para manter uma comunidade viva ao longo dos anos quanto uma boa contabilidade e uma política rígida de visitas — assim como, em um bom casamento, um casal aguenta mais facilmente as dificuldades que surgem ao longo das décadas quando resta uma faísca original de seu romance de juventude. Como explicou um antigo membro da Fazenda: "Nós passamos por momentos muito difíceis juntos. Há uma boa parcela de sentimentalismo empenhado, ao ver isso dar certo."

Nesse mesmo âmbito, pensemos na famosa Fazenda Hog, na Califórnia. A Fazenda Hog continua prosperando, cerca de 25 anos após sua fundação, uma duração em boa parte creditada à liderança carismática de seu grande mentor visionário e hippie, Hugh Romney, também conhecido como Wavy Gravy (o único utopista americano que teve o orgulho de ter um sabor de sorvete Ben and Jerry's batizado em sua homenagem). Wavy Gravy vem se recusando obstinadamente, ao longo dos anos, a abrir mão de seus valores anárquicos e altruístas da década de 1960, e sua utopia de sonho prospera como um monumento à força do puro idealismo. O acampamento de verão da Fazenda Hog (o Campo Winnarainbow) é uma próspera instituição californiana, bem como o braço de obras beneficentes da comunidade, que há anos vem tendo êxito na luta contra a cegueira em países subdesenvolvidos.

Todos aqueles que moram hoje em dia na Fazenda Hog ainda seguem tanto seu cativante líder quanto sua pauta política séria, com firmeza e bom humor. Seu sucesso duradouro desafia aqueles que insistem que a conformidade às normas da sociedade é o único jeito de sobreviver nos Estados Unidos de hoje. Apesar de todas as concessões que eles talvez tenham de ter feito e de todas as decepções que eles talvez tenham vivido ao longo das décadas, os habitantes da Fazenda Hog ainda lutam juntos pelo bem, permanecendo insistentemente fiéis à noção original e irreverente de que são "uma família ampliada, uma alucinação móvel, um exército de palhaços".

Eustace Conway nasceu no começo dos anos 1960. Seus anos de formação foram bem no meio dessa grande revolução de contracultura, mas os valores anárquicos da época parecem ter tido pouco efeito sobre suas ideias. Os tipos hippies de hoje reagem positivamente a Eustace, porque pensam que Eustace é um deles. E ele, de fato, parece um hippie, à primeira vista, com seu cabelo comprido, sua barba grossa, sua ética de retorno à natureza e o simpático adesivo em sua picape que diz "Os amigos vêm em todas as cores". Isto posto, é preciso dizer que Eustace, na verdade, é bastante conservador. Odeia drogas e seus usuários, não tem paciência com a troca de parceiros sexuais e às vezes já foi acusado de ter mais apreço pela disciplina do que pela liberdade. Se você quisesse tirar dele sua arma, provavelmente acabaria tendo que arrancá-la de seus dedos frios de cadáver. Não, Eustace Conway não é nem um pouco uma alucinação móvel, ou um infante chapado de um exército de palhaços.

Todavia, o que Eustace realmente tem em comum com os sonhadores utópicos hippies dos anos 1960 (e também com seus predecessores utópicos românticos, dos anos 1860) é esse ideal tão americano: de que a sociedade tanto é capaz de se transformar quanto está disposta a isso. Se você conseguir um pedaço de terra para si e tiver uma boa dose de motivação, pode dar início a um pequeno projeto que vai crescer e inspirar uma mudança significativa em um país inteiro. Eustace

Conway, como qualquer bom utopista, não teve medo de buscar esse ideal. Não teve medo de alegar que tinha todas as respostas. Não teve medo de formular uma visão de mundo totalmente nova.

O que ele queria era que Turtle Island fosse mais que uma simples reserva natural, mais que o que seu avô fizera do Campo Sequoia. Aquela terra não seria um acampamento de verão, onde as crianças podiam, temporariamente, fugir dos males da cidade e se transformar em cidadãos fortes. Não, Eustace queria que Turtle Island fosse o cenário de um experimento utópico colossal, onde ele tentaria nada menos que mudar e salvar os Estados Unidos. Seria o próprio esboço para o futuro. Ele ouvira inúmeras vezes aquele velho ditado meloso: "Se você consegue afetar uma única vida que seja, então isso surtirá um efeito no mundo inteiro."

Francamente, Eustace Conway achava que aquilo era uma bobagem. Não há motivo para pensar tão pequeno, gente! Por que se contentar em afetar uma única vida? Por que não salvar o planeta todo? Aquele, com certeza, devia ser seu destino.

"Deus só fez uma pessoa no mundo como você", escreveu a mãe de Eustace, que sempre entrava em cena para lembrar o filho sobre sua singular vocação. "E Ele tem um trabalho especial para você fazer, para usar os talentos que Ele lhe deu."

Eustace concordava totalmente; e, ao ultrapassar a metade da casa dos 20 anos, estava ardendo de desejo de fundar sua própria utopia. A vontade existia; ele só precisava da terra.

Ele nunca esperou encontrar sua amada Turtle Island na Carolina do Norte, onde os imóveis já estavam ficando caros e a superpopulação já era um problema. Porém, conforme veio a descobrir, escondidos nas montanhas atrás da cidade universitária e turística de Boone, havia todo tipo de pequenos e obscuros vales onde a vida não mudava havia décadas. A terra era barata e as pessoas eram quietas, ali nas colinas, por isso Eustace pôde ir perguntando, para ver se alguém tinha um grande terreno para vender. Quando ouviu dizer que "o terreno da velha Alley Church" estava disponível, subiu até lá com um ex-professor seu da faculdade, que sabia muito sobre comprar terras e ler mapas fiscais — duas habilidades que Eustace não tinha na época, mas viria a adquirir em breve.

O que eles acharam no fim daquela estrada rústica de terra foi a perfeição. Eram 107 acres do que Eustace agora descreve como "uma clássica floresta recuperada de madeira de lei do sul dos Apalaches", e ela era alucinante de tão bonita. Tinha tudo o que Eustace estava procurando — água fresquinha da fonte, boa exposição solar, atraentes limites de propriedade, que iam de uma serra a outra, terra plana para o cultivo, bastante madeira para construir e um ecossistema diversificado e instigante. Era uma paisagem florestal mista, dominada por falsas-acácias, bétulas e oxidendros. O ar era úmido e pesado; a vegetação rasteira era exuberante, repleta de samambaias. O clima era excelente para a hera venenosa e também para a víbora cabeça-de-cobre, embora houvesse espécies inofensivas prosperando ali também — trutas, pica-paus, sapatos-de-vênus rosa e amarelo, ginseng, orquídeas, sanguinárias, rododendros...

O solo sob seus pés era vigoroso, preto e úmido. Como a maior parte da área florestal da Costa Leste dos Estados Unidos, aquela floresta não era original. Era uma floresta de segunda geração que estava se recompondo, uma floresta que dominava outra vez a região, após ter sido desmatada mais de um século antes, cultivada intensamente e depois abandonada por décadas (neste caso, isso aconteceu quando os moradores locais foram atraídos para trabalhar nas fábricas da cidade, lá embaixo). Os animais selvagens tinham voltado a prosperar, assim como as árvores. Havia muitos esquilos e todos os sinais de uma população crescente de cervos. A densidade de aves era extraordinária e, no ar úmido do começo da manhã, aquilo soou para Eustace como um clamor de vida digno de uma selva. Ele suspeitava de que havia pumas por perto, também. E ursos.

Era o inverno de 1986 quando Eustace inspecionou a terra pela primeira vez. No instante em que saiu da rodovia principal, ele se achou em uma paisagem apalachiana de verdade, o que foi ficando mais claro conforme ele subia mais e mais em direção às montanhas Blue Ridge. As poucas pessoas que moravam ali eram, realmente, uma população original. Caipiras autênticos, genuínos, das antigas. Suas casas eram barracos de telhado de zinco, que mal aderiam às paredes daqueles vales íngremes. Seus quintais estavam cheios de eletrodomésticos fossilizados e carros pré-históricos, e as pessoas criavam bichos, como coelhos e galinhas, em cima dos telhados, longe das raposas. A palavra "subsistência" nem mesmo começa a descrever o quão "sub" era a existência dessas pessoas.

As estradas eram sinuosas e não sinalizadas, e Eustace não sabia direito se estava no lugar certo, por isso parou sua picape no quintal de um desses barracos surrados e bateu à porta para perguntar onde ficava a velha Alley Church. Uma mulher magra e pálida, usando um avental de chita, veio até a porta e olhou para Eustace, por trás da tela, com um olhar de puro terror. Ela provavelmente nunca tinha visto um homem na sua porta que não fosse alguém da família.

"Ela estava fazendo massa de biscoito", lembra-se ele, "e suas mãos estavam cobertas de farinha, mas seu rosto estava tão branco quanto a farinha em suas mãos, e ela tremia de medo com a minha aparição. Quando ela finalmente começou a falar, sua voz era tão fraca e sem fôlego que eu tive medo de que ela fosse desmaiar. Era como falar com alguém que está doente no hospital, mas que mesmo assim está tentando falar. Dá vontade de dizer: 'Guarde suas forças! Não tente falar!' Ela era tímida desse jeito".

A mulher na porta era Susie Barlow, pertencente ao conjunto de famílias apalachianas que em breve se tornariam os vizinhos de Eustace. O clã Barlow, o clã Carlton e o clã Hicks (um nome bastante apropriado*) vinham todos vivendo naquele longínquo vale entre montanhas desde quando suas memórias alcançavam. Eram pessoas gentis, reclusas, que ainda arrancavam seus dentes com alicates de ferro caseiros, quando tinham que extrair um dente. Eles criavam porcos e faziam incríveis presuntos defumados de 20 quilos. Criavam cães de caça para caçar e para vender. Guardavam suas ninhadas de cachorros na sala de estar, os filhotes cambaleando às cegas em um grande caixote de madeira, enchendo de xixi uma colcha de retalhos desbotada feita à mão, que certamente teria arrecadado várias centenas de dólares em qualquer leilão em Nova York. Os Carlton, os Hicks e os Barlow eram pessoas pobres, mas profundamente religiosas, que guardavam repouso no domingo com reverência e tratavam a Bíblia de forma humilde.

"Vou te falar uma coisa", me disse Eustace. "Você sabe que eu tenho problemas com o cristianismo, certo? Mas quando visito meus

---

* *Hick*, em inglês, é um termo para "caipira". (N. do T.)

vizinhos apalachianos e eles dizem 'Você reza com a gente, irmão Eustace?', eu ajoelho naquele chão e *rezo*. Fico ali de joelhos na cozinha deles, naquele linóleo gasto, seguro as mãos calejadas deles e rezo até meu coração transbordar, porque esses são os fiéis mais legítimos que eu já conheci."

Eles eram vizinhos perfeitos. Aquele era um pedaço de terra perfeito. Eustace estava pronto para dar início à sua jornada utópica. Mas não queria fazer isso sozinho.

Por mais que Eustace incorporasse o arquétipo romântico americano do homem sozinho na mata virgem, ele ainda ansiava desesperadamente por uma parceira com quem pudesse compartilhar seu sonho. Enquanto imaginava seu lar utópico ideal, também projetava (com detalhes igualmente precisos e fantásticos) sua noiva utópica ideal. Sabia exatamente quem ela seria, como seria sua aparência e o que ela traria para a sua vida.

Ela seria bonita, inteligente, forte, carinhosa, capaz; seria sua parceira fiel, o toque delicado que humanizaria seu plano de vida brilhantemente executado e apoiaria sua visão. Ela aparecia em seus sonhos muitas vezes como uma jovem beldade indígena, quieta, amorosa e pacífica. Era a Eva que ajudaria Eustace a construir seu Éden. Era a mesma garota dos sonhos, aliás, com quem Henry David Thoreau costumava fantasiar, na época em que estava enfurnado sozinho em Walden Pond — uma indefectível filha da natureza, um paradigma de mulher, nos moldes da semideusa Hebe, da mitologia grega, "copeira de Júpiter, filha de Juno e da alface silvestre, possuía o dom de devolver aos deuses e aos homens o vigor de sua juventude [...], provavelmente a única moça de condição totalmente sã, sadia e robusta que jamais caminhou sobre a terra; e onde quer que ela passasse era primavera".

Tal era a mulher dos sonhos de Eustace, a própria imagem do vigor, da fertilidade e da graça. Porém não estava sendo fácil encontrá-la. Não que ele tivesse problemas para conhecer mulheres. Ele conhecia um monte de mulheres; só era difícil achar a mulher certa.

Seu relacionamento com uma mulher chamada Belinda, por exemplo, é um bom exemplo de suas experiências com o sexo oposto. Belinda, que morava no Arizona, tinha visto Eustace Conway falar sobre sua vida na floresta em um programa televisivo de rede nacional chamado *PM Magazine*. Ela se apaixonou imediatamente por ele, enlevada pela ideia romântica daquele homem das montanhas selvagem e articulado, e conseguiu localizá-lo pelo correio. Eles trocaram cartas apaixonadas, e Eustace foi passar um breve tempo com ela no Oeste, mas aquilo nunca deu em nada real. Belinda já tinha um filho, que foi apenas um dos motivos pelos quais eles acabaram rompendo. Eustace nunca teve certeza absoluta se Belinda o amava como pessoa ou como uma ideia.

Depois houve Frances, "a menina forte da Inglaterra", e Eustace se apaixonou por ela também.

"Ela parece ter a sabedoria, a força e a tenacidade que podem fazer dela uma boa parceira", escreveu Eustace sobre Frances, em seu diário. "Preciso do amor e do companheirismo dos quais, até hoje, tive tão pouco. Sei que sou um romântico. Às vezes penso e sinto que sou lógico demais e, em certos aspectos, até frio e metódico, porém também posso ser bastante jovem, ingênuo e irrealista."

Mas Frances logo se foi, e depois veio Bitsy, por quem Eustace se apaixonou de forma avassaladora. Bitsy era uma bela e misteriosa médica apache. Não uma apache qualquer, mas uma descendente do bando de Geronimo, e tinha tudo o que sempre cativava Eustace: o sorriso largo, os cabelos compridos, a pele escura, o corpo atlético, os "olhos capazes de derreter alguém", a confiança, a graça. Mas as coisas também não deram certo com Bitsy.

"Eu ainda desejo você", escreveu ela, numa carta em que finalmente rompeu o relacionamento. "E no entanto não consegui chegar a você. Você é encantador. Mas sinto que você me quer para as suas necessidades. Não quero ser salva, educada nem guiada em nenhuma direção além da minha própria neste momento. Você é um doador, um professor. Isso é bom, para algumas pessoas. Mas sinto que você me quer como uma glorificação para você. Desculpe se isso parece duro. Não é essa minha intenção. Suas necessidades obscurecem as minhas."

Ele não aceitou o rompimento muito bem.

"AH! MEU DEUS! BITSY!", desabafou em seu diário, em fevereiro de 1986. "Estou chorando, batendo no chão, gritando de dor. Ah, droga, não há como me libertar. Não vou superar isso! Você! Eu preciso te ver. Você é a única chave... meu coração está sangrando por você. Eu te amo como amo a própria vida, o universo inteiro! Estou horrivelmente doente de amor por você! O que posso fazer? Não posso fazer nada. Nada nada nada NADA NADA. Ah, como eu posso aguentar perder você? Quero você como esposa, parceira, para compartilhar as aventuras da vida. Nunca vou encontrar outra mulher como você... o que o destino, Deus, o fluxo de energia do universo têm a dizer sobre *isso*?"

Já em fevereiro de 1987, Eustace registra em seu diário: "Valarie Spratlin. Amor. Novo amor. De onde você veio? Foi Deus que mandou você? Você é real? Você é realmente minha? Eu te amo tanto quanto penso que amo, ou só amo o amor que você me dá? Eu adoraria pensar que você é a resposta para as preces que tenho feito. Você é a próxima parada na minha vida de movimento, instrução e predestinação? O destino é um soberano assim tão forte e planejou que nós fôssemos almas gêmeas?"

Valarie Spratlin, uma mulher atraente e enérgica dez anos mais velha que Eustace, estava trabalhando em 1987 no Departamento de Recursos Naturais da Geórgia. Era encarregada de um quinto dos parques do estado. Ouvira falar de Eustace e seu "circuinho ambulante" através de um amigo da Carolina do Norte e convidou-o a ir à Geórgia para dar algumas oficinas em seu complexo de parques. Eles se apaixonaram rapidamente. Ela ficou intrigada com a vida dele, com seu magnetismo e seus planos audaciosos para salvar o mundo. Escreveu-lhe cartas endereçadas a "Meu pagão selvagem primitivo". Ela gostava de toda a imagem iconográfica dele — a camurça, a tenda, o pacote completo. Seu namorado anterior tinha sido um músico dos Allman Brothers, e ela passara os últimos dez anos viajando pelo país junto com a banda, por isso já se acostumara a estar disposta a aventuras.

"Sei que faz apenas duas semanas que conheci você", escreveu Valarie para Eustace, em um pequeno poema espontâneo, "mas meus sentimentos continuam a crescer".

Logo depois que eles se conheceram, Eustace convidou Valarie para ir com ele em uma viagem de três semanas pelo Sudoeste, até a Mesa Verde e todos os velhos sítios indígenas. "Opa, vamos lá", respondeu ela; os dois carregaram o pequeno Toyota dela e partiram. Ela lembra que Eustace não deixou nem uma vez que eles comprassem comida; eles tinham que arranjar alimento sozinhos, ou então comer aveia com passas três vezes ao dia.

"Nossa senhora", ela se lembra, "ele era o homem mais pão-duro que eu já vi".

Ele a levou para caminhar no Grand Canyon — "não para dar um passeiozinho agradável, mas para passar o dia inteiro, mais uma vez sem nada para comer além da droga da aveia com passas" — e no dia seguinte partiu para o Bryce Canyon para mais três dias de caminhada ininterrupta. Eram caminhadas no estilo de Eustace: 40 quilômetros por jornada, sem pausas.

"Eustace Conway", ela disse finalmente, uma vez em que, ao entardecer, ele insistiu que subissem outra serra para ver outro pôr do sol", "você está exigindo *demais* de mim".

Ele olhou para ela, incrédulo.

"Mas, Valarie, você talvez nunca mais volte aqui. Não acredito que você perderia a chance de ver uma cena tão linda."

"Eu faço um acordo com você", ela disse a ele. "Subo essa última maldita montanha, se você prometer que, quando nós sairmos daqui, você vai me levar a um restaurante de verdade e me comprar um hambúrguer com batata frita e uma Coca *imediatamente*."

Ele riu e concordou, e ela subiu a montanha. Ela era romântica e apaixonada, mas não era trouxa; era descontraída e valente, sabia impor limites a Eustace naquilo em que as outras achavam impossível se afirmar contra ele. E ela era louca por ele. Era uma ambientalista por disposição e uma educadora por formação, e lá estava aquele cara que pegava cada crença que ela tinha sobre o mundo e multiplicava por cinquenta. Ela o apoiava em todos os seus planos, e logo surgiu uma sutil mudança de pronomes nas discussões sobre o futuro. Eustace não mais falava da "minha necessidade de achar uma boa terra", mas da "nossa necessidade de achar uma boa terra". Aquela mulher parecia ser, em todos os aspectos, o que Eustace sempre tivera esperança de encontrar: uma parceira de verdade. Juntos, Eustace e Valarie percorreram todo o Sul em busca de um lugar que servisse para a utopia dele — ou deles.

E foi assim que, no fim do inverno de 1986, Eustace Conway levou Valarie Spratlin até as montanhas atrás de Boone para lhe mostrar o lugar que estava interessado em comprar. Era noite e caía uma chuva gelada. Eles foram em uma velha van capenga, que Eustace comprara recentemente, com buracos no chão, por onde entrava a fumaça do escapamento. A estrada que subia as montanhas parecia mais um leito seco de riacho, com pedras enormes e valas, do que uma via projetada para a passagem de um carro. Eles finalmente saíram da van, e Eustace, extasiado, gritou para Valarie:

"Chegamos! É aqui!"

Era uma noite gelada. Estava escuro. O vento uivava. Valarie não conseguia enxergar nada. Ela se agachou embaixo de uma grande conífera, para escapar da chuva, mas umas galinhas selvagens empoleiradas na árvore começaram a andar, e seus movimentos jogavam ainda mais água gelada nas costas dela.

"Não gosto deste lugar, Eustace", ela disse.

"Você vai gostar de manhã", ele prometeu.

Não havia uma única estrutura no terreno. Eles dormiram embaixo de uma lona, naquela noite, e começou a nevar. Por volta da meia-noite, Eustace subiu sozinho até o ponto mais alto do terreno e fumou um cachimbo, em uma prece de agradecimento por ter encontrado seu destino. Valarie, tremendo embaixo da lona, pensava: "Está nevando, eu não faço ideia de onde estou, estou morrendo de frio, e esse desgraçado acaba de me deixar sozinha para ir fumar cachimbo?"

No entanto, de manhã, quando Eustace levou-a para dar um passeio pelo terreno todo, ela começou a ver por que ele amava aquele lugar. Não passava de uma floresta cerrada, e, contudo, Eustace já estava mapeando aqueles 107 acres que eram o seu universo particular — aqui ia ter umas pontes; lá seria uma área para armar tendas; aqui daria um pasto excelente; o celeiro podia ficar ali; aqui nós podemos construir cabanas para os convidados; algum dia vou comprar a terra do outro lado da serra, e vamos plantar trigo-sarraceno mais aqui...

Ele já estava enxergando tudo. E explicava aquilo com tanta clareza que — ora! — ela já estava enxergando também.

O terreno ia lhe custar quase 80 mil dólares.

Eustace tinha um dinheiro guardado, mas não tanto. E não havia banqueiro no mundo que fosse levar a sério um menino que vestia roupas de camurça e morava em uma tenda indígena. Então, onde um montanhês moderno pode conseguir 80 mil dólares quando precisa de dinheiro rápido? A única pessoa que Eustace Conway tinha certeza de que possuía tanto dinheiro era seu pai.

Eustace não se sentia nem um pouco à vontade para ir bater na porta do velho e pedir dinheiro. Na verdade, não se sentia à vontade na presença do velho em qualquer situação. Seu pai ainda não lhe dissera nenhuma palavra gentil. Nunca reconhecera que seu filho "idiota" se formara com louvor na faculdade. Nunca tinha ido ouvir Eustace falar diante de auditórios repletos de plateias arrebatadas; jamais ouvira uma única história ou olhara uma única foto de nenhuma das aventuras de Eustace; nunca lera nenhum dos artigos de jornal e revista sobre seu filho (a sra. Conway recortava-os e os deixava na mesinha de centro, para o marido ver, mas ele nem encostava neles; simplesmente punha seu *Wall Street Journal* ou seu copo d'água em cima deles, como se fossem invisíveis). Em todos os sentidos, o Grande Eustace estava ainda mais desligado dos filhos, agora que eles não moravam mais em casa.

"Queria que seu pai escrevesse para você", disse a mãe de Eustace em uma carta a seu filho, quando ele estava na faculdade, "mas ele parece ter vários bloqueios. Martha recebeu uma carta dele pela *primeira* vez no aniversário dela, e era tão chocante que ela disse que chorou alto enquanto estava lendo".

Eustace ficava atônito ao ver que mesmo agora, já com 20 e poucos anos, ele ainda era atormentado pela dor de sua infância. Pensara que tudo aquilo ia passar quando ele ficasse mais velho, quando seu corpo físico tivesse deixado o ambiente da casa paterna. Por que, então, seu pai ainda conseguia fazê-lo chorar? Por que ele ainda tinha sonhos que o despertavam às quatro da manhã, "desenterrando velhas lembranças de sofrimento e dor"? Eustace ficou chocado ao descobrir, durante uma visita a Gastonia, no Natal, que seu pai continuava sendo "o homem mais grosso que eu já conheci, o homem mais crítico que eu já conheci, o que mais julga os outros".

Não que Eustace não tivesse tentado se reconciliar com o pai. Já na adolescência ele tentara. Sua mãe sempre incentivava o Pequeno Eustace a "se dobrar" para melhorar sua relação com o Grande Eustace.

"Espero que tudo seja melhor para você e para todos nós em casa no ano que vem, e rezo muito para isso", escreveu a mãe para Eustace, antes de seu último ano de colegial. "Assim como você quer tanto o amor e o respeito do seu pai, ele também quer o seu amor, respeito e obediência — o que uma criança deve aos pais. Tenho certeza de que um dos grandes motivos para seu pai ter tanta dificuldade de se relacionar com você é porque ele sempre ficou em segundo plano durante sua vida inteira, já que você dedicou a *mim* a maior parte da sua atenção, tempo e dependência, para todas as coisas de que precisa, e em termos de afeto. Isso começou desde a época em que você era garotinho e, por eu ter dedicado a você muito tempo e atenção, foi virando uma bola de neve, uma relação muito infeliz. Neste ponto, ainda existe uma possibilidade de que uma nova relação feliz se desenvolva entre você e seu pai, mas fazer com que isso aconteça depende de você. Os jovens são mais capazes de ser flexíveis e mudar seus padrões de comportamento e atitudes. *Engula todo o seu orgulho* para ser humilde diante do seu pai e admitir que você fez e disse coisas no passado que o desagradaram, mas que você está disposto agora a tentar agradá-lo tanto quanto for possível."

Era por isso que Eustace, desde os 12 anos de idade, escrevia cartas para o pai. Sabia que seu pai se considerava um comunicador talentoso, e tinha esperança de poder melhorar o relacionamento deles, se conseguisse se expressar direito. Ele trabalhava nessas cartas durante semanas, tentando achar o jeito mais maduro e respeitoso de se dirigir ao Grande Eustace. Escrevia dizendo que acreditava que os dois tinham um relacionamento difícil e que gostaria de fazer um esforço para melhorar isso. Sugeria que talvez alguém pudesse ajudá-los a conversar um com o outro. Dizia ao pai que sentia muito por tê-lo decepcionado e que talvez, se eles discutissem seus problemas sem ninguém gritar, ele pudesse mudar seu comportamento, para deixar o pai mais contente.

Seu pai nunca respondeu a nenhuma das cartas, embora de vez em quando lesse uma delas em voz alta, em um tom de escárnio, para divertir os irmãos de Eustace. Havia tanta coisa para caçoar: a ortografia e a gramática de Eustace, sua audácia de falar como se fosse um igual — esse tipo de coisa. O Grande Eustace achou especialmente engraçada uma carta que o Pequeno Eustace escreveu no colegial, na qual sugeria que seu irmão Walton, que tinha uma mente brilhante e uma natureza sensível, talvez se desse muito bem em uma escola particular, onde não seria atormentado pelos moleques caipiras do colégio público de Gastonia. Que piada! O Grande Eustace leu essa carta inúmeras vezes para os outros filhos, e todo mundo, inclusive o próprio Walton, foi incentivado a caçoar do Pequeno Eustace, por ele ter tido a presunção de dizer ao pai o que talvez fosse melhor para a família.

No entanto, quando atingiu a idade adulta, Eustace via-se ainda, muitas vezes, tentando reaproximar-se outra vez.

"Não escrevo para lhe trazer dor ou desânimo", escreveu certa vez, de homem para homem. "Pelo contrário. Peço desculpas por trazer dor ou qualquer coisa que não seja boa para a sua vida. Eu sempre quis ser bom. Bom para você, bom para a mãe, bom para todo mundo. Tenho uma necessidade avassaladora de ser aceito por você, de ser querido, admirado, reconhecido por você como algo melhor do que lixo (burro, ignorante, errado, inútil). Tenho dentro de mim um grande vazio, que procuro preencher com amor. Tudo o que eu sempre quis foi seu amor. Me sinto como uma mariposa perto de uma vela. Talvez eu devesse aceitar a derrota e ficar longe de você. Porém a recusa e a distância não satisfazem minha necessidade de ser aceito por você."

Mais uma vez, não houve resposta.

Ou seja: não é que a relação estivesse exatamente prosperando, mas Eustace precisava muito de um volume grande de dinheiro emprestado, e seu pai, frugal e parcimonioso, tinha esse dinheiro. Eustace jamais pedira um centavo sequer ao pai; tinha sido uma questão de honra. Quando o sr. Conway, certa vez, disse ao jovem Eustace que eles deviam discutir os termos de uma mesada, Eustace disse "não acho que eu mereça uma mesada", e esse foi o fim da conversa. Eustace nunca pediu que o pai o ajudasse com as mensalidades da faculdade, embora o sr. Conway pagasse de bom grado a faculdade dos filhos mais novos. Assim, como Eustace Conway ia chegar para o pai, em 1987, já adulto, e pedir um empréstimo? Um senhor empréstimo, aliás.

A conversa, como podemos imaginar, não foi amistosa. Eustace levou um sermão do velho: seu projeto era destinado ao fracasso; ele que não esperasse compaixão nenhuma do pai quando o xerife chegasse com os papéis da falência; e quem ele pensava que era, de qualquer modo, para achar que podia lidar com as responsabilidades de cuidar de 107 acres e tocar um negócio?

"Você se engana se acha que isso pode dar certo", disse seu pai, inúmeras vezes.

Eustace ficou sentado feito uma rocha no leito de um rio, deixando que o dilúvio frio jorrasse à sua volta, mantendo a boca fechada e o rosto sem expressão, repetindo para si mesmo o mantra reconfortante *Eu sei que estou certo, eu sei que estou certo, eu sei que estou certo...* E, no fim, o pai lhe emprestou o dinheiro.

A uma taxa de juros competitiva, é claro.

No dia 15 de outubro de 1987, Eustace Conway comprou seu primeiro pedaço de Turtle Island. E imediatamente pôs-se a trabalhar para tentar pagar sua dívida com o pai. Dentro de um ano, eles já estavam quites. Ele arrecadou essa enorme quantia em um prazo tão curto embarcando em uma maratona insana de trabalho, viajando por todo o Sul em uma turnê de palestras — o que era um suplício físico e emocional —, para ensinar, pregar e sensibilizar. Valarie usou seus contatos no Serviço Natural de Parques para arranjar eventos para ele em escolas e centros ambientais, e Eustace se transformou em um empenhado promotor de si mesmo.

"Foi uma época divertida", recorda-se Valarie, agora; "esses dois primeiros anos em Turtle Island. Eustace morou comigo na minha casinha de subúrbio na Geórgia, por um tempo, organizando suas palestras e tentando pagar sua dívida com o pai. Eu fazia o papel de agente, marcando eventos para ele em todo o estado. E acabei largando o meu emprego, que era bastante bom, vendendo a minha confortável casa e me mudando para Turtle Island. Eu estava indo atrás da minha felicidade. Era lá que eu queria estar. Nós trabalhamos duro para deixar aquele lugar em ordem; eu o ajudei com a primeira construção de lá, uma casinha de ferramentas, porque a coisa mais importante para Eustace era um lugar onde pudesse reunir as ferramentas de que precisava para pôr em pé o resto de seu projeto. Nós morávamos em uma tenda, e eu preparava nossas refeições em um velho fogão a lenha, mas estava feliz de viver daquele jeito, porque queria aprender a fazer aquelas coisas. Eu acreditava no que estávamos fazendo. Acreditava no que estávamos ensinando. Eu estava cumprindo minha própria missão espiritual, e a minha era paralela à dele."

O modo como eles viviam era um pesadelo e uma comédia. Eustace passava tanto tempo na estrada, que tinha que carregar cada papel, cada cheque, calendário e pilha de correspondência em uma velha bolsa de couro. Eles guardavam fichas com os endereços e panfletos de escolas dentro de caixas, na tenda, e essas caixas ficavam encharcadas com a chuva e depois eram comidas por ratos, mofo e larvas. Eles não tinham telefone. Uma vez, Eustace desceu o vale para perguntar a um de seus vizinhos, o velho Lonnie Carlton, se podia usar seu telefone para fazer alguns interurbanos e pagar a ele depois. Para um velho fazendeiro apalachiano como Lonnie, um telefonema interurbano era algo que talvez acontecesse uma vez por ano, provavelmente relacionado a uma morte na família, e com certeza nunca durando mais de dois minutos. Bom, Eustace pegou aquele telefone e falou com diretores de escola, líderes dos escoteiros mirins e repórteres de jornal de todo o Sul durante seis horas seguidas. O velho Lonnie só ficou ali, sentado, observando Eustace, o tempo todo, de queixo caído.

Quando ficou óbvio que precisaria de um telefone próprio, Eustace puxou uma linha de telefone da casa de um vizinho até uma caverna ali perto, que virou seu escritório. Ele descia a montanha, entrava naquela caverna à noite, durante o inverno, e fazia algo que ele lembra como "uns negocinhos muito espertos", travando contatos, fazendo anotações e iluminando seu trabalho, o tempo todo, com uma fogueira crepitante. Depois, pediu permissão para puxar uma linha até um celeiro que pertencia a seu vizinho Will Hicks. Valarie pôs o telefone dentro de uma caixa térmica de isopor, para que não enferrujasse com a umidade. Ela se lembra de fazer ligações de trabalho e negociar, ali mesmo no palheiro, cachês inflexíveis das palestras de Eustace, enquanto as vacas mugiam embaixo dela.

"Os caras do outro lado perguntavam 'Que barulho é esse que eu estou ouvindo o tempo todo?', e eu dizia 'Ah, é só a TV ligada na outra sala'. Eu te digo, eram umas verdadeiras cenas do *Green Acres** que aconteciam ali. Então o telefone molhou e estragou. Tentei secá-lo, colocando-o no fogão a lenha quente. É claro que o aparelho derreteu

---

* Seriado de comédia dos anos 1960, sobre um casal nova-iorquino que tenta a vida no campo. (N. do T.)

119

por cima de tudo, foi uma coisa meio Salvador Dalí. Era assim que nós vivíamos."

Alguma coisa tinha que mudar. Certa noite, Eustace levou Valarie para um jantar decente em Boone, no Café Red Onion, para lhe agradecer todo o trabalho que ela vinha fazendo. E durante o jantar esboçou nos guardanapos projetos para o escritório que ele tinha decidido que eles precisavam ter. Ao perceber que tinha uma brecha de quarenta dias sem palestras — um raro descanso —, ele resolveu ainda durante o jantar que ia construir o escritório naquele breve período livre. Se não fosse assim, aquilo nunca ia acontecer. Por isso, na manhã seguinte, antes do amanhecer, Eustace começou a trabalhar no projeto.

O escritório utilizaria energia solar passiva, teria cerca de 6 por 6 metros e seria feito de concreto, vidro e madeira não tratada. Eustace não sabia exatamente como erguer uma construção de energia solar e nunca tinha construído nada mais sofisticado que uma casinha de ferramentas, mas tinha certeza de que seria capaz de fazer aquilo. Escolheu um bom ponto ensolarado perto da entrada de Turtle Island, para que o escritório pudesse servir como centro de boas-vindas e ficasse longe do centro primitivo do acampamento, que seria mais para dentro da floresta. Ele cavou três lados do prédio dentro da terra, para ajudar a conservar o calor, e Valarie o ajudou a deitar um chão de tijolos que absorveria a energia solar. A entrada eram duas belas portas francesas que Eustace comprara em um mercado de pulgas por cinco dólares. As maçanetas, ele as reconstruiu com chifres de cervo. Pôs janelas grandes na frente do escritório e instalou claraboias no teto, todas arranjadas em ferros-velhos, para iluminar e aquecer.

A parte da frente do teto, que fica à vista, é coberta de telhas partidas à mão, como acabamento estético. Mas a parte de trás do teto é bem prática, de zinco. As paredes internas são forradas com tábuas de pinho-branco curtidas ao sol, de 60 centímetros de largura, que Eustace resgatou de um velho celeiro abandonado e que dão calor e profundidade ao cômodo. Ele construiu duas grandes mesas com o resto das tábuas do celeiro e também montou estantes robustas, que funcionam como parede, dividindo o escritório em dois espaços separados e ensolarados. No chão há um tapete antigo que ele encontrou em um leilão navajo.

Prateleiras altas, ao longo da parte de cima das paredes, contêm cestas e cerâmicas raras, incluindo um antigo vaso *pueblo* que Eustace notara na varanda de uma casa velha em Raleigh, certa tarde. Reconhecendo imediatamente seu valor, ele ofereceu à dona da casa vinte dólares pelo objeto.

"Claro", disse a mulher. "Pode levar. Cansei de ficar varrendo em volta dessa velharia."

Depois, Eustace enviou uma foto do vaso a um perito da Sotheby's, que estimou seu valor em vários milhares de dólares.

É um prédio adorável, o escritório de Turtle Island. O interior está repleto de belas obras de arte e livros, e ao redor de toda a parte externa crescem as flores silvestres de Eustace — íris, *castillejas* e sapatos-de--vênus. É um lugar quente, orgânico, acolhedor, que utiliza a energia solar de maneira completamente eficaz, com seu próprio telefone e secretária eletrônica. E foi Eustace que projetou, construiu, decorou e fez o paisagismo disso tudo em quarenta dias.

Àquela altura, Eustace estava ganhando na montanha inteira a reputação de ser um rapaz um tanto atrevido. Por exemplo, ele comprava madeira de um velho montanhês apalachiano chamado Taft Broyhill, que possuía uma serraria. Eustace trabalhava o dia inteiro na construção e depois trabalhava noite adentro também, à luz dos faróis da picape. Quando precisava de mais madeira, ia até a montanha mais próxima e visitava a serraria de Taft Broyhill por volta da meia-noite; acordava o velho fazendeiro e tratava com ele ali até altas horas, para não desperdiçar, fazendo negócios, o seu valioso tempo com luz do dia disponível. Depois, retornava a Turtle Island, dormia por três ou quatro horas e voltava a trabalhar na construção muito antes do amanhecer.

Certa noite, quando foi à casa de Taft Broyhill por volta da meia--noite, Eustace foi acompanhado de um amigo que viera ajudá-lo por uns dias. Enquanto o velho estava empilhando a madeira, Eustace notou em uma pilha de restos de madeira um lindo tronco de nogueira--pecã, um pedaço de madeira bom demais para ser usado em construção. Perguntou se podia comprar aquele pedaço de nogueira-pecã, e se o sr. Broyhill se importaria em serrá-lo para dividir em pedaços manejáveis para ele.

"Bom, para que você quer isso?", o velho perguntou.

121

"Ora, senhor", explicou Eustace, "eu estava pensando aqui comigo como seria bom usar essa nogueira-pecá tão sólida para fazer ferramentas de madeira e coisas assim".

O velho ligou sua motosserra, solicitamente, e, à luz dos faróis da picape de Eustace, à meia-noite, enquanto a neve caía, começou a cortar o tronco de nogueira-pecá. De repente, ele parou, desligou a motosserra e ficou de pé. Ficou observando Eustace e seu amigo por um tempo. Eustace, perguntando-se o que havia de errado, esperou Taft Broyhill falar.

"Sabe", o velho finalmente disse, "eu só estava me perguntando... O que vocês fazem no seu tempo *livre*?".

Eustace estava se matando de trabalhar. No momento em que o escritório ficou pronto, ele já estava de volta na estrada, ganhando dinheiro pregando as alegrias da vida primitiva, a sabedoria dos índios americanos e os confortos da "vida simples". Corria freneticamente de um estado para outro, tentando convencer pessoas a largar a correria da vida moderna e banhar-se no calor da comunhão com a natureza. Era uma existência brutal. Um amigo até comprou para ele um detector de radares, para que ele parasse de levar multas por excesso de velocidade em suas inúmeras corridas desenfreadas até os eventos. Em fevereiro de 1988, Eustace parecia estar em cima de um precipício, olhando para um abismo de loucura, quando escreveu:

"É uma coisa a longo prazo, essa grande viagem, essa ambição de realizar o que estou fazendo agora: um menino pobre pagando um grande pedaço de terra. Invisto tanto nisso, trabalhando todo dia, fazendo tanto esforço, e mesmo hoje — um dia sem uma única aula ou palestra — passei 12 horas mexendo na papelada, respondendo coisas, pedindo e conseguindo mais trabalho, acumulando mais, mais, mais, *mais*. Eu aguento, como um halterofilista alucinado fervendo de adrenalina — estou trabalhando até durante o sono — chamo isso de trabalho-sono — abrindo mão de tempo para namorar a Valarie, abrindo mão de tempo para colher as flores... Atlanta, depois Augusta, trabalhar em Toccoa e depois em Clarksville — prostituição do meu tempo para centenas de pessoas — dia após dia subindo no palco, no palco, no palco GRITAAAAAAANDO!

"Eu vivo da força de estar no palco e da energia fluindo, me recompondo... dormir sete minutos, depois levantar — dirigir — ser bom. Você é o melhor! Eles estão em suas mãos, como marionetes que você pode manipular, controlar, escutar e falar — para a frente e para trás... ah, mas a falta de compreensão! Vocês não sabem que eu preciso de descanso? Não sabem que eu preciso de ar? Preciso respirar, droga! Me deixem em paz, seus cretinos imbecis! Vocês não veem? Seus idiotas, vocês não entendem? *Este é o melhor programa que eu já vi na vida, você foi ótimo!* Já ouvi isso tantas vezes, é como subsistir à base de papelão. Que se dane. Consigo minha terra. Tenho uma reserva natural silenciosa onde posso dormir algum dia, no fim de um longo túnel — que dicotomia... Quanto vou permitir que os outros entrem? Oh, minhas boas pessoas do mundo, EU AMO VOCÊS — dai-me forças, Senhor, para seguir meu percurso. Algum dia vou achar as samambaias macias e a luz do sol, para poder deitar e descansar. Paz."

Ao fim de um outro desabafo em seu diário, semelhante a esse, umas poucas semanas depois, Eustace acrescentou: "Isso além de tentar decidir se quero que Valarie seja minha parceira pelo resto da vida."

No verão de 1989, Eustace recebeu seus primeiros campistas em Turtle Island.

Turtle Island não era mais uma ideia — era uma instituição. Eustace providenciara folhetos, cartões de visita, apólices de seguro, kits de primeiros socorros, registro de entidade sem fins lucrativos. Era real. E as crianças adoravam, durante todo o ano. Em vez de pedir aos pais que trouxessem as crianças de carro até o estacionamento improvisado em cima da montanha, Eustace mandava seus funcionários encontrarem as famílias na estrada e depois caminharem até Turtle Island. E se os pais não aguentassem a caminhada? Bom, azar deles. *Despeçam-se aqui embaixo, pessoal.* Desse modo, as crianças entravam no vale fértil de Turtle Island cruzando a floresta a pé, adentrando o reino como que por uma porta sagrada e secreta. A floresta enfim se abria para as campinas ensolaradas do acampamento, e lá estava aquele maravilhoso mundo ao mesmo tempo novo e velho, diferente de qualquer coisa que aqueles meninos já tivessem visto. Sem eletricidade, sem água corrente, sem trânsito, sem *comércio.*

Quando eles chegavam, Eustace Conway estava lá para encontrá-los, com sua roupa de camurça e o seu sorriso mais tranquilo. Ao longo do verão, ele ensinava as crianças a comer coisas que elas não conheciam, a amolar facas e manejá-las, a entalhar suas próprias colheres, a dar nós, a jogar jogos indígenas e — toda vez que cortavam um galho de uma árvore viva — a cortar uma pequena mecha de seu próprio cabelo, para deixar como oferenda, em sinal de agradecimento. Ele as ensinava a ter respeito umas pelas outras e pela natureza. Trabalhava para curar aquilo que considerava ser o dano espiritual infligido sobre elas pela cultura americana moderna. Por exemplo: ele estava andando na floresta com um grupo de crianças, e chegava a um trecho de rosa-mosqueta; assim que ele dizia às crianças como as folhas eram deliciosas, elas logo atacavam a planta feito gafanhotos, arrancando punhados de galhos.

"Não", dizia Eustace. "Não destruam a planta inteira! Sejam conscientes de que os recursos são limitados. Peguem uma folha, mordisquem um pouquinho, passem para os outros. Lembrem-se de que o mundo inteiro não está aqui para vocês consumirem e destruírem. Lembrem-se de que vocês não são a última pessoa que vai andar nesta floresta. Nem a última pessoa que vai viver neste planeta. Vocês têm que deixar alguma coisa atrás de si."

Ele ensinava as crianças até a rezar. Depois de elas acordarem, ao raiar do dia, Eustace as conduzia até o mesmo morro onde havia rezado com seu cachimbo, no primeiro verão em que dormira em Turtle Island. O lugar era chamado por eles de "morro do amanhecer", e eles ficavam sentados em silêncio, vendo o sol nascer juntos, todos meditando sobre o dia. Eustace levava as crianças para caminhar até cachoeiras e lagos e comprou um cavalo velho para elas montarem. Ele as ensinava a pegar e comer lagostins no riacho e a preparar armadilhas para animais pequenos.

Se uma criança dizia "Não quero matar um bicho indefeso", Eustace sorria e explicava: "Vou te contar um segredinho, amigo. Você nunca vai achar, em toda a natureza, um animal que seja 'indefeso'. Tirando alguns seres humanos que eu já conheci."

Finalmente, Eustace possuía um lugar seu, um lugar onde podia ensinar em um ambiente interativo e disponível 24 horas por dia, sem distrações, sem limites de tempo e de recursos. Tudo o que ele queria mostrar a seus alunos estava logo ali, à mão. Era como se eles estivessem morando dentro de uma enciclopédia.

Em um passeio pela natureza, ele às vezes dizia: "Aquele cogumelo ali se chama *lacteria*. Mas vocês precisam ter muito cuidado com essa espécie, porque tem quatro cogumelos no mundo que são iguaizinhos a esse. Dois deles são venenosos, e dois não são. Então não tenham pressa na hora de decidir quais vocês vão comer! O único jeito de saber a diferença é abrir o cogumelo e pôr a língua na substância leitosa que tem ali dentro. Estão vendo isso? Se o gosto for amargo, é veneno, por isso fiquem longe dele."

Ou então lhes contava como os primitivos se tratavam com hamamélis: "Ela cresce bem ali, e é boa para todo tipo de ferimentos."

Outras vezes, ele dizia: "Isso é bétula-negra. Que tal vocês mascarem isso? O gosto é bom, não é? A parte de dentro do tronco é a mais valiosa. É o que o povo apalachiano de antigamente usava para fazer cerveja de bétula. Talvez a gente devesse fazer isso depois."

Ele estava extasiado com o sucesso daquilo que criara. Não parecia haver limites para o que ele podia ensinar lá em cima. Quando as crianças voltavam para suas vidas suburbanas, seus pais escreviam cartas para Eustace, dizendo: "O que você fez com o meu filho, que ele agora está tão mais maduro? O que você ensinou para ele, que o deixou tão interessado no mundo?"

Eustace também dava seminários de uma semana para adultos. Quando levou um desses grupos para uma caminhada na floresta, eles estavam andando ao longo de um rio, e uma das mulheres, que jamais estivera em uma floresta antes, começou a gritar. Ela vira uma cobra nadando contra a corrente. Eustace estava vestindo apenas uma tanga, por isso mergulhou na água, apanhou a cobra com as mãos e explicou calmamente a fisiologia do animal para a mulher da cidade. Ele a deixou encostar na cobra e olhar dentro de sua boca. No fim, ela acabou segurando a cobra nas mãos, enquanto seus amigos tiravam fotos.

Em outra ocasião, Eustace levou um pequeno grupo de crianças de pré-escola para caminhar na floresta. Apontou para a folhagem densa das copas e falou sobre os diferentes tipos de árvores. Deixou que elas bebessem de uma fonte, para lhes mostrar que a água sai do chão, não só de torneiras. Deixou que elas mastigassem oxidendro, e elas ficaram surpresas ao ver que ele tinha razão, que aquilo realmente tinha gosto de bala. Enquanto elas andavam pela floresta, ele explicou como o chão da floresta funciona, sua circularidade. As folhas caem das árvores, murcham, decompõem-se e se transformam em solo. Ele explicou como a água é absorvida pelo chão e alimenta as raízes das árvores; como os insetos e bichos vivem no chão da floresta, comendo uns aos outros, bem como todo o material orgânico que conseguem encontrar, mantendo o ciclo em movimento.

"A floresta está viva", disse Eustace, mas percebeu que as crianças não tinham entendido direito. Então, fez uma pergunta: "Quem quer ser meu ajudante?" Quando um garotinho deu um passo à frente, Eustace, com a ajuda das crianças, cavou duas valas compridas e rasas no chão da floresta. E ele e o garotinho deitaram nas valas e as outras crianças enterraram os dois, deixando apenas seus rostos para fora do chão, olhando bem para cima.

"Agora, *nós* somos o chão da floresta", disse Eustace. "E vamos contar para os outros o que estamos vendo e sentindo. Vamos explicar o que está acontecendo com a gente."

Os dois ficaram ali deitados por um bom tempo, no chão macio da floresta — Eustace e uma criança de 5 anos —, e descreveram o que estavam vendo e sentindo: como o sol batia por instantes em seus rostos e depois a sombra vinha, quando os galhos balançavam acima deles; descreveram as pinhas mortas caindo sobre eles, as gotas de umidade de chuvas passadas pousando em suas bochechas, e os insetos e aranhas marchando sobre seus rostos. Era incrível. As crianças ficavam hipnotizadas. E então, é claro, todas queriam ser enterradas também. Por isso Eustace enterrava uma delas de cada vez, transformando cada criança, por um breve momento, no chão da floresta; e dando um sorriso de incentivo, conforme suas vozes agudas de compreensão preenchiam o ar úmido e limpo.

"Está *viva* mesmo!", diziam elas sem parar. "Está *viva* mesmo!"

Elas mal conseguiam acreditar.

CAPÍTULO SEIS

> Meus compromissos públicos consomem todo o meu tempo [...] Fiquei muito satisfeito ao saber que as primeiras edições de meu livro esgotaram-se inteiramente [...] Gostaria de saber se o senhor tem um agente em Nova Orleans e nas cidades pequenas do Mississippi, lá ele venderá melhor do que em outros lugares [...] envie-me dez cópias, pois desejo este número para distribuir entre meus amigos próximos. Também desejo que o senhor entenda que o Exmo. sr. Thomas Chilton, do Kentucky, tem direito a meia parte dos 62½ por cento de todos os lucros da obra, conforme acordo entre mim e o senhor [...]
> — *De uma carta escrita por Davy Crockett ao editor de suas memórias*

Em maio de 2000, eu estava sentada à mesa diante de Eustace Conway em seu escritório ensolarado. Entre nós havia uma grande caixa de papelão que antes contivera — se podemos confiar na etiqueta original — *sabre de motosserra e lubrificante de corrente Stilh*. É nesta caixa que Eustace guarda as informações sobre todos os seus lotes de terra, que agora somam mais de mil acres. A caixa está cheia de envelopes pardos identificados, sem nenhuma ordem especial, como "Escrituras em branco", "Mapas de Johnson", "Contas de imposto fundiário", "Terra de Cabell Gragg", "Informações sobre direito de passagem", "Administração florestal" e um envelope especialmente gordo com a etiqueta "Pessoas que querem terra e terra à venda".

Alguns meses antes, Eustace e eu tínhamos cavalgado juntos por uma cobertura de neve fresca de uns 30 centímetros de altura, percorrendo o perímetro de Turtle Island. A jornada levou várias horas, e em alguns pontos nós apeamos dos cavalos para subir ou descer as encostas quase verticais dos morros, porém Eustace não parou de falar nem uma vez durante o passeio todo. Apontava cada árvore e cada pedra que demarcava os limites de sua propriedade e me dizia quem era o dono atual do terreno do outro lado, o que essas pessoas estavam fazendo com suas terras e o quanto ele estaria disposto a pagar por elas, algum dia. Depois de ver Turtle Island ao vivo, eu agora queria entendê-la em um mapa.

Por isso Eustace tirou um mapa enorme e o desdobrou diante de si, como se ele fosse um pirata. Suas terras estavam delineadas em pequenos e grandes lotes conectados, e ele me contou como adquirira cada pedaço ao longo dos anos. A imagem que surgiu foi o retrato de um gênio. Eustace havia reunido tudo aquilo como um mestre do xadrez. Primeiro, comprou os 107 acres que formavam o vale de Turtle Island, e então, conforme foi ganhando dinheiro ao longo dos anos, foi comprando paulatinamente os picos de cada um dos morros ao redor do vale. O pico de um morro é o terreno mais valorizado pelos empreiteiros; afinal de contas, todo mundo quer uma casa bem no topo de uma montanha. Garantindo para si a posse desses picos, então, Eustace tornara os morros abaixo deles muito menos atraentes para qualquer especulador imobiliário ganancioso; e, portanto, muito menos prováveis de serem vendidos para outra pessoa antes que ele tivesse dinheiro para comprá-los.

"Eu queria os cumes de cada serra à minha volta", disse Eustace, "queria poder olhar para cima do meu vale e não ver nenhuma poluição luminosa, nenhuma casa, nenhuma erosão destruindo a floresta, e não queria ouvir nenhum som além da natureza. Os cumes das serras também eram cruciais, porque as serras são os locais onde os empreiteiros constroem estradas, e uma vez que se abriu uma estrada na floresta, está tudo acabado. As estradas trazem pessoas, e as pessoas trazem destruição, e eu precisava evitar isso. Assim, comprei todos os cumes. Se eu não tivesse feito isso, teria uma estrada passando bem aqui, agora mesmo, eu juro para você."

Uma vez que possuía os cumes, ele foi preenchendo as lacunas, comprando as encostas que ligavam seu vale aos topos das montanhas em volta. Com isso, ele protegeu sua bacia hidrográfica. O que ele estava fazendo, na verdade, era uma transformação da sua propriedade, até agora uma pequena bacia, baixa e plana, em uma grande xícara — um vale perfeito —, que seria protegida por montanhas de todos os lados. Ele comprou 114 acres cruciais chamados de Terra de Johnson. ("Dick Johnson possuía 40 mil acres do meu lado e os colocou à venda. Obviamente, eu não tinha dinheiro para comprar tudo, mas tinha que garantir este pedacinho bem no perímetro de Turtle Island, para preservar uma folga entre minha reserva natural e o que quer que algum empreiteiro viesse a fazer do outro lado." A Terra de Johnson foi uma compra de emergência; Eustace tinha que arranjar o dinheiro em dois dias — e arranjou.) Depois, comprou outro pequeno pedaço de terra que chama de Rabo de Baleia, devido ao seu formato. ("É um terreno bonito, com uma grande vista em declive, e eu sabia que algum dia alguém ia dar uma olhada nela e pensar que belo lugar seria para uma casa, por isso precisei garantir.") Então ele comprou seu terreno mais caro e minúsculo, meros cinco acres, pelos quais pagou os olhos da cara ("Percebi que, se comprasse isso, ia controlar o acesso à enorme propriedade do outro lado do meu terreno, já que aquele pedaço minúsculo era o único lugar onde dava para colocar uma estrada. Eu não tinha dinheiro para comprar o terreno grande, mas podia comprar discretamente essa pequena barreira. Foi só uma medida de segurança. E talvez algum dia eu possa comprar o resto sem nenhuma concorrência séria.").

A parte mais crucial de Turtle Island, entretanto, foi um lote de 156,16 acres chamado Terra de Cabell Gragg. Cabell Gragg era um velho e astuto fazendeiro apalachiano que possuía um pequeno trecho de terra logo atrás de Turtle Island. Era o último pedaço de que Eustace precisava para completar a bacia que tornaria seu vale inviolável. Desde a primeira vez que Eustace tinha visto a floresta, ele sabia que aquele era o lugar onde algum dia construiria o seu lar. Não eram os 156,16 acres mais sedutores do mundo, mas se outra pessoa se apoderasse deles, os desmatasse, os poluísse ou os usasse para empreendimentos imobiliários, Turtle Island seria gravemente afetada, devido à proximidade. Aquele pedaço era crucial para o seu projeto; era o calcanhar de aquiles de Eustace.

"Se eu não conseguisse garantir aquela Terra de Cabell Gragg", disse Eustace, "meu sonho estaria acabado. Se outra pessoa comprasse o terreno, teria sido o meu fim. Eu teria dado as costas no dia seguinte, vendido todas as minhas terras e abandonado todo esse projeto, pois ele teria sido arruinado. Eu simplesmente teria que começar tudo de novo em algum outro lugar. Então lá estava eu, acordando todos os dias da minha vida, durante quase dez anos, quebrando a cabeça para fazer aquele lugar dar certo — erguendo construções, limpando pastos e construindo pontes —, sabendo o tempo todo que, se eu não conseguisse comprar a Terra de Cabell Gragg, todo o trabalho teria sido em vão."

De 1987 até 1997, Eustace fez muito esforço para se apoderar desses 156,16 acres. É impossível ler dez páginas consecutivas de seus diários dessa década sem achar pelo menos uma referência à Terra de Cabell Gragg. Eustace escreveu a Cabell Gragg inúmeras cartas, levou-o para passear em Turtle Island, mandou-lhe presentes e até, conforme os anos se passaram, foi visitá-lo em seu asilo, para negociar as condições. Mais de dez vezes Eustace achou que os dois tinham chegado a um acordo, e então o velho Cabell Gragg dava para trás, ou dobrava o preço, ou dizia que tinha achado uma oferta melhor. Era enlouquecedor. Eustace tinha uma garrafa de champanhe, a qual estava guardando para comemorar a compra dessa terra, e, depois de dez anos, a garrafa tinha acumulado (conforme ele afirma, à sua maneira precisa, tipicamente eustaciana) "1/16 de polegada de poeira em sua superfície". Ele estava disposto a fazer qualquer proposta maluca que lhe garantisse o terreno. Em certo momento, quando Gragg manifestou seu interesse em uma elegante casa vitoriana em Boone, Eustace esteve prestes a comprá-la, para trocar com Cabell pelo terreno, mas o acordo não deu certo.

No fim das contas, Eustace conseguiu sua preciosa Terra de Cabell Gragg. Mas o preço pessoal que ele pagou foi enorme, e as vias pelas quais ele conseguiu, as mais ousadas e perigosas.

Ele conseguiu isso dormindo com o diabo.

* * *

Há uma montanha logo ao lado das montanhas onde Eustace mora, e durante anos e anos não havia nada ali além de floresta. Dezenas de milhares de acres dessa montanha, bem colados às terras de Eustace — e ele tinha o sonho, desde a primeira vez que viu Turtle Island, de comprar tudo aquilo e multiplicar imensamente sua propriedade. Ele não sabia como faria isso, mas pretendia seriamente descobrir um jeito. Toda vez que ia de Boone até Turtle Island pela estrada, passava por um mirante específico, onde podia encostar a picape, ficar de pé por um tempo e contemplar, por cima da ravina e dos vales, uma vista perfeita tanto de sua propriedade quanto da bela e enorme montanha coberta de floresta que havia bem ao lado dela. Ele podia pensar: *Algum dia... de algum jeito...*

E então, certa tarde em 1994, enquanto dirigia a picape de Boone para Turtle Island, ele viu um Cadillac estacionado em seu posto de observação favorito. Quatro homens de terno estavam de pé ao lado do carro, olhando através de binóculos aquela imponente montanha coberta de floresta do outro lado da ravina. Eustace sentiu o coração parar. Soube na mesma hora que, naquele momento, o sonho de possuir a montanha chegara oficialmente ao fim. Não sabia quem eram os homens, mas sabia com toda a certeza *o que* eles eram, e sabia o que eles queriam. Era a moral de *Retorno ao Bosque das Sombras* se repetindo. Não havia motivo algum para homens de terno investigarem florestas, com binóculos colados ao rosto, naquele canto remoto dos Apalaches, a não ser que pretendessem comprar alguma coisa. Eustace parou sua picape logo atrás do Cadillac e saiu. Assustados, os homens de terno se viraram. Baixaram os binóculos e olharam para ele. Parado com as mãos nos quadris, Eustace encarou-os até eles desviarem os olhos. Um dos homens ficou vermelho de nervoso, outro tossiu. Era como se tivessem sido pegos em flagrante, roubando algo ou fazendo sexo.

"Posso ajudar em alguma coisa, senhores?", perguntou Eustace, soturno.

Mas era tarde demais; já não precisavam de ajuda.

Eles não disseram uma palavra a Eustace naquele dia, mas a verdade veio à tona ao longo dos meses seguintes. Um sujeito chamado David Kaplan viera à cidade com a intenção de comprar todas as terras disponíveis na área, para construir um resort caro e exclusivo chamado

Heavenly Mountain, onde fiéis endinheirados poderiam vir praticar meditação transcendental cercados de luxo. Heavenly Mountain precisaria de estradas, um heliporto, uma pista de golfe, uma quadra de tênis e muita terra para os prédios.

David Kaplan era inteligente, ambicioso e parecia ter todo o dinheiro do mundo. Acre por acre, foi adquirindo as terras de que precisava. Velhas fazendas, ravinas perdidas, rios limpos, pastos e vales rochosos — ele comprou tudo. A piada que corria entre os moradores dos vales era que as negociações de compra de terras de David Kaplan aconteciam do seguinte modo: ele parava seu Jaguar em frente a alguma velha cabana capenga e dizia ao velho caipira capenga que estava à porta: "Oi, meu nome é David Kaplan. Dinheiro não é problema. Como vai?"

Enfim, o que está feito está feito. Leite derramado é exatamente isso. Eustace tirou Heavenly Mountain da cabeça tanto quanto pôde. Até fez piadas a esse respeito. Quando as árvores foram derrubadas e o suntuoso centro de meditação foi erguido, Eustace passou a chamar o lugar de Less-Heavenly Mountain ("Montanha Menos Celestial"), como se dissesse: "Ela não parece muito menos celestial agora?" Ele também caçoava de seus novos vizinhos, fazendo uma imitação quase perfeita de Mr. Rogers, o apresentador de programa infantil, explicando em sua inconfundível voz monótona: "Heavenly Mountain é nosso vizinho. Vocês conseguem dizer 'vi-*zi*-nho', crianças? Heavenly Mountain constrói estradas que fodem nosso ambiente. Vocês conseguem dizer '*fo*-dem', crianças?"

De qualquer modo, ele disse a si mesmo, um centro de meditação transcendental não seria o pior dos vizinhos; isso certamente era melhor que milhares de acres de casas de família. Afinal, os transcendentalistas estavam vindo a Heavenly Mountain para entrar em comunhão com a natureza e, com toda essa arquitetura védica e essa vida vegetariana, com certeza eles estariam buscando uma relação mais harmoniosa com o universo (mesmo que estivessem construindo casas de quase 400 metros quadrados para buscar essa harmonia). E David Kaplan ergueria construções em apenas 10 por cento de suas terras, protegendo o resto da floresta da extração de madeira, caça e construção de estradas. E já que o resort era um lugar para as pessoas irem buscar a paz, haveria um interesse implícito em manter o terreno em volta silencioso e coberto de floresta, e isso servia aos interesses de Eustace também. Portanto, a chegada de David Kaplan não foi o pior acontecimento possível na vida de Eustace.

Ele passou a ver a coisa do seguinte modo: certo, David Kaplan quer todas as terras do mundo. Tudo bem; Eustace não podia culpá-lo por querer aquilo. Precisava se concentrar, em vez disso, em proteger o que já possuía. O que significava que David Kaplan podia muito bem comprar cada centímetro da Carolina do Norte, exceto os 156,16 acres da Terra de Cabell Gragg.

Mas então Cabell Gragg começou a dar uma de engraçadinho. Quando Eustace ia discutir sobre o terreno, Cabell agora começava a dizer: "Veja bem, você sabe, esse pessoal da meditação transcendental está interessado em comprar." Eustace não conseguia imaginar que aquilo fosse verdade; o terreno não tinha valor algum para ninguém, além dele. Mas então ele se deu conta do que estava acontecendo. Cabell Gragg, ao ver seus vizinhos enriquecerem vendendo suas valiosas fazendas para David Kaplan com seu reluzente Jaguar, decidiu que jamais venderia nada para Eustace Conway, com sua picape surrada de 1974. Cabell queria a satisfação de sentir que também fazia parte daquele boom imobiliário. Estava se guardando para a oferta do homem mais rico.

Percebendo isso, Eustace marcou uma reunião de cúpula com David Kaplan. Ora, não é que David Kaplan e Eustace Conway estivessem exatamente apaixonados um pelo outro. Eles eram concorrentes diretos — o montanhês da nova era contra o empreiteiro imobiliário da nova era — e eram provavelmente os dois sujeitos mais astutos do condado. Já tinham tido alguns pequenos conflitos desagradáveis. David Kaplan construíra um casarão chique para si mesmo em Heavenly Mountain, e os degraus de sua varanda ficavam a pouco mais de um metro do limite do terreno de Eustace. Eustace achou aquilo uma grande falta de educação — e disse isso. Além do mais, um dos helicópteros do Heavenly Mountain Resort ficava voando baixo sobre a reserva natural de Eustace, dia após dia, fazendo vento e barulho. Meu Deus, como Eustace odiava aquilo! Como é possível preservar um santuário como Turtle Island com um helicóptero zumbindo bem acima da sua cabeça? No entanto, por mais telefonemas irados que Eustace desse, aquilo não parava nunca. Ele finalmente ficou tão de saco cheio que um dia foi atrás do helicóptero com uma espingarda, pôs o rosto do piloto bem na mira e gritou: "*Sai de cima da minha cabeça, caralho!*"

David Kaplan achou aquilo uma grande falta de educação.

Por isso, pedir um favor a David Kaplan era um acontecimento e tanto para Eustace. Não era só um favor; era uma súplica. Eustace, reconhecendo que não tinha outra escolha, simplesmente rolou no chão e mostrou o pescoço ao adversário. Contou a David Kaplan sobre a Terra de Cabell Gragg. Contou a ele exatamente quantos acres havia, quanto custavam, quantos anos fazia que ele queria aquelas terras, por que precisava delas e o que faria se não as conseguisse. Ele passou essas informações, lembremos, para um homem que estava abertamente tentando adquirir cada centímetro de terra que conseguisse. Então Eustace pediu a David Kaplan que, por favor, comprasse a Terra de Cabell Gragg. Depois disso, Eustace compraria o terreno de David Kaplan. Cabell teria a satisfação de vender suas terras para um empreiteiro rico; Eustace teria a terra de que precisava para preservar seu sonho; e David Kaplan teria...? Bom, não havia absolutamente nenhum benefício para David Kaplan no acordo, mas certamente seria gentil da parte dele fazer isso.

David Kaplan concordou. Os dois não assinaram um único papel; firmaram o acordo com um aperto de mão. "Se você me sacanear", Eustace explicou educadamente, "vai ser o meu fim". E foi embora, sabendo que sua vida estava nas mãos de seu maior rival. Era um salto mortal. Era uma roleta-russa. Era como apostar uma fazenda com um par de dois na mão. Mas era ou aquele risco, ou chance nenhuma. De qualquer modo, ele secretamente suspeitava que David Kaplan era um homem decente. Não apenas decente, mas, com certeza, esperto o bastante para não criar uma inimizade eterna com um sujeito como Eustace Conway.

No fim, a manobra arriscada deu certo. David fez sua oferta a Cabell Gragg — a mesma oferta que Eustace vinha fazendo havia anos — e Cabell mordeu a isca. David Kaplan comprou aquele terreno crucial e, dois dias depois, virou-se para o outro lado e vendeu honradamente as terras para Eustace.

Finalmente, o seu império estava em segurança.

* * *

Como é possível imaginar, Eustace Conway não é daquelas pessoas mais bem-informadas. Ele não costuma ler jornais, nem ouvir rádio; e é verdade que uma vez respondeu, ao ser indagado por um aluno de escola, em 1995, se sabia quem era Bill Clinton: "Creio que Bill Clinton seja uma figura política americana, mas não tenho certeza." Ele não está a par das informações mais recentes, mas isso não quer dizer que não seja um executivo tão habilidoso quanto qualquer sujeito de terno, com uma assinatura da revista *The Economist*. Eustace é um negociante astuto, atento e potencialmente inescrupuloso — no melhor sentido dessa palavra.

Ainda assim, esse lado "empresário" é um aspecto de Eustace que as pessoas geralmente não veem, a não ser que, por acaso, sejam as pessoas que desenham os mapas fiscais na prefeitura de Boone, Carolina do Norte. As pessoas não veem esse lado calculista de Eustace Conway porque ele não fala sobre isso tanto quanto fala sobre ouvir o som da chuva caindo e como fazer fogo sem fósforos. Até mesmo porque não é para falar sobre isso que ele é pago. Mas esse não é o único motivo para as pessoas não verem isso. Em sua maioria, as pessoas não veem essa faceta de puro negociante de Eustace porque não querem ver. Porque têm medo de que, se olharem esse lado dele muito de perto, isso talvez estrague a boa imagem das roupas de camurça, da tenda indígena, do único tiro com o mosquete antigo, da tigela de madeira talhada à mão e do sorriso largo e pacífico. É dessa imagem que eles precisam hoje, é dessa imagem que sempre precisaram.

"Cavalheiresco em seus modos e livre como os ventos", como a escritora Isabel Lucy Bird descreveu os homens do Oeste americano no século XIX.

"Meu pagão selvagem e primitivo", como disse Valarie Spratlin, na época em que estava começando a se apaixonar por Eustace.

É isso que todos nós pensamos, na época em que estamos começando a nos apaixonar por Eustace. Pelo menos aqueles dentre nós que se apaixonam. E somos muitos. Eu conheço a sensação. Também tive esse momento de pensar que ele era o primeiro homem realmente autêntico que eu jamais conhecera, o tipo de pessoa que eu viajara para o Wyoming aos 22 anos de idade para encontrar (na verdade, para *me tornar*) — uma alma genuína não contaminada pela ferrugem moderna. O que faz Eustace parecer, à primeira vista, o último exemplar de alguma espécie nobre é o fato de que não há nada de "virtual" em sua realidade.

É um sujeito que vive, de um modo bastante literal, a vida que, para o resto do país, tornou-se em boa parte uma metáfora.

Pense nos muitos artigos que aparecem todo ano no *Wall Street Journal* descrevendo algum empresário ou executivo como sendo um "pioneiro", um "aventureiro" ou um "caubói". Pense nas diversas vezes em que esses homens modernos e ambiciosos são descritos como "demarcando território", ou audaciosamente embrenhando-se "além da fronteira" ou mesmo "dando um tiro no escuro". Ainda usamos essas expressões do século XIX para descrever nossos cidadãos mais ousados, mas agora elas são, na verdade, um código, pois esses sujeitos não são pioneiros de fato; são talentosos programadores de computador, pesquisadores biogenéticos, políticos ou figurões da mídia fazendo um grande estardalhaço em uma economia moderna e ágil.

Mas, quando Eustace Conway fala em "demarcar território", o cara está literalmente demarcando um território. Outras expressões da fronteira que os demais usam como metáfora, Eustace usa literalmente. Ele realmente "desbrava novas terras"; ele realmente tem "bala na agulha"; ele está mesmo "colhendo o que plantou". Quando ele fala de "tomar as rédeas" ou "soltar os cachorros" ou "abrir as porteiras", pode ter certeza de que há cavalos, cachorros ou porteiras de verdade envolvidos. E quando Eustace "mira no alvo", não está falando de uma manobra hostil contra uma empresa rival; está falando de realmente matar algum bicho.

Lembro-me de uma vez em que eu estava em Turtle Island ajudando Eustace com um trabalho de ferraria. A pequena oficina de Eustace está sempre funcionando. Ele é um ferreiro competente, no velho estilo dos fazendeiros, o que significa que ele fica criando delicadas filigranas de ferro; ele conserta o equipamento da fazenda e põe ferraduras nos cavalos. Naquele dia, Eustace estava aquecendo barras de ferro para consertar uma peça quebrada de seu cortador de grama antigo. Ele tinha vários ferros cozinhando em sua forja ao mesmo tempo e, distraído com a tentativa de me ensinar os princípios básicos da ferraria, deixou que vários deles ficassem quentes demais, a ponto de comprometer a força do metal. Quando viu isso, ele disse: "Droga! Tem ferros demais no fogo."*

---

* Expressão americana, que quer dizer algo como "ter muitos projetos ou tarefas em andamento". (N. do T.)

Foi a primeira vez que ouvi esta expressão usada no contexto apropriado. Mas essa é uma satisfação de quem está perto de Eustace; de repente, tudo parece estar no contexto apropriado. Ele torna concreta certa noção de identidade da fronteira, que há muito tempo ficou para trás da maior parte dos homens da sua geração, restando apenas o seu vocabulário. E o vocabulário da fronteira sobreviveu à nossa fronteira real, pois fundamos nossa identidade masculina americana nessa breve era de exploração, independência romântica e colonização do Oeste. Nós nos apegamos a essa identidade, muito tempo depois de ela ter perdido qualquer relevância real, porque gostamos muito da ideia. É por isso, creio eu, que tantos homens neste país carregam consigo um resquício da noção de si mesmos como pioneiros.

Penso especialmente no meu tio Terry, que nasceu em uma fazenda em Minnesota e foi criado por filhos de pioneiros americanos. Terry, um homem sensível e inteligente, fruto do surto demográfico pós-Segunda Guerra, estava louco para fugir dessa fazenda o mais rapidamente possível. Foi para o Leste, abriu seu próprio negócio e, agora, passa os dias trabalhando como técnico de computação. Muitos anos atrás, Terry ficou fissurado por um jogo de computador chamado Oregon Trail. A ideia do jogo era que você, o jogador, é um pioneiro americano do século XIX, rumando para o Oeste com sua família, em uma rota de diligências. Para vencer o jogo, você precisa chegar ao Pacífico, sobrevivendo a um grande número de dificuldades virtuais, que incluem doenças, nevascas inesperadas, ataques de índios e passar fome, tudo isso em desfiladeiros ameaçadores. Quanto mais preparado você estiver — ou seja, se tiver armazenado os suprimentos corretos e escolhido a rota mais segura —, maiores são suas chances de sobreviver.

Tio Terry adorava esse jogo e passava horas no computador, lutando para migrar virtualmente para o Oeste, quase como seus avós tinham lutado literalmente para migrar, nessa mesma direção, um século antes. Porém havia nesse jogo algo que deixava Terry frustrado: o programa não permitia que ele improvisasse diante dos desastres. Ele de repente recebia uma mensagem na tela dizendo que o eixo da sua diligência tinha quebrado e que ele ia morrer porque não podia avançar. O computador havia declarado que aquele pioneiro virtual era um fracasso. *Game over*. Terry levantava da mesa e ia para a geladeira falando palavrões, irritado. Pegava outra cerveja e xingava os criadores do jogo, comicamente ofendido.

"Se eu realmente estivesse ali na trilha do Oregon, sei que conseguiria resolver isso!", ele dizia. "Eu ia descobrir como consertar um maldito eixo. Não sou idiota! Ia cortar uma árvore, fazer alguma gambiarra!"

Ele provavelmente seria capaz de fazer isso. Terry não apenas foi criado numa fazenda, como também passou sua juventude sonhadora peregrinando pela mata virgem dos Estados Unidos, em busca do seu próprio tipo de independência. Diante das provações da trilha do Oregon, Terry provavelmente sobreviveria. Mas ele não está lá provando isso o dia inteiro. Por outro lado, Eustace está. Eustace *realmente* atravessa o continente com seus bichos, *realmente* aguenta todo tipo de provações, *realmente* descobre um jeito de consertar um eixo que se quebrou.

A questão complicada é nós decidirmos o que queremos que Eustace Conway seja, para satisfazer os conceitos que nós temos a respeito dele, e então ignorarmos o que não se encaixa em nossa imagem romântica, baseada nas primeiras impressões. Minha reação inicial ao testemunhar a vida de Eustace Conway foi de alívio. Da primeira vez que ouvi falar de sua vida e de suas aventuras, só o que eu conseguia pensar era "Graças a Deus". Graças a Deus, alguém nos Estados Unidos ainda estava vivendo desse jeito. Graças a Deus havia pelo menos um montanhês, um homem da fronteira, um pioneiro, um legítimo aventureiro, na ativa. Graças a Deus restava uma alma selvagem realmente inventiva e independente neste país. Porque, em algum nível emocional profundo, a existência de Eustace significava para mim que de algum modo ainda é verdade que nós americanos somos, a despeito de todas as outras evidências, uma nação onde as pessoas crescem livres, selvagens, fortes, corajosas e persistentes, e não preguiçosas, gordas, enfadonhas e desmotivadas.

Ou, pelo menos, foi assim que eu me senti quando conheci Eustace, e foi assim que desde então presenciei dezenas de pessoas reagirem ao conhecê-lo. A reação inicial de muitos americanos, especialmente homens, quando têm um vislumbre da vida de Eustace Conway, é: "Quero fazer o que você está fazendo." Na verdade, olhando mais de perto, eles provavelmente não querem. Embora estejam um pouco envergonhados com a facilidade e a conveniência de suas vidas modernas, o mais provável é que eles não estejam assim tão prontos para largar tudo isso. *Mais devagar, amigo...*

A maioria dos americanos provavelmente não quer viver com o que tira da terra, de nenhum modo que envolva um desconforto real, mas ainda se entusiasma com a afirmação contínua de Eustace de que "Você pode!". Porque é isso que a maioria de nós quer ouvir. Não queremos estar no meio de uma nevasca na trilha do Oregon, consertando o eixo quebrado de uma diligência; mas queremos sentir que *poderíamos* fazer isso se precisássemos. E Eustace vive como vive para nos fornecer essa reconfortante prova.

"Você pode!", ele continua dizendo.

E nós continuamos acreditando, porque *ele faz isso!*

Ele é nosso eu interior mítico personificado, e é por isso que é tão reconfortante encontrar com ele. É como ver uma águia-de-cabeça--branca (contanto que ainda reste uma, pensamos, talvez as coisas não estejam tão ruins). Obviamente, personificar as esperanças míticas de uma sociedade inteira é uma tarefa grande demais para um único homem, mas Eustace sempre esteve disposto. E as pessoas também sentem *isso* nele; sentem a confiança que ele tem em si mesmo de ser grande o bastante para servir como metáfora viva, de ser forte o bastante para carregar todos os nossos desejos nas costas. Por isso é seguro idolatrá-lo, o que é uma experiência emocionante, nesta era embotada e desiludida em que não é seguro idolatrar ninguém. E as pessoas ficam um pouco embriagadas com esse entusiasmo, um pouco irracionais. Eu sei, porque passei por isso.

Um dos meus passatempos favoritos é reler o trecho do meu próprio diário sobre a época em que Eustace e Judson Conway vieram me visitar em Nova York. Gosto especialmente da parte em que encontro Eustace pela primeira vez e o descrevo como "o irmão mais velho de Judson, encantador, selvagem e completamente ingênuo".

Encantador? Sem dúvida.

Selvagem? Com certeza.

Ingênuo? Pense melhor, querida...

Não há nada sequer remotamente ingênuo nesse sujeito, e em lugar nenhum isso é tão evidente quanto em seus negócios envolvendo terras. As pessoas que sobem a montanha para ver Eustace Conway e suas terras raramente se perguntam de onde essas terras vieram. Turtle Island combina tão perfeitamente com Eustace que as pessoas acreditam que ela brotou dele, ou que ele brotou dela. Como tudo o que Eustace representa para o público, suas terras parecem estar isoladas do processo corrosivo da nossa degradada sociedade moderna. Contrariando todo o pensamento racional, as pessoas acham que Turtle Island é uma última e minúscula fração da fronteira americana. E Eustace certamente não poderia ter feito uma coisa tão grosseira como comprar o lugar; deve simplesmente tê-lo reivindicado para si.

Podemos ver Eustace pelos olhos de Domingo Faustino Sarmiento, um intelectual argentino do século XIX que uma vez visitou os Estados Unidos por tempo suficiente para ver como "este fazendeiro independente busca terras férteis, um lugar pitoresco, alguma coisa além de um rio navegável; e, uma vez tomada sua decisão, assim como nos tempos mais primitivos da história mundial, ele diz 'Isto é meu!' e sem mais delongas toma posse da terra em nome dos Reis do Mundo: o Trabalho e a Boa Vontade". Amamos tanto essa ideia que pensar de qualquer outro modo sobre Eustace ou sobre como ele conquistou seu domínio estragaria nossa visão maravilhosa e tranquilizante dele como o Último Homem Americano. Mas a história de Eustace Conway *é* a história da virilidade americana. Astuto, ambicioso, enérgico, agressivo, expansivo — ele está na ponta de uma longa e ilustre linhagem de homens dessa natureza.

Não há nada de anacrônico em sua esperteza. Queremos que Eustace seja o porra do Davy Crockett? Certo, tudo bem. Quem exatamente nós pensamos que Davy Crockett era? Ele era um parlamentar, vejam só. Vinha do interior agreste, é claro, e era um caçador talentoso que matara um urso com uma faca (embora provavelmente não aos 2 anos de idade), mas também era esperto como ninguém e sabia explorar seu carisma de interiorano em troca de vantagem política. Em um debate com um adversário político aristocrata, perguntaram a esse homem do Tennessee se ele concordava que deveria haver uma mudança radical "no judiciário, na próxima legislatura". Crockett (vestindo trajes rústicos de camurça) conquistou o público local declarando inocentemente que não fazia ideia de que havia algo chamado "judiciário". O que foi simpático e engraçado, é claro, embora provavelmente não fosse verdade, já que Crockett vinha trabalhando direta e indiretamente no poder judiciário havia anos — como juiz de paz, árbitro judicial, comissário municipal, e agora como membro do poder legislativo estadual.

Crockett era um autopromotor brilhante, que jamais deixava de dar a um repórter uma declaração espirituosa e caipira, ou contar um causo dramático sobre um encontro com alguma criatura "marvada". Foi esperto o bastante para escolher com cuidado o momento oportuno de publicar suas memórias heroicas, *A vida e as aventuras do coronel David Crockett do Tennessee do Oeste*, de modo que o lançamento delas coincidisse com sua campanha de eleição para o Congresso, em 1833. "Que lugar infeliz é uma cidade", resmungou Crockett. E então foi morar em Washington assim mesmo, onde não teve pejo de fazer conchavos com seus rivais whigs do Nordeste para garantir que, de forma bastante oportuna, seu querido projeto de lei fundiária fosse aprovado.

Na verdade, todos esses interioranos famosos dos Estados Unidos chegaram a ser interioranos famosos por meio de suas inteligências, de suas ambições e de suas cuidadosamente trabalhadas representações de si mesmos. Daniel Boone, o próprio modelo do homem livre da fronteira, era um especulador imobiliário (na verdade, um empreiteiro) de primeira ordem. Fundou a cidade de Boonesborough, no Kentucky, e em seguida apresentou mais de 29 reivindicações legais de terras, chegando a possuir milhares de acres. Envolveu-se em litígios relativos a disputas de divisas, incluindo um caso sórdido, que ele enfrentou no sistema judicial colonial por mais de 23 anos. (Mesmo no século XVIII, mesmo para Daniel Boone, o processo de apropriação de terras era mais complicado burocraticamente do que apenas declarar "Isto é meu!". Boone sabia como o mundo funcionava e chegou a escrever para outro colono: "Sem dúvida desejais levar a cabo vossa aquisição de terras, porém essa é uma empreitada impossível sem dinheiro.")

Na verdade, há muitos momentos heroicos na história americana que teriam sido impossíveis sem dinheiro. O motivo da fama de Daniel Boone foi ele ter entrado em um acordo comercial com um professor da Pensilvânia chamado John Filson, cuja família também possuía muitas terras no Kentucky e que estava procurando um jeito de divulgar o estado e, assim, aumentar o valor de sua propriedade. Filson acabou escrevendo um livro emocionante, *As aventuras do coronel Daniel Boone*, que se tornou um best-seller e também, como eles pretendiam, um chamariz para que colonos viessem ao Kentucky e comprassem todas aquelas boas terras que eram propriedade de Boone e de Filson. Foi uma manobra extremamente lucrativa e inteligente da parte de Boone, e também fez dele um ícone, ainda durante sua vida.

Tanto Boone quanto Crockett eram empresários muito mais espertos do que alguém poderia ter imaginado, ao assistir aos programas de televisão sobre eles nos anos 1950. (*O homem mais batuta, mais biruta, mais da luta que a fronteira já viu!*) E eles não eram os únicos espertos. Dezenas de romances de aventura sobre Kit Carson foram escritos e publicados em Nova York enquanto ele ainda estava vivo (*Kit Carson: cavaleiro das planícies* e *Kit Carson: o príncipe dos buscadores de ouro*, entre outros). O antigo chefe de Carson, o explorador John Frémont, foi perspicaz o bastante ao acrescentar um certo toque romântico a seus relatórios de exploração, encomendados pelo Congresso, para fazer deles best-sellers nacionais. Até Lewis e Clark sabiam se vender. Quando estavam voltando de sua famosa expedição, vestiram suas roupas mais rústicas e despojadas ao entrarem em St. Louis navegando pelo rio, para serem recebidos ali por mil moradores entusiasmados e vários repórteres de jornal, um dos quais escreveu, com admiração: "Eles realmente tinham o aspecto de Robinson Crusoé — totalmente vestidos de camurça."

Por isso, quando Eustace Conway fecha "um negocinho esperto"; ou quando troca terra por terra; ou quando escreve em seu diário "Acabo de montar um grande pacote de artigos de jornal para divulgação; há provavelmente 35 artigos grandes de jornal escritos sobre mim ao longo dos anos — isso vai ser um pacote convincente para eu me vender"; ou quando explora sua *persona* de montanhês para ganhar audiência, ele não está traindo seus predecessores americanos da fronteira de modo algum — ele os está *honrando*. Eles reconheceriam imediatamente quais são suas intenções e o admirariam, pois fazer esse tipo de operação astuta sempre foi a chave do sucesso neste continente.

"Trabalhando sete dias por semana, todas as horas do dia, há um ano", Eustace escreveu em seu diário, alguns anos depois de Turtle Island ter sido inaugurada. "Acho que sou um bom exemplo de alguém que luta por um objetivo elevado, atrelado não ao retorno imediato, mas à visão de futuro, que é totalmente parte da minha criação social e filosófica. Meu avô deu um exemplo de várias maneiras com o Sequoia. Agora mesmo, um mocho grita, fazendo com que me lembre dele enquanto o calor do fogo vive dentro de mim."

Ele não devia mais nada ao pai ("e é de fato uma felicidade, me livrar desse fardo"), porém tinha inúmeros outros desafios pela frente. Era um esforço de organização pôr o acampamento dos meninos e o das meninas para funcionar em Turtle Island todos os verões. E havia as dificuldades reais de lidar com as próprias crianças. Alguém cortava a mão em uma obsidiana afiada e precisava levar pontos; alguém encostava em uma hera venenosa; alguém era pego fumando maconha e tinha que ser mandado para casa, por causa da severa intolerância com as drogas que Eustace sempre teve.

Isso sem mencionar as questões dos funcionários. Com seus padrões pessoais de excelência, Eustace logo percebeu que seria uma tarefa difícil achar funcionários leais, nos quais pudesse confiar. Por algum tempo, seus irmãos, Judson e Walton, trabalharam para Eustace como monitores. Eles eram ótimos, mas tinham suas próprias vidas para levar, e não se podia contar com eles para ensinar em Turtle Island para sempre. Walton tinha terminado a faculdade e estava viajando para a Europa, onde viveria durante vários anos. Judson já estava ansioso para passar seus verões no Oeste e logo partiria em suas próprias aventuras, pegando carona em carros e vagões de trem. ("Agora há pouco eu estava mochilando na serra de Wind River, no Wyoming", escreveu Judson para Eustace, em um cartão-postal tipicamente exuberante. "Enfrentei uma nevasca precoce por quase 25 quilômetros acima da linha da vegetação — 3.600 metros. Por pouco não perdi a vida. Foi superdivertido. Espero que o acampamento esteja indo bem. A propósito, agora sou um caubói.")

Tirando seus irmãos, era extremamente difícil para Eustace encontrar pessoas dispostas a trabalhar tão duro (ou quase tão duro) quanto ele trabalhava e ainda a ter por ele o respeito que ele achava que merecia. Eustace disse muitas vezes que achava "desprezível" a ideia de um dia de trabalho de apenas oito horas, então é fácil concluir que ele raramente estava satisfeito com os esforços de seus empregados. Eles chegavam a

Turtle Island "deslumbrados, embasbacados, e apaixonados por aquele lugar" (conforme escreveu certo ex-funcionário) e depois pareciam chocados por ter de trabalhar tão duro. Ele perdeu sua equipe inúmeras vezes, por deserção deles ou porque os demitiu.

Eustace desejava poder magicamente contar com a equipe fiel com a qual seu avô trabalhara no Campo Sequoia na década de 1930, em vez desses jovens modernos petulantes cheios de *sentimentos* e *necessidades*. Seu avô exigira pureza e perfeição, e, de um modo geral, tinha conseguido. Se o Chefe ouvisse um boato de que um monitor tinha sido visto fumando um cigarro na cidade em um dia de folga, esse monitor voltaria ao acampamento e encontraria suas malas já feitas para ele. O Chefe jamais tinha receio de passar por cima dos sentimentos alheios ou de ser tachado de "injusto". Ele tinha a suma autoridade, que era só o que Eustace estava pedindo. Isso e o compromisso das pessoas de tentar trabalhar tão duro quanto ele trabalhava. O que não era pouca coisa.

Eu trabalhei com Eustace Conway. Ninguém consegue visitar Turtle Island sem trabalhar. Passei uma semana ali, certo outono, ajudando Eustace a construir uma cabana. Éramos três fazendo o serviço — Eustace, eu e um jovem aprendiz, quieto e persistente, chamado Christian Kaltrider. Trabalhávamos 12 horas todo dia, e não me lembro de termos feito uma pausa para o almoço. Um trabalho silencioso, incessante. O jeito como Eustace trabalha parece uma marcha — entorpecedora e constante. Temos a sensação de estar em um pelotão. Você para de pensar e simplesmente se entrega ao ritmo. Eustace é o único que abre a boca durante o trabalho e só faz isso para dar ordens, tarefa que cumpre com uma autoridade inabalável, embora todas as ordens sejam educadas. Houve um único momento no processo em que ele parou de trabalhar. Eustace me pediu que, por favor, fosse até sua pilha de ferramentas e buscasse para ele um enxó.

"Desculpe", eu disse, "não sei o que é isso".

Ele descreveu o enxó para mim — uma ferramenta parecida com um machado, mas com uma lâmina curva em ângulo reto com o cabo, usada para desbastar madeira. Eu achei a ferramenta e estava voltando à cabana para levá-la, quando Eustace de repente largou o martelo, ficou de pé, enxugou a testa e disse:

"Tenho quase certeza de que já vi a palavra 'enxó' usada na literatura. Não foi Hemingway que escreveu sobre o som do enxó vindo de um quintal onde alguém estava construindo um caixão?"

Eu matei uma mutuca no pescoço e perguntei:

"Será que você não está pensando em Faulkner? Acho que tem uma cena em *Enquanto agonizo* em que Faulkner descreve o som de alguém construindo um caixão em um quintal."

"Sim, é claro", disse Eustace. "Faulkner."

E voltou a trabalhar. Ele me deixou ali parada com um enxó na mão, olhando fixamente para ele. *Sim, é claro. Faulkner.* Agora de volta ao trabalho, moça.

Eustace queria terminar o chão da cabana antes de o sol se pôr naquele dia, por isso estávamos trabalhando depressa. Ele estava tão afoito para acabar o serviço que usou uma motosserra para partir os troncos maiores. Eustace estava serrando um tronco quando a motosserra atingiu um nó, deu um tranco para trás e pulou na direção do rosto dele. Ele a desviou com a mão esquerda, cravando a serra em dois de seus dedos.

Ele fez um único som breve, algo como "Rá!", e recolheu a mão. O sangue começou a jorrar. Christian e eu gelamos, em silêncio. Eustace sacudiu a mão uma vez, espirrando uma chuva de sangue, e depois voltou a serrar. Ficamos esperando ele dizer alguma coisa ou tentar estancar o sangramento, que era bastante profuso, mas ele não fez nada disso. Então nós dois continuamos trabalhando. Ele continuou sangrando, serrando, martelando, sangrando e serrando mais. No fim do dia, o braço inteiro de Eustace, os troncos, as ferramentas, minhas duas mãos e as duas mãos de Christian estavam cobertos de sangue.

E eu pensei: *Ah, então é isso que ele espera de nós.*

Trabalhamos até o anoitecer e voltamos para a base. Eu andei ao lado de Eustace, e seu braço pendia, pingando sangue. Passamos por um arbusto em flor e, como bom professor, ele disse: "Ora, essa é uma cena interessante. Geralmente não se vê uma balsaminácea com flores laranja e amarelas juntas na mesma planta. Dá para fazer uma pomada com o talo, sabe, para aliviar coceira de hera venenosa."

"Muito interessante", eu disse.

Só depois do jantar Eustace enfaixou sua mão cortada. Mencionou o incidente uma única vez, dizendo: "Dei sorte de não serrar os meus dedos."

Ainda naquela noite, perguntei a Eustace qual tinha sido seu ferimento mais grave, e ele disse que nunca tivera um ferimento grave. Uma vez, chegou a abrir o polegar em um momento de descuido, enquanto descarnava uma carcaça de cervo. Foi um corte profundo e comprido, "com a carne pendurada para fora e tudo o mais", e claramente precisava de pontos. Por isso Eustace deu os pontos com agulha e linha, usando o ponto que ele conhece bem, de tanto costurar camurça. Sarou direitinho.

"Não acho que eu conseguiria costurar minha própria pele", eu disse.

"Você consegue fazer qualquer coisa que acreditar que consegue."

"Não acredito que eu conseguiria costurar minha própria pele."

Eustace deu risada e admitiu:

"Então você provavelmente não conseguiria."

"As pessoas têm tanta dificuldade de terminar as coisas lá fora", reclamou Eustace para seu diário, em 1992. "O ambiente é tão novo. Isso realmente não é problema para eles. É o *meu* estresse por causa do ritmo lento e ignorante deles que me incomoda. *Eles* estão se deliciando, aproveitando cada minuto."

Os desafios assaltavam Eustace por todos os lados. Um amigo comentou que era um erro Eustace não ter um plano de saúde. "Mas eu estou bem de saúde!", ele protestou. Então o amigo explicou que, se Eustace se machucasse de verdade em um acidente e precisasse de tratamento intensivo, o hospital podia devorar todos os seus bens, incluindo o valor de suas terras, para cobrir as despesas. Meu Deus! Eustace nunca tinha pensado em uma coisa dessas antes. Além disso, tinha infinitos impostos para administrar e agrimensores para pagar. E ainda por cima era obrigado a lidar com intrusos que vinham caçar em suas terras. Ele perseguiu a pé e apanhou um moleque imbecil que tinha abatido um cervo fora da temporada de caça com uma arma ilegal, a menos de 100 metros da sua cozinha. E, o que era ainda mais horrível — ele próprio tinha sido acusado de caça ilegal.

Ele estava dando uma aula para oitenta jovens, certa tarde, quando quatro carros do governo e oito oficiais pararam e prenderam Eustace por caçar cervos ilegalmente. Após a denúncia de um vizinho ressentido, o guarda-florestal foi direto ao depósito onde Eustace guardava dezenas de peles de cervo e o acusou de ter matado os animais sem licença. Na verdade, as peles tinham sido dadas a Eustace por pessoas que queriam que ele as curtisse. Foi um momento terrível.

Eustace precisou passar o mês seguinte reunindo cartas de cada pessoa que lhe dera uma pele de cervo, assim como documentos de ambientalistas e políticos de todo o Sul jurando que Eustace Conway era um naturalista sério, que jamais caçaria além do limite permitido por lei. No dia do julgamento, no entanto, ele teve a audácia de ir ao tribunal vestindo sua calça de pele de cervo. Por que não? Era isso o que ele sempre vestia. Ele entrou na sala onde seria julgado parecendo o próprio Jeremiah Johnson. Ma-Maw, a vizinha apalachiana idosa que morava mais adiante no vale e que odiava a Lei tanto quanto qualquer caipira, foi junto com Eustace, para lhe dar apoio moral ("Tenho medo de o juiz arrancar essas calças de camurça direto do meu corpo e me jogar na cadeia", Eustace brincou com Ma-Maw, que respondeu em tom sério: "Não se preocupe. Estou usando uma calça larga embaixo dessa saia. Se eles roubarem sua calça, eu tiro minha calça e dou para você. Você pode usar minha calça na cadeia, Houston!"). Ma-Maw adorava todos os irmãos Conway, mas nunca conseguia acertar os nomes deles...

Quando chegou sua vez de falar, Eustace fez para o juiz um relato muito eloquente e apaixonado sobre sua vida, seus sonhos e suas visões sobre como salvar a natureza, até que o juiz — surpreso e impressionado — disse, enquanto assinava os papéis para absolvê-lo das acusações de caça ilegal: "Tem alguma coisa que eu possa fazer para te ajudar com Turtle Island, filho?"

Eustace também teve que lidar com provações tais como uma carta que a Associação Americana do Triângulo Nativo enviou ao prefeito de Garner, na Carolina do Norte. A carta expressava a preocupação da sociedade a respeito de "informações que recebemos sobre um indivíduo que irá participar de um evento patrocinado pela sua cidade, no dia 12 de outubro. A pessoa em questão é o sr. Eustace Conway [...] É de nosso entendimento que o sr. Conway apresenta ao público em geral e a grupos de interesse específico informações sobre como sobreviver e viver da Mãe Terra da maneira mais simples possível. Sabe-se também que ele arma estruturas comumente conhecidas como tendas indígenas. Os índios habitantes das regiões Nordeste e Sudeste deste país jamais moraram em tendas. Os índios da Carolina do Norte moravam em estruturas chamadas 'casas longas'. Estamos seriamente receosos de que os indivíduos presentes no evento especial sairão dele com três impressões muito erradas: (a) de que o sr. Conway é um indígena americano, (b) de que o sr. Conway representa os indígenas e fala por eles, e (c) de que os índios da Carolina do Norte viviam em tendas. Pedimos humildemente que seja negada ao sr. Conway a permissão para erguer a estrutura comumente conhecida como tenda indígena, pelos motivos supracitados."

Esse era exatamente o tipo de baboseira para o qual Eustace não tinha tempo. Pelo amor de Deus, se havia alguém no mundo que sabia que os índios da Carolina do Norte não moravam em tendas, esse alguém era Eustace Conway, que estudara as línguas da maioria das tribos indígenas da Carolina do Norte, que sabia dançar as danças mais desconhecidas das tribos indígenas da Carolina do Norte, que se alimentava regularmente usando as técnicas de caça das tribos indígenas da Carolina do Norte e que sempre tomava o cuidado de explicar a suas plateias que ele próprio era o produto da cultura americana branca moderna (para provar que *qualquer pessoa* poderia viver como ele vive) e que a tenda indígena era uma forma de moradia das Grandes Planícies. Além disso, como ele explicou em sua resposta: "Sou mais do que apenas 'um anglo-saxão imitando o modo de vida dos indígenas americanos', não apenas o praticante de um 'hobby'. Tenho uma profunda compreensão do modo de vida indígena e estou em paz com ele. [...] Imagino que seja impossível transmitir tais sentimentos em uma carta escrita [...] porém, ao passar o cachimbo, viver na Mãe Terra e ouvir os seres alados do ar e os quadrúpedes do chão, estou honrando as forças do universo."

E, além disso, havia os malditos fiscais de saúde.

"Em um dos primeiros dias do acampamento", escreveu em seu diário em julho de 1992, "Judson veio correndo me buscar. Achei que alguém tivesse se machucado. Em vez disso, os fiscais de saúde de terno estavam vindo inspecionar o acampamento. Eu vesti uma camisa branca e desci para encontrar os demônios. Mantive uma atitude positiva — expliquei que aquele era um acampamento diferente dos outros. Mostrei o lugar todo para eles — áreas de acampamento, latrina, cozinha (que estava muito limpa) — e usei todo o carisma que pude. Eles ficaram admirados com o que estamos fazendo. David Shelly, um jovem campista, deu para eles uma demonstração e uma aula de amolação de faca — bastante impressionante. Eles me disseram que iam 'pensar com calma' para ver se conseguiam dar um jeito de aceitar nossa situação fora do comum."

Seu trabalho era interminável. Apesar de todo o seu amor pelos seres alados do ar e os quadrúpedes do chão, ele mal tinha tempo de escrever suas observações sobre a natureza em seus diários.

"Gosto muito de ver o pica-pau passar voando e mergulhar em seu voo", ele finalmente conseguiu anotar certa madrugada, às quatro da manhã, quando o trabalho do dia chegara ao fim. "Parece que os ouço o dia inteiro. É bom ter esse pássaro precioso como música de fundo. Corvos em abundância e um ou outro gavião. Há o régulo-de-cabeça-vermelha por perto; um deles quase voou contra o meu rosto quando eu estava lá no ponto sagrado, acima da futura pradaria. Há rastros de cervos à minha volta, mas não vi nenhum peru este ano. Eu gosto da mudança das estações. Anseio (e não canso de dizer nem pensar isso) pelos dias em que serei livre para desfrutar de muitas das sutis mudanças diárias do tempo e da vida no vale apalachiano, aqui onde meu coração está, aqui onde estou plantando raízes, aqui onde estou lutando, aqui onde espero morrer."

Por enquanto, porém, aquele era um sonho distante. Um registro mais típico no diário era: "Telefonei para confirmar vários agendamentos em escolas ontem à noite, sempre cuidando da papelada. Acho que eu poderia fazer três horas por dia e mesmo assim continuaria atrasado. Precisei dizer a uma moça ontem à noite que não podia participar do programa da escola dela na primavera. Tive uma estranha sensação de orgulho, por saber que sou requisitado o bastante para ter que recusar trabalho, mas receio não ter tido compreensão suficiente para com a posição dela. Preciso entender o outro lado da história."

Sua agenda de aulas e palestras estava tão lotada que ele investiu do seu próprio dinheiro na produção de um vídeo de 45 minutos chamado *Todos os meus parentes: o círculo da vida*, que ele descreveu em uma carta para diretores de escola de todo o Sul como "um recurso didático que pode ser usado em qualquer época do ano". O vídeo possibilitava que Eustace estivesse em dois lugares ao mesmo tempo. "Não só para aulas de história; *Todos os meus parentes* também é muito adequado para ciências naturais como a ecologia e a biologia, além da antropologia", escreveu Eustace na carta de apresentação. "O panfleto anexo fornece mais informações, mas ler sobre o vídeo não faz justiça a ele; ele precisa ser visto. Estou muito contente com a produção e feliz que ele possa ser oferecido à sua escola por um preço tão razoável."

No entanto, o fato era que Eustace estava cada vez menos convencido de que suas turnês de palestras estavam servindo para alguma coisa. Para um homem que acreditara sinceramente que podia mudar o mundo se atraísse a atenção de pessoas suficientes por tempo suficiente, a rotina mortificante de breves visitas em salas de aula não era mais satisfatória.

"Conheci uma turma de sexta série hoje", escreveu após certo encontro perturbador. "Não acreditei na falta de educação e de inspiração que vi na minha frente! Eles [os alunos] eram deploráveis. [...] Não tinham motivação alguma. Não tinham compreensão de seu mundo. Eram apenas robôs, repetindo um padrão de vida estabelecido, para ir levando. Estamos de fato no nível da sobrevivência aqui — sem arte ou criatividade. Sem paixão. É apenas uma existência lenta e monótona de ignorância oprimida. Perguntei se eles sabiam o que queria dizer a palavra 'sagrado'. Eles não sabiam. Colocaram dinheiro, carros novos e telefones em suas listas do que era valioso para eles. Só uma, entre aquelas cinquenta crianças, tinha uma noção de divindade. O menino disse: 'A vida.' Uma pequena alma na classe inteira estava no caminho certo, fugindo da ganância como motivação, e graças a Deus que ele existe [...]. Eu me senti passionalmente desafiado pela situação e dei um forte empurrão, tentando fazê-los acordar e pensar, mas sinto que não fui muito longe. Então cá estamos nos anos 1990, nos quais as crianças agora são menos que humanas."

Dois breves anos depois de fundar Turtle Island, Eustace já estava começando a ficar exausto. Escreveu em seu diário, em julho de 1991: "Percebo que estou realmente sedento por passar algum tempo sozinho. Não quero ficar perto de gente. A pressão dessa comunidade de pessoas aqui em Turtle Island está me desgastando. Elas tomam o meu tempo e consomem minha vida [...] O escritório — todo mundo quer ficar sentado aqui, e eu não consigo fazer trabalho nenhum. Ontem, enquanto eu estava tentando cuidar da papelada, Valarie, Ayal e Jenny entraram e começaram a fazer uma reunião de equipe. Que invasão do meu espaço! Ontem à noite alguém desligou a secretária eletrônica e ela parou de atender — depois de eu ter passado duzentas horas cuidando das linhas telefônicas. Eu me aprontei para tomar um banho frio no riacho hoje de manhã para relaxar, mas alguém tinha tirado meu balde do lugar na beira do riacho. Achei uma meia podre no quintal [...] Hoje deixaram os carneiros no cercado (não é responsabilidade minha). Eu os deixei sair e pensei no dia que tinha gastado construindo o cercado, e que agora ninguém quer se responsabilizar pelos carneiros."

"O que eu vou fazer? Preciso descobrir um jeito de organizar a mim mesmo e o meu lugar, para que isso não seja um desgaste emocional tão grande. Um impulso é abandonar todas as atividades que fazemos aqui. Isso resolveria o problema, mas não seria bom para o acampamento e para o propósito do centro. [...] O que é importante? Limites (pessoais) estão em jogo aqui. Eu deveria agradar aos outros ou a mim mesmo? Trabalhei muito duro para fazer deste lugar o que ele é. O que foi que *eles* fizeram? Que investimento *eles* em algum momento fizeram, em qualquer coisa desafiadora? Como vou aguentá-los? Será que devo? Transferir dinheiro para minha conta é um jeito como as pessoas *podem* ajudar — me dar algo de que preciso [...] É chocante o quanto isso me desgasta. Agora estou de volta, depois de um cochilo deprimido de seis horas, no meio do dia [...] O que fazer? Ideias — delegar autoridade — fazer com que todos fiquem cientes das minhas necessidades emocionais e pedir a eles para manterem distância. Acho que eu poderia nem estar aqui. Essa é uma ideia. Imagina só. Tantas pessoas para lidar [...] Bom, boa sorte, Eustace."

No ano seguinte, Eustace estava se sentindo completamente sem sorte. Estava exausto e desiludido até para reclamar em seu diário. Fez apenas um registro soturno durante o ano inteiro: "O que me sinto inspirado a escrever hoje é essa profunda insatisfação emocional com a realidade dos nossos tempos — corrupção do governo — pessoas falsas — valores doentes e pessoas inconscientes levando vidas sem sentido."

E, na página seguinte, escrita exatamente 12 meses depois, esta mensagem: "*Idem*, ou será que se escreve *iden*, tanto faz, ao que escrevi no ano passado. Só que pior. Talvez mais cínico."

O pior de tudo era que ele estava perdendo Valarie.

Consumido pelos negócios e frequentemente na estrada, Eustace raramente estava com a namorada. Ela também estava trabalhando duro e ainda amava Eustace, mas sentia cada vez mais que havia perdido a si mesma dentro dele.

"Ainda amo esse homem", me disse Valarie, pensando retrospectivamente no relacionamento, 15 anos depois. "Ainda tenho cada presente que ele fez para mim, desde uma bainha enfeitada com contas até uma machadinha que eu sempre usava em Turtle Island e um belo par de brincos. Se eu morresse amanhã, ia querer ser enterrada com esses brincos. Eu adorava aprender com o Eustace. Adorava como ele sempre me dava presentes 'faça-você-mesmo' no meu aniversário. Eu disse a ele uma vez que queria meu próprio cachimbo para as cerimônias e rezas; um dia, quando voltei para casa, achei um belo pedaço de pedra-sabão no balcão da cozinha. 'O que é isso?', perguntei. Ele disse: 'É seu cachimbo, Valarie.' 'Não entendi', eu disse. 'Cadê?' E ele abriu aquele sorriso maravilhoso *à la* Eustace Conway e respondeu: 'Está dentro da pedra, meu bem. Só temos que tirar ele daí juntos.'

"Eu o amava, mas perdi minha identidade dentro da identidade dele, porque ele é muito dominante e poderoso. Antes de conhecê-lo, eu tinha as minhas próprias coisas acontecendo na vida, mas rapidamente me tornei a pessoa que estava por trás dele, e meu mundo começou a girar em torno do dele. Ele era e é uma pessoa amorosa, mas intolerante. A opinião alheia nunca era bem recebida. Ele era obcecado por ganhar dinheiro, por comprar terras, pelo sucesso, e estava sempre viajando. Chegou a um ponto em que eu nunca o via. A única hora em que a gente se falava era quando ele me dava ordens."

Valarie e Eustace tinham um bom amigo em comum, um indígena nativo chamado Henry, que muitas vezes ia a *pow-wows* com eles e que dava aulas em Turtle Island. Depois de alguns anos de solidão e insatisfação, depois de sentir cada vez mais que não passava de "a primeira-dama de Turtle Island", Valarie teve um caso com Henry. Ela escondeu o relacionamento de Eustace e negou que isso jamais tivesse acontecido, mesmo quando, desconfiado, ele lhe perguntou diretamente. Eustace, sabendo que alguma coisa estava acontecendo, certa noite levou Henry para conversar a sós e fumar um cachimbo cerimonial e perguntou expressamente se ele tinha dormido com Valarie. É o princípio mais sagrado da espiritualidade indígena americana não mentir enquanto se está fumando o cachimbo, porém Henry encarou Eustace nos olhos e negou o caso.

Eustace estava atormentado. Seu coração lhe dizia que havia algo de errado e que ele não sabia de todos os fatos. Arrasado, ele terminou com Valarie porque sentiu que não podia confiar nela. Alguns meses depois de eles se separarem, Valarie voltou, contou a verdade e implorou perdão.

Mas ninguém mente para Eustace Conway e depois recebe uma segunda chance. Ele estava horrorizado demais para sequer considerar a possibilidade de aceitá-la de volta ou superar a ofensa. Foi devastador descobrir que ele não podia confiar nem mesmo naquele relacionamento tão íntimo. E depois de toda a dor que sofrera durante a convivência com o pai, ele prometera a si mesmo expulsar de sua vida logo de cara qualquer pessoa que deliberadamente o magoasse ou o traísse. Ela teria de ir embora. Eustace meditou e, durante um ano, se atormentou com a questão de se algum dia poderia confiar nela de novo; no fim, reconheceu que não podia alcançar esse ponto de perdão.

"A verdade é sagrada para mim", ele escreveu para Valarie, dizendo a ela por que eles não podiam mais ficar juntos. "A verdade *sou* eu. Eu vivo por ela. Morro por ela. Eu te pedi a verdade. Disse que você sempre devia me contar a verdade [...], que não importava o quanto fosse doer. Eu implorei pela verdade. [...] Você cagou em mim, cagou na nossa verdade. O que isso mostra sobre a sua capacidade de satisfazer minhas necessidades? Vá para o inferno. Porra! Isso já basta [...] Quanta humilhação eu aguento? Já presenciei a crueldade do meu pai [...] Eu precisava do seu apoio — e levei uma punhalada nas costas. Eu te amo tanto. Você é preciosa. Eu poderia simplesmente te abraçar e passar a mão na sua cabeça macia para sempre, mas a pessoa verdadeira dentro de mim já disse que agora chega!"

E quanto a seu amigo Henry?

"Fumar o cachimbo comigo quando eu estava em um momento de necessidade, rezando e pedindo a verdade? E você mentiu que nem um filho da puta. Você precisa morrer. Quebre o cachimbo no meio e enfie o cabo no seu coração; você vai sentir uma pequena parte da dor que eu sinto. Agora a mulher com quem eu queria casar é uma puta. Você não merece ser um ser humano. Foda-se e morra."

"Eu vejo e entendo", Valarie escreveu para Eustace, meses depois de eles terem se separado, "a sua necessidade de recusar *qualquer* responsabilidade pela desintegração e, no fim das contas, pelo fracasso do nosso relacionamento, porque isso significaria que você teria de admitir que talvez, só talvez, você tenha parte na criação da dor que você e eu agora sentimos. Admitir isso talvez te obrigue a dar uma boa e dura olhada no espelho e, como nós dois sabemos, você não tem tempo, nem disposição nem, com o perdão da franqueza, humildade para sequer considerar isso. Acredite em mim, não estou tentando diminuir minha responsabilidade pelo que fiz, só estou tentando te ajudar a ver as coisas em um contexto maior. E sim, é muito mais fácil jogar toda a culpa da dor em outra pessoa: 'Meus pais me deixaram assim', 'O governo está estragando o planeta', ou 'Valarie partiu meu coração' [...] Sua atitude de terminar comigo porque, como você disse, '*Eu* caguei no seu coração' e você não pode voltar atrás na promessa que fez para si mesmo de não aceitar nada além da verdade parece ótima para você, tenho certeza [...], mas se o amor é verdadeiro ele resiste a tudo, perdoa tudo, e até sobrevive a tudo. [...] No processo de enfrentar uma experiência dolorosa, você poderia ter ganhado uma mulher que finalmente descobriu como amar e ser amada, uma mulher que entendeu você, amou você, acreditou em você, apoiou você e largou *tudo* para fazer parte do seu sonho. Você não percebe que está jogando fora o maior presente de todos? Uma mulher que aceita seus defeitos, imperfeições, crueldades mentais e, sim, até sua bizarrice, e ama você mesmo assim apesar disso tudo. SEU MALDITO CUZÃO IMBECIL CONVENCIDO."

Foi um ano terrível.

Porém os anos passam. E as dores de amor também. Logo depois que Valarie se foi, apareceu Mandy. "Olá, linda", Eustace escreveu para seu novo amor. "Estou gostando muito de conhecer você melhor [...], você tem muito a oferecer. Quando você puder se abrir para esse mundo, seremos abençoados por isso. Eu me sinto zonzo de te descobrir, zonzo de te conhecer. Sinto mesmo que fomos predestinados a nos encontrar. [...] Quando estou com você, me sinto jovem e inocente. Eu poderia sorrir para sempre olhando nos seus olhos [...]"

Então Mandy foi embora, e veio Marcia. "Estou inebriado de meu encontro com Marcia. Ela tem sido uma bênção para mim — uma inspiração e uma nova esperança. Rezo pela orientação de Deus em tudo o que faço."

Então veio Dale. "Tão gentil, me apoia tanto, compartilha da minha visão tão bem quanto qualquer outra pessoa."

Então veio Jenny. "Uma bela menina com cabelos pretos e um longo vestido branco de linho [...] O que será de você, de mim, dos desejos, dos sonhos?"

Então veio Amy. "Belos cabelos compridos, sorriso inocente, radiante, eu a conheci quando estava dando uma oficina em uma escola, e ela era tão bonita que eu mal consegui me concentrar nas palavras que eu dizia. Fiquei olhando fixamente para ela e, depois da aula, fui até ela e disse: 'Posso passar algum tempo com você?'"

Eustace acabou passando bastante tempo com Amy. Ela era uma pós-graduanda em ciências, brilhante e séria, e se revelou uma ótima ajudante. Ele passou uma semana com ela na casa de veraneio da família dela em Cape May, Nova Jersey, e escreveu em seu diário:

"Não saímos de casa na semana que passei ali. Cuidamos da papelada de Turtle Island, e Amy ficou digitando coisas no computador e imprimindo modelos para eu xerocar depois ou mandar pelo correio, ou o que for mais apropriado... folheto do acampamento de verão, inscrição para o acampamento, informações médicas e formulário de isenção, listas do que deve constar em kits de primeiros socorros, cartões de plano de emergência e mapas de hospitais [...] uma carta para Cabell Gragg, em que eu tentava estimulá-lo a me vender as terras em 1994, uma carta de agradecimento e incentivo à equipe de Turtle Island, lista de funcionários, nomes e telefones para o meu calendário, propagandas de oficinas para as aulas de primavera, lista do que trazer e o que não trazer (revisada) e orientação para os campistas quando eles chegam [...], contratos de confirmação e mais... Uau. Amy é muito boa em produzir resultados de primeira — um pouco lenta, mas o produto final é de altíssima qualidade."

Então Amy se foi, e suas cartas foram arquivadas em um envelope que Eustace identificou como: "Uma fantasia com Amy que foi estragada pela realidade — sonhos transformados em educação. Pelo menos vivi a coisa como ela era e aprendi."

Então veio Tonya, a bela e misteriosa alpinista aborígene. Eustace e Tonya partiram para a Nova Zelândia e a Austrália por alguns meses e escalaram cada penhasco e montanha que encontraram. Ela era estonteante e poderosa, e Eustace realmente a amava, porém acreditava que havia algo escondido em sua alma que a impedia de amá-lo totalmente, e, de qualquer modo, era difícil para ele entregar a ela seu coração tanto quanto gostaria, por causa da memória recente da única mulher que quase o partira ao meio de paixão, desejo e infelicidade.

Essa mulher foi Carla. Carla, a bela e misteriosa cantora country apalachiana, foi o imenso amor da vida de Eustace Conway. Ele a conheceu em um festival de música country, no qual ele estava dando palestras e ela estava cantando ("Você devia ter visto essa menina no palco, tocando violão de cabelo comprido e minissaia, dançando e rebolando por todo o palco, até você quase ter de enxugar o *mundo* inteiro, tamanho era o calor dela."). Eustace murchou, derreteu e desabou de amor por Carla, e até hoje acha que ela é o mais próximo da mulher ideal que ele jamais encontrou.

"Ela era inacreditável. Lá estava aquela bela mulher apalachiana moderna, uma legítima filha de minerador de carvão do Kentucky, que tinha habilidades que remontavam a quatro gerações das pessoas que eu mais admiro na minha cultura. Ela era como uma deusa para mim. Tocava música, escrevia, dançava, era a melhor cozinheira que eu já conheci [...], era intensa, livre, corajosa, brilhante e confiante, com um corpo incrível, flexível, musculoso, bronzeado. Ela trabalhava com cavalos, sabia tocar qualquer instrumento, sabia assar uma torta em fogo descoberto, usar ervas medicinais, fazer seu próprio sabão, sabia abater gado, queria ter um monte de filhos [...], era a amante mais competente, generosa e insaciável que eu já conheci. Meu Deus, eu podia continuar falando dela para sempre! [...] Ela era uma verdadeira filha da natureza, usava vestidos sensuais de algodão fininho, à moda antiga, e dançava pelas florestas como uma jovem cerva. E era tão talentosa que fazia com que eu sentisse que largaria tudo para ajudá-la a avançar na carreira musical. E era muito mais inteligente do que eu! E sabia costurar e desenhar! E era boa de *ortografia*! Ela sabia fazer qualquer coisa! Essa mulher era um sonho além até da *minha* capacidade de sonhar, e olha que eu sou um maldito sonhador!"

Quase imediatamente, Eustace pediu Carla em casamento. E ela jogou a cabeça para trás, dando uma risada, e respondeu: "Seria um prazer para mim, Eustace."

Então eles ficaram noivos, e Carla mudou-se para Turtle Island. Agora, olhando em retrospecto, Carla percebe que desde o início havia sérios problemas.

"No começo, senti que ele tinha uma afinidade espiritual comigo. Mas não tinham se passado mais de seis semanas de relacionamento quando vi coisas nele que me assustaram. Eu venho de um patriarcado apalachiano rígido e antiquado, por isso me incomodava muito com alguns dos papéis de gênero que via Eustace exercer. Em alguns aspectos, ele tinha um verdadeiro senso igualitário em relação às mulheres, mas cada vez que ele ficava furioso comigo por não servir o jantar na mesa exatamente na hora certa, isso me deixava realmente nervosa.

"Além disso, minha família tinha uma profunda aversão por Eustace. Eles achavam que ele era um dissimulado, um impostor. Estavam preocupados com o poder que ele tinha sobre mim. Nós tínhamos acabado de nos conhecer quando ele veio à casa da minha família, jantou rapidamente com os meus pais, guardou meus pertences em uma mala e me levou embora. Minha família é muito unida, e eles sentiram como se eu tivesse sido roubada. Eustace achava que minha família estava me colocando contra ele, por isso tentou me manter isolada dela. Quando meu pai e meus irmãos perceberam isso, praticamente colocaram as armas no caminhão para vir me buscar."

Não demorou muito para que Carla, um legítimo espírito livre, começasse a mudar de rumo. Em pouco tempo, ela estava envolvida com outra pessoa. Eustace descobriu seu deslize de um jeito muito estranho. Recebeu uma conta enorme de telefone certo mês — centenas de dólares de telefonemas feitos do seu escritório, no meio da noite, para um mesmo número. Curioso, Eustace ligou para o número e, quando um homem atendeu, Eustace explicou a situação. Então teve uma inspiração.

"Você por acaso não conhece uma pessoa chamada Carla, conhece?", ele perguntou.

"Claro", disse o sujeito. "É minha namorada."

"Puxa vida", disse Eustace. "E eu pensando que ela era minha noiva."

Pelo jeito, Carla vinha saindo de mansinho da tenda toda noite e andando até o escritório para ligar para um sensual tocador de banjo, com quem estava tendo um caso. Outra traição. Aquele não era, como diz uma velha canção de caubóis, o primeiro rodeio de Eustace Conway. E, como sabemos, Eustace não é um homem que consiga viver com uma mulher que considera mentirosa e traidora. Carla teve de ir embora. Aquele caso de amor tinha sido uma maratona, e agora chegara ao fim.

Eustace ficou arrasado com isso. Ficou derrubado. Ficou *destruído*.

Em dezembro de 1993, ele escreveu em seu diário: "Lutando com a depressão, o rancor e a dor. Dói demais: o relacionamento com Carla, a rejeição, o 'não dar certo'. Eu nunca fiz tanto esforço — dei tudo de mim. Nunca senti tanta dor."

Ele tinha 32 anos de idade e ficou chocado ao olhar em volta e subitamente se dar conta de que, embora tivesse realizado muitas coisas por meio da sua pura força de vontade, ele não tinha mulher e filhos. A essa altura, ele já devia estar bem avançado na formação de uma família. Onde estava a bela mulher de cachos soltos e vestido de algodão, fazendo panquecas de leite desnatado à luz do sol nascente? Onde estavam os jovens fortes e robustos, brincando em silêncio no chão da cabana e aprendendo com seu amável pai a desbastar nogueira-pecã? O que Eustace fizera de errado? Por que ele não conseguia segurar essas mulheres por quem se apaixonava? Elas sempre pareciam oprimidas ou sufocadas por ele. E ele não sentia que elas o compreendessem nem o apoiassem. Talvez ele estivesse escolhendo o tipo errado de pessoa. Talvez fosse incapaz de manter intimidade ou tivesse medo demais de ser magoado para deixar que um relacionamento tomasse seus rumos muitas vezes tortuosos. Talvez ele precisasse tentar uma nova abordagem. Estava ficando claro que, no quesito amoroso, Eustace não estava conseguindo fazer essa conexão tão essencial.

Um dia ele pediu a uma amiga psicóloga que viesse a Turtle Island dar um passeio. Ele a levou para a floresta e lhe contou que temia que houvesse algo de errado com ele, no plano das emoções; que ele não conseguia fazer seus relacionamentos com outras pessoas darem certo. As pessoas com quem ele trabalhava em Turtle Island estavam sempre bravas com ele ou o compreendiam mal, ele não era tão próximo dos irmãos quanto gostaria de ser e estava sempre afugentando as mulheres ou não se aproximando o bastante para confiar nos outros. Ele contou a ela sobre sua infância e confessou que ainda guardava muita dor em relação ao pai e se perguntava se havia uma ligação entre tudo isso.

"Acho que preciso falar com um profissional", ele disse.

A psicóloga respondeu: "Tudo de que você precisa para ser feliz, Eustace, está aqui mesmo nesta floresta. A psicologia moderna não é para você. Você é a pessoa mais saudável que eu conheço."

Quando as pessoas enfiam um sonho de Eustace Conway na cabeça, elas não largam mais. Aquela mulher devia estar tão tomada por uma visão idealizada da vida natural, inspirada em Thoreau ("Não pode haver melancolia muito negra para aquele que mora no seio da natureza e tem seus sentidos em paz"), que não queria olhar mais de perto alguém que não era um conceito, mas sim uma pessoa real e aflita. Talvez tivesse sido muito custoso para ela abrir mão de sua ideia sobre Eustace. É difícil culpá-la; ela não teria sido a primeira mulher a negar todas as aparências para manter aquele pagão selvagem tão puro de coração quanto era no primeiro dia em que o conheceu.

Não necessariamente convencido, e ainda profundamente deprimido, Eustace tentou mais uma vez falar com seu pai.

"Estou psicologicamente doente", ele escreveu para o pai, "surrado por anos de opressão. Estou ferido. Machucado. Todo dia eu acordo e sinto dor por causa disso. Mostre esta carta para um psicólogo e veja se ele tem algum conselho para mim. Por favor, não entenda mal a minha mais sincera gratidão pela ajuda que você me dá em tarefas como a administração das minhas finanças. Eu dou *muito valor* a isso. Espero que, em vez de serem interpretadas como um 'ataque', minhas verdades emocionais possam ser reconhecidas como alimento para o crescimento e a compreensão. Minha meta é uma relação mais saudável, não uma mais problemática. Respeitosamente, Eustace."

Outra vez, não houve resposta.

Conheço bem os pais de Eustace. Fui convidada à casa deles e jantei com eles muitas vezes. Como todo mundo, chamo a sra. Conway de "Mãezona" e, como todo mundo, eu a adoro. Adoro sua generosidade e suas histórias de quando ela morou no Alasca. Adoro o fato de que, sempre que apareço na porta, ela me abraça e diz: "Chegou nossa garota da montanha!"

E preciso admitir que gosto de conviver com o pai de Eustace Conway. Gosto de sua inteligência e de seu humor afiado e o acho infinitamente curioso, da mesma maneira bizarra e precisa que o filho; ele quer saber exatamente quantas horas levei para vir de carro de Boone a Gastonia, e, quando eu digo, ele calcula imediatamente (e corretamente) que eu devo ter parado por 45 minutos para comer, caso contrário teria chegado mais cedo. Sua precisão é inflexível, claro. Sendo "uma criatura de perfeita lógica", ele não cede nem um centímetro e eu entendo os motivos por que seria impossível viver com ele. Suas conversas com a esposa são cheias de diálogos desconcertantes como este:

Sra. Conway: Há uma pequena chance de o Judson vir nos visitar amanhã.

Sr. Conway: Por que você diz isso? Você não tem a mínima ideia se isso é verdade. Ele ligou para dizer que vinha?

Sra. Conway: Não, mas eu deixei um recado na secretária dele convidando.

Sr. Conway: Então não consigo entender por que você diz que há uma pequena chance de ele vir nos visitar. Exatamente que porcentagem de chance você supõe que isso seja, Karen, se nós não recebemos notícia nenhuma do menino? Obviamente, nós não sabemos de modo algum se ele vem ou não. Dizer que há uma "pequena chance" é incorreto e capcioso da sua parte.

Sra. Conway: Desculpa.

Sr. Conway: Mas ninguém escuta minhas opiniões.

Então já dá para imaginar.

Mesmo assim, eu consigo conversar com ele. Quando visito os Conway, muitas vezes converso com o Grande Eustace sobre os livros de *O mágico de Oz*, a maravilhosa série de histórias fantásticas que L. Frank Baum escreveu na virada do século. Parece que o Grande Eustace e eu fomos ambos criados lendo as mesmas belas edições desses livros, em capa dura. (Na infância do sr. Conway, ele ganhava um livro por ano de presente de Natal, enquanto eu herdei toda a coleção antiga da minha avó.) A maioria das pessoas não sabe que há continuações da história original de Dorothy Gale, por isso o Grande Eustace ficou encantado ao descobrir que eu conhecia bem as histórias, lembrava cada ilustração exuberante em art déco e podia discutir até os personagens mais obscuros. Tik-Tok, a Galinha Billina, o Tigre Faminto, o Rei dos Gnomos, os Rollers e Policroma (a filha do arco-íris) — eu conheço todos eles, e ele também, e podemos falar disso durante horas.

Outras vezes, ele me leva para o quintal e me ensina sobre os pássaros da Carolina do Norte. E, uma vez, saímos à meia-noite para olhar as estrelas. "Você tem visto Marte ultimamente?", perguntou o sr. Conway. Eu admiti que não tinha, por isso ele o apontou para mim. Disse que gosta de sair toda noite para seguir a órbita desse planeta, para ver o quanto Marte está se aproximando de Saturno.

"Faz três meses que eles vêm chegando cada vez mais perto, todo dia", ele disse. "Afinal, lembre o que a palavra 'planeta' significa: corpo errante."

Às vezes o Grande Eustace e eu falamos sobre livros, às vezes falamos sobre ópera, às vezes falamos sobre constelações. Porém, antes de tudo isso, falamos sobre o filho dele. O Grande Eustace sempre quer saber como o Pequeno Eustace tem passado ali em Turtle Island. Quem são seus aprendizes? Ele está planejando alguma grande viagem? Construiu mais coisas? Como é o aspecto dessa estrada traiçoeira que sobe a montanha? Ele parece esgotado de trabalho, ou deprimido?

Eu tento deixá-lo a par de tudo. E uma vez — porque eu não consigo ficar de fora das intimidades mais recônditas das vidas dos outros — eu disse:

"Ele está bem, sr. Conway, mas acredito que ele esteja desesperado em busca da sua aprovação."

"Isso é bobagem."

"Não, não é bobagem. Isso é verdade."

"Ele nunca fala comigo", ele respondeu, "por isso eu nunca sei o que está acontecendo com ele. Pelo jeito, ele não quer contato nenhum comigo".

De fato, os dois Eustace Conways raramente se falam, e se veem ainda menos. O Natal que esses dois homens às vezes passam juntos já basta para o ano inteiro, e o Pequeno Eustace odeia dormir na casa dos pais, porque realmente abomina estar perto do pai. Mesmo assim, em certa noite da primavera do ano 2000, Eustace foi para casa em Gastonia, para passar a noite. Foi estranho, mesmo chocante, o fato de ele aparecer na soleira da porta deles no meio de maio, quando não havia nenhum grande feriado de família como pretexto. Mas Eustace queria olhar uma madeira que estava à venda perto de Gastonia, por isso pensou em aparecer para jantar. Eu fui com ele.

Nós paramos o carro perto da casa, a casa onde Eustace passara os piores anos de sua vida, e achamos seu pai de pé no gramado da frente, mexendo em um velho cortador de grama daqueles de empurrar, que era pequeno, surrado e totalmente enferrujado. Eustace saiu da picape e sorriu.

"O que é isso aí, pai?", ele perguntou.

"É um cortador de grama em perfeito estado que achei no lixo de alguém ontem à noite, quando estava andando de bicicleta."

"Jura? Alguém jogou isso fora?"

"Isso não é um absurdo? Ele está em perfeito estado."

"É um belo cortador de grama, pai. Bonito mesmo."

A máquina na verdade parecia ter sido pescada do fundo de um lago.

"Ele funciona?", Eustace perguntou.

"Claro que funciona."

"Puxa, que legal."

Eu nunca tinha visto Eustace Conway e seu pai juntos antes. Depois de todos os meus anos de contato com a família, aquele era o primeiro encontro cara a cara que eu tinha presenciado. Não sei dizer o que eu esperava, mas não aquilo — não Eustace encostado na picape com um sorriso descontraído, elogiando o cortador de grama que o pai resgatara do lixo. E não aquele pai radiante, empolgado ao exibir seu achado mais recente.

"Aqui você pode ver, filho, que uma das barras de direção foi quebrada, mas eu soldei um pedaço de metal em cima dela, desse jeito, e agora está funcionando perfeitamente."

"Legal."

"Você tem alguma utilidade para isto em Turtle Island?"

"Veja só, pai. Eu posso achar uma utilidade para esse cortador de grama. Eu podia tirar o motor para fazer alguma outra coisa, ou podia desmontá-lo e usar as peças, ou podia usar o cortador de grama eu mesmo, ou dá-lo para um dos meus vizinhos. Isso seria ótimo. Eu ficaria feliz em levá-lo. Sempre consigo achar uma utilidade para as coisas; você sabe disso."

No instante seguinte, pai e filho, ambos sorrindo, estavam colocando o cortador de grama na traseira da picape de Eustace.

Meu Deus, que jantar foi o daquela noite em Gastonia! Os dois Eustaces passaram a noite toda entretendo um ao outro. Não tinham olhos para mais ninguém. Eu nunca tinha visto o sr. Conway tão animado, e Eustace também estava na sua melhor forma. Posso jurar que um estava exibindo o outro para mim. Eles estavam loucos um pelo outro. E ver aqueles dois homens carentes da aprovação um do outro me partiu o coração, mais do que se eu os tivesse visto brigar. Eles não podiam, ao que parece, estar mais sedentos de proximidade.

Um cutucava o outro para que contasse as suas histórias de família preferidas. Eustace fez seu pai contar sobre a vez em que foi ao pronto-socorro com um corte grave na perna e ficou tão irritado por ser ignorado pelas enfermeiras que deitou no chão na frente do balcão de atendimento e se recusou a sair de lá enquanto não fosse atendido. Então o sr. Conway abriu um sorrisão enquanto Eustace contava histórias aventurescas sobre sua caminhada na trilha dos Apalaches, especificamente sobre a vez em que ele estava com tanta sede que bebeu a água em volta da carcaça de um guaxinim que ele achara apodrecendo em uma poça estagnada, "com fitas azuis de carne putrefata tremulando na água". O sr. Conway gargalhou, vidrado com a cena.

"Não consigo imaginar mais ninguém que faria uma coisa dessas!", ele exclamou.

Depois do jantar, Eustace e o pai saíram para o quintal para discutir a saúde de um certo arbusto de azevinho que talvez precisasse ser transplantado. Era um entardecer ameno do Sul, e o sol estava tão baixo no céu, diante das nuvens fofas, que o ar em volta estava todo tingido de uma bruma dourada. Os dois homens postaram-se no quintal, de mãos nos bolsos, falando sobre o azevinho. Então, de repente, ouviu-se o canto de um pássaro — longo e melódico. Como atores recebendo a deixa do mesmo diretor, pai e filho olharam para cima no mesmo instante.

"O que é isso?", perguntou Eustace. "É uma cotovia?"

"Não sei..."

Outra vez, o canto do pássaro.

"Nossa", disse Eustace, quase imóvel.

"Nunca ouvi uma cotovia cantar desse jeito", disse o sr. Conway, com uma voz baixa e íntima. "Acho que talvez seja um tordo."

A melodia soou outra vez — doce, prolongada.

"Isso não parece nenhum tordo que eu já tenha ouvido", disse Eustace.

"Tenho que admitir que eu também não. Parece uma flauta, não parece? Não sei se poderia ser uma cotovia. Eu juraria que é um tordo, mas nunca ouvi um tordo cantar de um jeito tão... harmônico."

"Só ouvi pássaros cantando desse jeito em florestas tropicais", disse o filho.

"Parece quase uma ópera", disse o pai.

Em silêncio, eles ficaram ali parados, juntos, com suas cabeças inclinadas para trás, olhando para as manchas na folhagem viçosa e transbordante dos cornisos e magnólias. O pássaro cantava como se estivesse lendo uma partitura, como uma soprano se aquecendo para um concerto, passando escala após escala. Que pássaro comum da Carolina do Norte poderia ter um canto tão divino? Eles ponderaram as opções. Naquela estação do ano, àquela hora, o que podia ser? Os dois homens tinham expressões idênticas de perplexidade e arrebatamento, enquanto escutavam o pássaro e ouviam as especulações inteligentes um do outro.

"Você está vendo ele?", o sr. Conway perguntou.

"Sabe, pai, acho que está vindo da lateral da casa", Eustace sussurrou.

"É! Acho que você tem razão."

"Deixa eu ver se consigo avistar ele, descobrir o que é."

"É! Vai!"

Eustace contornou a casa do pai de mansinho enquanto o pássaro continuava cantando. O sr. Conway observou seu filho com uma expressão completamente relaxada e embevecida. Seu rosto estava pleno de orgulho e de interesse. Foi um momento lindo.

Então precisei perguntar. "Sr. Conway? O senhor acha que o Eustace vai achar o pássaro?"

A expressão de prazer do sr. Conway desapareceu rapidamente, e no lugar dela surgiu um olhar duro e mais familiar: o de fastio. A transformação levou apenas um instante, mas foi como ver uma porta metálica feia de garagem descer com um estrondo por cima da bela fachada de uma loja. Uma medida de segurança um tanto desagradável. Claramente, ele tinha esquecido que eu estava lá. Será que eu estava bisbilhotando? Que eu tinha observado todo o desenrolar da cena? E agora estava pedindo que ele de algum modo endossasse o filho?

"Não", o sr. Conway disse com voz firme. "Ele não vai achar o pássaro. Ele é péssimo para esse tipo de coisa. Agora, se um dos irmãos dele estivesse aqui, teria achado. Aqueles homens têm um talento para os pássaros. Mas não o Eustace. Ele é inútil para esse tipo de coisa."

Depois de dizer isso, o sr. Conway entrou em casa. Fechou a porta atrás de si. Simplesmente saiu andando da hora mais bonita do entardecer. Eu fiquei perplexa. Teria sido tão doloroso para aquele homem, que obviamente estava transbordando de prazer, dizer uma palavra gentil sobre o filho? Depois de todo esse tempo? Teria sido um sacrifício mortal ceder um único centímetro, uma vez na vida?

Pelo jeito, teria.

A conclusão dessa história, não preciso dizer, é que Eustace Conway de fato encontrou aquele pássaro. É claro que sim. Chegou de mansinho embaixo do pássaro, porque decidira fazer isso e porque ele é capaz de fazer qualquer coisa que decida fazer. Ele o pegou cantando e confirmou que era um tordo, afinal — mas que voz! Será que já houvera um tordo com um canto mais bonito? Eustace confirmou aquilo e então voltou correndo, contornando a casa, repleto de entusiasmo.

"Eu vi, pai!", gritou o Pequeno Eustace para o Grande Eustace, mas era tarde demais.

Ele olhou à volta do quintal por um instante.

Onde estava o seu pai?

Tinha ido embora.

Mas por quê?

Quem é que um dia vai saber?

Eustace contornara a casa correndo, com todo aquele entusiasmo, porque queria contar ao pai o que tinha visto e descoberto. Não estava fazendo aquilo por mais ninguém. Porém seu pai não queria escutar, não queria estar presente para testemunhar aquilo. Então Eustace respirou fundo. Recuperou-se. Depois adotou mais uma vez a voz do professor mais sóbrio e lânguido do mundo.

E, em vez de para o pai, ele *me* contou tudo sobre o pássaro.

CAPÍTULO SETE

Diante dele jaz um continente sem fronteiras, e ele avança afoito, como se, premido pelo tempo, temesse não encontrar lugar para suas empreitadas.
— *Alexis de Tocqueville*

Eustace possui dez cavalos atualmente. Ele é o primeiro a admitir que possuir dez cavalos é absurdo, decadente e completamente desnecessário, considerando o tamanho de sua pequena fazenda, mas ele não consegue recusá-los quando eles são tão bonitos como esses.

Vejam bem, eu convivi com cavalos. Cresci com pessoas que eram mágicas com os cavalos. Meu avô administrava um belo estábulo, e eu trabalhei em um rancho cujo dono era um homem que mantinha seus 75 cavalos na linha sem o mínimo esforço, porém nunca vi alguém com um dom natural para cavalos maior que o de Eustace. Os cavalos o escutam. Eles prestam atenção. Quando Eustace atravessa seus pastos, os cavalos erguem o olhar do pasto para vê-lo passar, ficam imóveis, esperando um comando — é um harém devoto, um punhado de noivas esperançosas.

O que é ainda mais impressionante, considerando que Eustace não cresceu com cavalos e apenas há dez anos veio a possuir um. Ele esperou bastante tempo, porque os cavalos são caprichosos, ocupam muito espaço no terreno e gastam dinheiro. Quando você está vivendo com o que tira da terra, é muito mais fácil alimentar a si mesmo do que a um cavalo. Mas ele sempre soube que ia arranjar cavalos algum dia. Era parte do seu grande plano. Ele comprou um antigo cortador de grama movido a cavalo, por exemplo, anos antes de ter uma pradaria para aparar ou um cavalo para puxar o cortador.

Quando finalmente tinha derrubado árvores suficientes para criar um pasto adequado em Turtle Island, ele pegou emprestada uma grande e velha égua Percheron de um fazendeiro local e a usou para os campistas montarem e para treinar serviços de fazenda. A égua era lenta, pesada e desajeitada, mas só o fato de estar perto daquela criatura solene já fazia o sangue de Eustace correr nas veias. Ele queria mais. Então comprou um jovem e robusto cavalo de tração, uma égua chamada Bonnie, e com ela aprendeu a entender o pensamento de um cavalo e a prever os seus momentos de ansiedade, a tomar decisões de comando em frações de segundo e a ter confiança em suas ordens. Eustace também arranjou dois professores humanos — um velho fazendeiro caipira chamado Hoy Moretz, que sabia tudo sobre domar animais do modo tradicional, e um rapaz menonita chamado Johnny Ruhl, com uma intuição para cavalos que Eustace acreditava ser inigualável. Eustace levava sua égua para que esses homens lhe dessem lições e depois ficava por perto, enquanto eles trabalhavam com seus animais, observando e aprendendo. Hoy e Johnny descobriram em Eustace um aluno ideal — atento, talentoso e fácil de ensinar, uma vez que parecia entender intuitivamente o velho ditado rural que dizia por que Deus deu ao homem duas orelhas e só uma boca: ele era capaz de ficar quieto e escutar.

Eustace usou Bonnie para puxar coisas e para muitos outros serviços de fazenda, e ela era feita para isso. Era um boi em pele de cavalo, e ele era grato a ela por isso. Mas também era fascinado pela ideia de levar um cavalo na estrada, em uma viagem séria de longa distância. Por isso, de quando em quando, selava sua grande égua de fazenda e partia para as montanhas por alguns dias, poucos de cada vez, só para ter uma noção de como seria viajar com um animal como parceiro. Eustace adorou a ideia, porém Bonnie definitivamente não tinha constituição para esse tipo de aventura. Ela era lerda demais, corpulenta demais. Então Eustace começou a cobiçar um verdadeiro cavalo de montaria. Queria uma motocicleta ágil, não o volumoso buldôzer que era Bonnie. E então, com o conselho e o consentimento de seus professores, em 1994 ele comprou um Morgan puro-sangue, um resistente campeão de corrida chamado Hasty.

Hasty era mesmo ligeiro, conforme significa o seu nome em inglês. Além disso, Hasty já chegou bem-treinado a Eustace. Enquanto Eustace precisara ensinar Bonnie a se comportar, agora era Hasty quem ensinava Eustace a se comportar. Eustace prestou muita atenção e aprendeu depressa, até que ele e Hasty eram iguais, capazes de passar os dias ensinando um ao outro a ser uma dupla. Eustace começou a fazer jornadas de longa distância com Hasty, cavalgando das montanhas da Carolina do Norte até a costa. Como já esperava, ele de fato adorou o desafio físico de manter um passo rápido em um terreno incerto, com um parceiro animal e sem garantia de segurança. O que ele não esperava, entretanto, foi a interação íntima que estava vivenciando com os americanos comuns, quando passava, cavalgando, por suas vidas. Havia, na presença e no romantismo de um cavalo, algo que atraía as pessoas.

A reação era extraordinária e universal. Certo dia de Ano-Novo, quando estava rumando para a costa montado em Hasty, Eustace passou por uma comunidade pobre, em uma área rural da Carolina do Norte. Tudo eram barracos sombrios e podres, trailers e quintais cheios de carros enferrujados. Enquanto passava por uma dessas casas capengas, ele notou uma grande agitação no quintal. Talvez cem pessoas, todas negras e todas pobres, tinham se reunido para um imenso encontro de família, seguido de um jantar. O cheiro de carne na churrasqueira pairava no ar frio de janeiro. Toda aquela casa humilde vibrava com o burburinho da comemoração. Quando as pessoas avistaram Eustace — aquele montanhês misterioso e barbado, aquele sujeito branco em um cavalo, com uma espingarda presa na sela —, elas deram risada, aplaudiram e gritaram "Entra aqui!". Então Eustace virou o cavalo e entrou direto no quintal, direto no centro daquele grande encontro de família. Ele foi acolhido, recebido e celebrado como um primo distante. A família se amontoou em volta dele e todos pediram uma chance de andar no cavalo. Eles tinham um milhão de perguntas. Queriam saber tudo sobre Eustace, sobre sua mensagem utópica e para onde ele estava indo. Eles o alimentaram até ele mal conseguir se mexer, estufaram-no até não poder mais com presunto, tortas, couve, pão de milho e cerveja, e depois o deixaram seguir seu caminho, com um séquito animado correndo atrás, abençoando Eustace e depois se dispersando, e mais depois ainda, desaparecendo.

Para Eustace, que passara boa parte da vida concebendo jeitos de quebrar paredes e entrar na consciência de cada tipo de americano, aquilo foi uma revelação. Foi um encontro espontâneo e que o satisfez, e ele sabia muito bem que jamais seria tão bem recebido em um encontro daqueles sem um cavalo para quebrar o gelo. Eustace tinha viajado por todos os Estados Unidos — a pé, de carona, em vagões de trem e de carro —, mas nada o preparara para a intimidade com a nação que um cavalo podia lhe proporcionar. Aquela era a solução.

Ficou claro, então, que era hora de planejar uma viagem a cavalo cruzando o continente.

Eustace queria atravessar os Estados Unidos a cavalo e queria levar consigo seu irmão mais novo, Judson. Judson Conway era uma excelente companhia, o companheiro de viagem ideal para uma jornada como aquela. Porém, mais que isso, Eustace sentia que ele e Judson, como irmãos, precisavam de alguma experiência épica de compartilhamento. Ele admitia que ainda pensava em Judson como um garotinho, como um menino fraco escondido no quarto com bonequinhos de Guerra nas Estrelas, e queria apagar essa imagem da sua cabeça. Judson agora era um homem. Judson era um caçador, um cavaleiro, um viajante experiente e um caubói por ocupação. Eustace queria conhecê-lo em todas essas formas, enquanto também vivia uma maratona de aventuras que certamente aproximaria os dois irmãos, tornando-os pares.

Judson, nem é preciso dizer, ficou empolgadíssimo. Será que ele queria largar a sociedade moderna e cruzar os Estados Unidos montado em um cavalo como um autêntico nômade heroico das altas planícies, no melhor estilo Hollywood? Com certeza! Judson ficou maluco com o plano, sedento pela oportunidade de "viver no limite, a chance de viver em grande estilo". Ele se jogou de cabeça na ideia em um piscar de olhos, pronto para tudo. Era só apontar a direção oeste e dar o sinal de largada, para ver seu cavalo levantar poeira.

E assim foi decidido. Eles até combinaram um nome para si mesmos. Seriam os Long Riders. Eustace, naturalmente, cuidou de todos os preparativos. Calculou de quantos cavalos eles iam precisar, quanto dinheiro deveriam levar, que tipos de armas deveriam carregar consigo e quanto tempo seria necessário. Reuniu mapas e histórias de outros viajantes de longa distância a cavalo, tentando prever cada contingência possível. É claro que era quase impossível imaginar exatamente o que eles poderiam enfrentar na estrada; o importante era traçar uma rota inteligente, ter bons cavalos e um começo forte.

Eustace escolheu cruzar o país por um caminho pelo sul. Os Long Riders começariam em Jekyll Island, perto da costa da Geórgia, e rumariam para o oeste o mais depressa que pudessem, atravessando os estados de Alabama, Mississippi, Louisiana, Texas, Novo México, Arizona e entrando na Califórnia. O plano geral de Eustace era contornar as grandes cidades e não ser preso nem atropelado por nenhum caminhão (sua mãe o fez prometer que não deixaria o pequeno Judson morrer) — e isso já era o máximo que ele podia planejar razoavelmente de antemão. Era essencial se concentrar na velocidade. Não seria um passeio preguiçoso, contemplativo. Ele queria forçar a si próprio, seu irmão e os cavalos até o limite absoluto, para ver exatamente com quanta facilidade eles eram capazes de vencer tantos quilômetros enquanto vivenciavam a dura aprendizagem do desafio físico.

E então, meio de repente, eles tinham uma parceira.

Judson, como sempre fazia, vinha falando muito da viagem e chamou a atenção de sua amiga Susan Klimkowski, natural da Carolina do Norte e que trabalhara com Judson no rancho no Wyoming. Despretensiosamente bela, incrivelmente tímida e surpreendentemente durona, Susan, aos 25 anos, tinha mais anos de experiência no lombo de um cavalo do que Judson e Eustace juntos. Era uma daquelas pessoas que aprendem a montar antes de aprender a andar. Não era nenhuma viciada em adrenalina ou exibicionista, nem fingia ser uma menina-prodígio, mas, quando ficou sabendo da viagem através dos Estados Unidos, uma resolução inabalável surgiu dentro dela: ela tinha que ir junto.

Judson trabalhara com Susan nas Montanhas Rochosas por tempo suficiente para saber que ela era páreo para as exigências físicas da viagem, mas disse que ela teria que discutir aquilo com Eustace pessoalmente. Em um gesto perfeitamente respeitoso e instintivo, Susan perguntou a Eustace Conway se podia juntar-se aos Long Riders, não telefonando para ele ou fazendo um pedido verbal, mas sim subindo a montanha em seu cavalo e discutindo a questão montada na sela. Ou seja, ela se apresentou para Eustace como se apresentaria para o desafio inteiro — já de bagagem pronta, absolutamente capaz e sem pedir nada além da palavra "Sim".

E foi essa palavra que Eustace disse. Ele ficou impressionado com a apresentação dela e percebeu que ela sabia lidar com um cavalo. Se conseguisse acompanhar o passo, podia vir junto. E o bônus adicional era que Susan vinha com uma boa picape e um belo reboque para cavalos novo, que Eustace achou que podia ser um excelente acessório para a viagem. Ele sabia que uma viagem daquelas podia ser realizada sem um veículo de apoio, mas também sabia que eles já teriam que lidar com um sério processo de aprendizagem, e que um espaço portátil seguro onde pudessem guardar cavalos feridos ou cobertores sobressalentes talvez aliviasse parte da pressão e do perigo. Seria um tanto incômodo — Eustace, Judson e Susan teriam de se revezar dirigindo o reboque pela estrada à frente todo dia, depois voltar de carona até os cavalos e começar a cavalgada do dia. Eles cavalgariam juntos para vencer os quilômetros até onde o reboque estava estacionado e depois saltariam à frente na manhã seguinte. Seria um transtorno, mas valeria a pena.

Muito bem. Então agora eles eram três. Três pessoas, quatro cavalos, uma picape, um reboque e um continente inteiro desdobrando-se diante deles. No dia de Natal de 1995, eles partiram. Os três estavam usando gorros de Papai Noel, morrendo de rir, cheios de energia e entusiasmo. Logo de saída, acharam uma garrafa fechada de Bacardi na beira da estrada. "Bênção de Deus, um presente da natureza", Eustace declarou, e eles mandaram o rum goela abaixo e começaram a jornada.

Eustace estava montado em Hasty. Susan estava montada em Mac, um confiável Tennessee Walker preto de 12 anos de idade. Judson estava alternando entre Spur, um adorável cavalo árabe prateado que ele adquirira num leilão, e Chief, um cavalo novo comprado exclusivamente para aquela aventura, que os irmãos Conway tinham batizado em homenagem a seu lendário avô, o Chefe Johnson.

"Pobre Chief", disse Judson, no dia em que o compraram. "Passou a vida inteira andando em um pasto e não tem ideia de onde está se metendo. Ele está prestes a aprender o que é ser um cavalo de verdade."

Na verdade nenhum deles, fosse cavalo ou humano, tinha uma ideia clara de onde estava se metendo ("Nós não sabíamos o que estávamos fazendo", Eustace diria depois. "E isso é um fato."). Eustace estava consideravelmente mais agitado e nervoso do que Susan e Judson, que ainda estavam no estágio de achar que a viagem não seria nada além de diversão ininterrupta. Eustace tinha bom-senso suficiente para se preocupar se os três sobreviveriam. O que quer que fosse acontecer, no entanto, Eustace estava pronto para documentar. Levou consigo um pequeno gravador e 18 fitas cassete e foi fazendo um diário oral, enquanto viajavam. Parte de seu motivo para fazer isso foi evitar o lento processo de ter de anotar suas lembranças. E seu falatório constante nas fitas, como um fluxo de consciência, é de fato ainda mais evocativo devido aos sons dos pássaros, do trânsito e dos cascos de cavalo ao fundo.

"Estou segurando o gravador com uma mão e o cavalo de carga com a outra", diz ele no segundo dia da viagem. "Vi um belo cenário de musgo espanhol, uma garotinha de jaqueta colorida em cima de um enorme pinheiro antigo, prensas de melaço, fornalhas, palmeirinhas. A estrada é bastante suja de lixo aqui: copos, caixas de cerveja, pacotes de cigarro, garrafas, plásticos, latas, garrafas, papel-alumínio. Incrível, o lixo. Uns 6 a 9 metros mais para longe, no entanto, é bonito. Árvores iluminadas por trás, plantações de pinheiros. Tipo uma monocultura. Solo muito arenoso. Neste exato instante, estou tão livre quanto qualquer pessoa na América. É uma satisfação tão grande estar aqui, longe das responsabilidades, que eu queria que mais pessoas levassem a vida simples."

Ele estava documentando sua experiência pessoal, mas também havia um etnógrafo em ação dentro dele. Eustace estava ávido por entrevistar os americanos comuns que eles encontravam ao longo do caminho. Vinha pensando cada vez mais, nos últimos anos, sobre o desaparecimento de dialetos regionais devido à influência avassaladora da mídia. Podia ouvir isso acontecendo no próprio vale em que morava, onde os velhos apalachianos pareciam falar uma língua totalmente diferente da de seus netos. Os avós ainda tinham uma fala arrastada, à maneira elizabetana (pronunciavam a palavra *sword* com um "*w*" diferente, por exemplo), e chamavam ferramentas e animais com palavras antigas que logo estariam extintas, levando-se em conta que seus parentes mais novos estavam todos começando a falar como DJs de Nova York. Eustace aprecia dialetos autênticos e distintos, e também é um imitador brilhante. Sabia que essa seria sua última chance de capturar uma vasta representação de vozes do Sul americano, já que os Long Riders muitas vezes literalmente atravessavam os quintais das pessoas. Eles tinham passe livre e estavam traçando uma linha reta que cruzava o centro da vida americana — sem barreiras, sem fronteiras, sem limites. Era quase como se eles fossem fantasmas, e cada parede diante deles tornava-se inexistente. Eles podiam cheirar, tocar e sensibilizar as pessoas enquanto passavam.

Eustace gravou em uma de suas fitas um velho caipira da Geórgia perguntando: "Que tipo de fazenda vocês têm?"

"Bem, senhor", Eustace começou a falar, "tenho cerca de mil acres na Carolina do Norte. Acho que posso dizer que administro uma fazenda primitiva e tradicional lá em cima, bem como um centro de educação sobre a natureza...".

Mas o caipira o interrompeu. Não, não. Ele não queria saber que tipo de *fazenda* ("*farm*") Eustace tinha; queria saber que tipo de *arma de fogo* ("*fire arm*") ele tinha. Então na fita pode-se ouvir Eustace rindo sem parar e esclarecendo educadamente.

E ele adorava também as vozes negras da Geórgia, como a do senhor idoso no balanço na varanda, que usou a fita de Eustace para rememorar sua infância numa família de meeiros:

"Meu pai passava pelos quartos e falava 'Levanta, meninos'. A gente não tinha luz. Ele falava 'Levanta, meninos!', e da próxima vez ele falava 'Achei que eu tinha mandado vocês levantar'... Não tinha essa história de abuso infantil naquela época, e era *melhor* você sair da cama, porque eu te digo uma coisa — meu pai era 120 quilos de *puro homem*, e quando ele falava 'Levanta, menino', era *melhor* você pisar no chão."

Era fácil fazer as pessoas falarem. Algo que ajudava, é claro, era o fato de que os cavaleiros tinham certa evocação romântica. Eustace estava todo alto e esbelto em sua antiga sela da cavalaria americana, rústico, barbado e muitas vezes sem camisa, usando penas no cabelo e cavalgando habilmente sem ao menos um bocal na boca de Hasty. Parecia um desertor dos Texas Rangers, algum Jeb desaguilhoado que se perdera de sua unidade e se tornara um Injun. Judson e Susan estavam vestidos como caubóis empoeirados de antigamente — charrões de couro, esporas, chapéus surrados de caubói, capotes compridos e bandanas. A aparência deles era apenas parcialmente proposital; essas são realmente as roupas boas para usar quando você passa o dia montado a cavalo, exposto ao sol, à chuva, à neve, à vegetação rasteira e ao pó.

Para o eterno crédito de Judson, ele às vezes estava disposto a sacrificar sua imagem autêntica de caubói em nome da praticidade. Passou a usar calças leggings sintéticas em tons pastéis por baixo de seu charrão, o que costumava enlouquecer os caminhoneiros e peões machões que eles encontravam no caminho. Mas esse material macio protegia Judson contra assaduras causadas pelo contato com a sela, e quando ele ficava agitado demais com aquela cavalgada interminável, podia tirar as botas, calçar um par de tênis da Nike e correr por alguns quilômetros ao lado do cavalo, só para ficar em forma e tirar a dormência das pernas.

Os próprios cavaleiros já eram bastante chamativos. Mas eram os cavalos que atraíam as pessoas.

"Em todo lugar aonde íamos, éramos um desfile", disse Judson.

Crianças do subúrbio nas cercanias de Atlanta vieram correndo na direção deles, sem a mínima hesitação, apenas para abraçar seus cavalos. Seria a mesma história com as famílias brancas de fazendeiros pobres que eles depois encontraram no Texas.

Seria ainda a mesma história na reserva apache no Arizona. A reserva era uma terra desolada e empobrecida que eles haviam pensado em contornar, pois os brancos, por centenas de quilômetros, os haviam advertido a não arriscarem suas vidas nas mãos "daqueles apaches sinistros, malvados, filhos da puta". Porém Eustace, que entendia bastante tanto de história antiga quanto de política atual para respeitar o aviso, não ia sair da rota que escolhera. Conforme ele declarou para os seus apreensivos parceiros: "Não vamos mudar nosso percurso por causa do maldito preconceito racial. O que a gente aprendeu até agora nessa jornada, galera? Quem até agora não foi gentil conosco? Negros, brancos, hispânicos — todo mundo foi legal com a gente. E se começarmos a evitar as pessoas por medo, então teremos destruído tudo o que supostamente defendemos. Vocês dois podem pegar o desvio, mas eu vou passar bem por dentro dessa maldita reserva, com ou sem vocês. E estou cagando para o perigo de levar uma bala na cabeça."

E assim os Long Riders atravessaram bem pelo meio a reserva apache, todos juntos. E os apaches de fato revelaram-se aqueles "filhos da puta sinistros e malvados" que receberam os Long Riders para pernoitar em suas casas, oferecendo comida tanto para os cavaleiros quanto para os cavalos.

Seria a mesma história meses depois, quando eles passaram pela miséria urbana dos guetos de San Diego ("Não façam isso", os brancos avisaram), e as crianças mexicanas saíram de suas casas em uma enxurrada, pedindo para andar nos cavalos enquanto os pais tiravam fotos e lhes davam comida e presentes. No país inteiro, foi a mesma recepção cordial. Por toda parte havia câmeras de televisão e escoltas de xerifes que os seguiam de uma fronteira de condado até a seguinte. De costa a costa, eles conheceram prefeitos e pastores, que saíam para falar em nome do povo em cidade após cidade, dando-lhes as boas-vindas. Foi um frenesi de hospitalidade e entusiasmo.

Os carros paravam na estrada, os motoristas pulavam para fora, corriam até os Long Riders, faziam as mesmas perguntas inúmeras vezes: "Quem são vocês? Aonde estão indo? O que podemos fazer para ajudar?"

E sempre esta: "Quero fazer o que vocês estão fazendo."

"Você pode", Eustace respondia toda vez. "Você pode!"

Seus dias começavam às quatro da manhã, quando cuidavam dos cavalos e tentavam imaginar onde, nos 50 a 80 quilômetros seguintes, iam achar comida e água para eles e para os animais. Todo dia, alguém precisava dirigir o reboque quilômetros à frente e depois voltar de carona até o acampamento, para que eles pudessem começar a cavalgar juntos. Isso levava um tempão; às vezes dois Long Riders passavam horas inteiras esperando enquanto o terceiro tentava bravamente arranjar uma carona. E seus dias não terminavam antes da meia-noite. O passo da cavalgada era vigoroso. Todos eles estavam mancando e quebrados de cavalgar tanto, porém nunca arrefeciam, nunca andavam, apenas trotavam.

Eles cavalgaram por trechos tão longos e entre tantos veterinários e ferradores, que Eustace tornou-se perito em cuidar de seus próprios animais e dos cascos deles. Ele observara ferradores colocando ferraduras em seus cavalos tantas vezes, que tinha certeza de que podia descobrir como fazê-lo. Ligou para Hoy Moretz, seu mentor caipira para assuntos equinos, lá na Carolina do Norte, para perguntar se seria aconselhável que ele próprio cuidasse das ferraduras durante aquela jornada, e o homem lhe fez uma forte advertência. "Não faça isso. Você é um rapaz inteligente, mas não é um profissional. Você pode aprender a ferrar seus próprios cavalos lá na sua fazenda em casa, mas na estrada tem muita coisa em jogo para você se arriscar a machucar um dos seus bichos por ignorância." Um conselho sensato, com o qual Eustace concordava totalmente, mas que ele enfim acabou ignorando, porque todos sabemos o quanto uma pessoa se torna capaz quando surge a necessidade. Ele tinha de aprender, por isso conseguiu realmente aprender. Também dava injeções e remédios para os cavalos, controlava sua alimentação e falava interminavelmente nas fitas sobre a condição física deles.

"Hasty mijou um sangue muito escuro perto do fim da mijada; isso me deixou preocupado [...] caiu duas vezes hoje, parece impossível, mas aconteceu, bateu com a cara direto no chão [...]. Pus uma venda nos olhos dele e o conduzi pela mão para prepará-lo para a ponte que está chegando. Porque tem uma chance, se nós conseguirmos fazer um cavalo cruzar esse novo tipo de ponte com grade de metal, que os cavalos consigam ver embaixo e morram de medo, bom, talvez eles passem todos e fiquemos em segurança. [...] Achei uma pedrinha no casco do Spur que está machucando ele [...] tentando prestar atenção nos ligamentos deles; não posso deixar um único machucado ficar sem tratamento aqui."

Diversas vezes ao longo do caminho, Eustace percebeu que eles precisavam de montaria nova ou com mais energia, por isso parava para comprar ou trocar animais. Foi assim que eles vieram a adquirir Cajun, Fat Albert, Blackie e Chavez. Também foi assim que eles arranjaram a mula imortal, Peter Rabbit.

Peter Rabbit veio lá do Mississippi. Eustace estava decidido a comprar uma mula para os Long Riders, pois queria um animal de carga forte. Por isso começou a espalhar para todo mundo que encontrava ao longo da estrada que estava procurando uma mula para comprar. Alguém tinha mencionado um criador de cavalos ali perto, de uma grande fazenda, que certamente tinha alguns animais os quais estaria disposto a vender. O fazendeiro, Pierson Gay, era bonito, conservador e elegante — um clássico cavalheiro do Sul, com um bigode branco bem-cuidado. Os Long Riders telefonaram para ele da estrada e disseram o que estavam procurando. Ele concordou em deixá-los passar a noite em seus estábulos e em discutir negócios. Como Judson lembra, no entanto: "Quando entramos cavalgando na fazenda dele, com o cabelo todo comprido, melados e parecendo um bando de hippies imundos, Pierson literalmente teve de desviar o rosto. Ele é um homem tão asseado, juro por Deus, que quase vomitou de nojo."

Mas as pessoas que lidam com cavalos têm um jeito todo especial de comunicar sua perícia — um código particular, talvez. Assim como Eustace havia se convencido imediatamente de que Susan Klimkowski sabia cavalgar, ao vê-la surgir montada em um cavalo em sua casa nas montanhas, Pierson Gay não demorou muito para perceber que aqueles rapazes sabiam o que estavam fazendo. E quanto aos animais, Pierson tinha um único que estava disposto a vender — uma grande e bela mula branca, um verdadeiro demônio, forte como nenhuma outra. Seu nome era Peter Rabbit. Eustace, Judson e Susan examinaram Peter Rabbit e o acharam saudável e robusto, justamente aquilo de que precisavam para a carga extra. Pierson disse que venderia a mula por mil dólares. Ora, esses Long Riders, principalmente Eustace, sabiam negociar um animal; você nunca aceita o primeiro preço. Eles voltaram para Pierson e ofereceram novecentos. Ouvindo isso, o sr. Pierson Gay saiu andando e resmungando, enquanto deixava o estábulo: "Mil dólares; esse é o preço. É isso que a mula vale para mim e é isso que eu disse que ela custa, por isso vocês podem me dar mil dólares ou então eu deixo Peter Rabbit bem aí no pasto; não vou ficar nem um pouco ofendido."

Eles desembolsaram os mil dólares.

Peter Rabbit tinha alguns problemas, no entanto. Pierson Gay não fez tentativa alguma de escondê-los. As mulas sempre têm problemas. Diferentemente da maioria dos cavalos, as mulas são inteligentes e, muitas vezes, maliciosas. As mulas podem pensar, raciocinar, tramar e se vingar. Não se pode baixar a guarda perto de uma mula, e aquela, em particular, era satânica. Eis as regras. Você não podia encostar nas orelhas de Peter Rabbit, senão ele tentava matar você. Isso fazia com que bridar a mula fosse uma operação com risco de vida. Você não podia encostar-se à barriga de Peter Rabbit, senão ele tentava matar você. Isso fazia com que selar a mula também fosse uma tarefa delicada. Outras vezes, advertiu Pierson Gay (que era um competente perito em quadrúpedes e já desistira de domar aquela mula havia muito tempo), Peter Rabbit podia tentar matar você sem nenhum motivo aparente. E você também não podia encostar nas patas dele. Senão ele tentava matar você.

Mesmo assim, era um animal muito possante. Por isso eles o compraram.

Os Long Riders partiram cavalgando no dia seguinte com Peter Rabbit, cheio de força e energia, em sua fila de animais de carga. Não demorou muito para que a mula fizesse notar sua presença. Caía uma chuva torrencial, e Judson estava tentando cobrir seu cavalo com uma lona para proteger o equipamento. A lona estava tremulando e batendo ao vento, e Peter Rabbit não gostou nem um pouco daquilo. Tomou distância e golpeou Judson com um vigoroso coice que atingiu o caubói bem na parte mais carnuda da coxa. Se tivesse acertado em outro lugar, poderia ter sido um golpe de partir o joelho, quebrar o braço, fraturar o quadril, afundar o crânio ou esmagar o estômago. Acertando onde acertou, o potente coice de Peter Rabbit fez Judson voar cerca de 1,5 metro e depois se estatelar no chão, onde, Judson admite, ele ficou deitado em silêncio na grama úmida, deixando a chuva cair no seu rosto e pensando como era agradável ficar deitado de costas e respirar por um instante naquela jornada brutal.

Porém Eustace logo entrou em ação. Ele já vinha andando de olho em Peter Rabbit, esperando um conflito de vontades entre eles e esperando o momento de deixar claro para a mula quem era o dono ali. O momento era aquele. Homem e mula postaram-se frente a frente, na primeira do que seria uma série de altercações físicas. Eustace deu um murro na mula, como se estivesse numa briga de bar, e gritou bem na cara dela: *"Nunca mais dê um coice no meu irmão!"* A mula virou-se para dar um coice em Eustace, que agarrou a guia do bicho com uma mão, agarrou um chicote com a outra e começou a espancar a mula. Peter Rabbit deu coices e arrastou Eustace por algumas centenas de metros, porém Eustace ficou segurando com toda a força naquela guia. Peter Rabbit jogava Eustace contra árvores e pedras, coiceando e mordendo, ambos zurrando a plenos pulmões. Judson e Susan correram para se esconder no mato, apavorados, e Judson não parava de gritar: "Meu Deus, Eustace! Pare com isso! Ele está tentando te matar!" Mas Eustace continuou segurando, levou uns coices e finalmente conseguiu arrastar a mula até uma série de bombas de gasolina antigas e pitorescas, em um velho posto abandonado, e amarrar a mula.

Então eles tiveram uma conversinha.

Eustace, agora reduzido (ou elevado) a um estado puramente bestial, abocanhou o focinho de Peter Rabbit entre os dentes e o mordeu com força. Depois, abriu a boca de Peter Rabbit à força e berrou dentro dela, como se fosse um urso-pardo durante um ataque. Depois agarrou as orelhas de Peter Rabbit e as mastigou também, sem parar de rosnar e urrar feito um ogro ferido. Depois ele contornou a mula, batendo nela com os punhos. Depois pegou cada uma das patas da mula — uma por vez, para mostrar sua autoridade — e berrou em cada casco como se fosse uma espécie de telefone animal. Os carros na estrada desaceleravam — e *muito* — conforme passavam por essa cena, e rostos pálidos e vidrados espiavam dos automóveis em movimento. Judson e Susan, chocados, se encolheram no mato, observando o desenrolar daquilo.

"O que eu posso dizer?", sussurrou Judson para Susan, ambos sentindo um medo e um orgulho profundos. "Meu irmão é um bicho."

Eustace surrou Peter Rabbit por mais um tempinho e então soltou a mula. Peter Rabbit saiu de fininho, certamente pensando consigo mesmo: *Puta merda...*

Eustace Conway e Peter Rabbit tiveram mais umas conversas como esta ao longo da jornada, até que a mula, que não era idiota, entendeu o recado. Ela reconheceu, pela primeira vez em sua vida de mula, que era outra criatura que tomaria as decisões. E quando eles chegaram à Califórnia, aquela mula estava tão educada, disciplinada e bem treinada que os Long Riders precisavam comunicar isso a Pierson Gay. Tiraram uma foto de Peter Rabbit. Na foto, Eustace está parado na frente da mula, mordendo uma de suas orelhas. Susan está agachada embaixo da mula, fazendo cócegas em sua barriga. E Judson está de pé nas costas da mula, de braços abertos, sorrindo.

Eles mandaram a foto pelo correio para o Mississippi, para os donos originais de Peter Rabbit. Umas poucas semanas depois, Eustace ligou para a casa de Pierson Gay para perguntar se eles haviam recebido a foto. A sra. Pierson Gay, uma senhora sulista muito gentil e refinada, atendeu o telefone. Ora, sim, ela disse com seu sotaque encantador, eles tinham recebido a foto.

"Então o que você acha dessa mula agora?", Eustace perguntou.

"*Dou a minha palavra*, meu bem", respondeu a sra. Pierson Gay com o seu mais doce sotaque do Sul pré-guerra. "Parece que o Peter Rabbit foi lá e se formou em Harvard."

Nem todo dia era festa. Eles tiveram momentos muito divertidos na jornada, mas também cavalgaram por longos trechos desolados, em estradas desertas onde não passava ninguém e o lixo soprava ao vento como se fosse um arbusto seco. Na região rural do Texas, eles passaram por uma tempestade de areia que os deixou cegos, sobrevivendo a ela apenas porque cobriram os rostos com bandanas, o que se revelou um bom sistema, até que um patrulheiro estadual exigiu que tirassem suas "máscaras" porque "as pessoas estão ficando nervosas, pensando que vocês são algum tipo de bandidos". Em outros pontos da jornada, eles enfrentaram ondas mortais de calor, um calor tão opressivo que Eustace temeu que os cavalos desfalecessem e que os seus próprios pulmões entrassem em combustão. Às vezes eles paravam por volta da hora do almoço e tentavam escapar do calor em um trecho de sombra.

Judson dizia: "Quanto tempo de descanso nós temos?"

"Dez minutos", respondia Eustace, e Judson e Susan deitavam, cobriam os rostos com os chapéus e tiravam uma soneca de exatamente dez minutos. Mas Eustace nunca dormia. Suas energias eram dedicadas aos cuidados com os cavalos. Naqueles dez minutos, ele fazia a ronda, conferia as patas, testava nós nas guias, olhava nos olhos dos bichos, procurava machucados causados pelas selas. Ele não estava preocupado com o calor, nem com sua própria exaustão física; só se preocupava com os cavalos.

As piores condições climáticas que eles enfrentaram foram na Louisiana, onde se depararam com uma tempestade de gelo devastadora de quatro dias. Ela surgiu do nada, na forma de uma forte chuva gelada, e em pouco tempo os três cavaleiros pareciam estar revestidos de 5 milímetros de vidro. Tudo estava congelado — chapéus, estribos, alforjes, botas, barbas. Essa foi a única vez que o clima chegou a deter os Long Riders, e não foi por causa do desconforto pessoal; foi porque Eustace se recusou a arriscar a segurança dos cavalos naquelas estradas escorregadias de gelo sólido. Tentando encontrar um lugar para se esconder durante a tempestade, eles acabaram se abrigando embaixo dos toldos de uma mercearia pequena e antiga. Eustace soltou Judson no meio dos cidadãos locais, mandando que ele usasse seu famoso charme para garantir umas camas quentes para os cavaleiros e um estábulo quente para os cavalos, naquela noite.

"Vá cuidar da situação, irmãozinho", disse Eustace. "Faça o que você faz melhor."

Judson, que de fato age rápido, obedientemente travou amizade com alguns sujeitos que estavam mascando tabaco na mercearia. E em questão de minutos os Long Riders tinham sido convidados a esperar o fim da tempestade de gelo em um complexo ali perto, administrado por uma organização miliciana de caipiras brancos que representavam o Movimento Patriota. Aqueles milicianos eram, de acordo com a descrição de Eustace Conway, "umas pessoas que acham que o governo americano tem controle demais sobre a nossa vida, o que basicamente não é uma má ideia, e eu concordo com eles em muitos aspectos, embora não tenha me impressionado com seu nível de desorganização, e todos bebiam tanto álcool que não conseguiam transmitir sua mensagem de forma eficiente".

"Ahá, a gente tem um lugar pra vocês ficarem", disse um dos milicianos. "Vocês trouxeram armas? Bom, não vão precisar delas na nossa sede! Nós temos um montão de armas."

Durante os dois dias seguintes, os Long Riders foram hóspedes do Movimento Patriota. Presos naquela pequena casa de fazenda na Louisiana devido ao tempo ruim, Susan e Judson passaram dois dias aconchegantes, bebendo até cair com aqueles fiéis defensores dos direitos sagrados da Segunda Emenda americana e disparando armas por esporte. Enquanto isso, Eustace tentava manter-se sóbrio e produtivo, e gastou aquelas 48 horas telefonando para todas as pessoas que conhecera pelo país, tentando ver se alguém conhecia alguém que talvez quisesse se juntar aos Long Riders e dirigir a picape e o reboque. Eustace estava de saco cheio daquela história de algum deles ter de ir na frente com a picape e voltar de carona. E, de fato, depois de uns cem telefonemas, ele achou esse motorista, um garoto de 19 anos com o apelido de Swamper, que não tinha nada para fazer na vida, naquele momento, além de subir em um ônibus interestadual na Carolina do Norte e juntar-se à equipe na Louisiana.

Quando a tempestade de gelo terminou, os Long Riders deram adeus a seus amigos milicianos e partiram para o Oeste outra vez, agora com seu novo parceiro, o jovem Swamper, dirigindo o veículo de apoio, e seguiram em direção ao Texas.

O Texas foi um lugar especial para Eustace, porque foi lá que ele comprou o melhor cavalo de sua vida — seu amado Hobo. Hobo era um puro-sangue feito para viajar. Hobo se tornaria uma lenda, o cavalo mais veloz, inteligente e fiel que Eustace jamais conheceu. Eustace comprou Hobo em uma estrada no meio do Texas, de um fazendeiro chamado sr. Garland — e que grande achado foi aquele! O fazendeiro estava encostado na cerca, quando os Long Riders passaram trotando, e todos eles começaram a conversar. Quando o sr. Garland descreveu o cavalo que estava pensando em vender ("ele é do tipo magro e rápido"), Eustace ficou como que com água na boca. A partir daquela breve conversa, ele deduziu o resto da história. Aquele texano comprara um belo cavalo de corrida porque adorava a ideia, mas agora achava que o animal era rápido demais para ele. Manda pra cá!

"Quer experimentar?", o texano perguntou.

Eustace montou em Hobo para fazer um *test drive* e disse: "Vamos lá, garoto." Em um faiscante nanossegundo, o cavalo passou de um tranquilo repouso no campo para um assustador galope em ritmo supersônico. O chapéu de Eustace voou, e ele mal se segurava pelos calcanhares.

"Acho que seu irmão não consegue dar conta desse cavalo", disse o sr. Garland para Judson, que estava observando da cerca e que respondeu: "Ah, ele vai conseguir sim!"

Que dia foi aquele! Eustace receou que fosse vulgar e obsceno dizer ao texano como foi boa a sensação de ter aquele cavalo entre as pernas, durante o *test drive*, como foi gostoso e emocionante quando Hobo disparou e saiu cruzando os pastos a toda a velocidade "feito um campeão nato, feito um foguete"; dizer que ele não pudera deixar de pensar que nada no mundo lhe causara uma sensação tão boa entre as pernas, exceto talvez o corpo de Carla...

Ele comprou Hobo na mesma hora e partiu cavalgando nele. Eustace e aquele cavalo espetacular tiveram uma interação impressionante, desde o primeiro dia. Como Eustace diria: "Só o que eu precisava fazer era pensar, e tão rapidamente quanto eu conseguia articular o pensamento, Hobo reagia." Aquele era um animal que finalmente se equiparava à gana de Eustace — um parceiro de verdade, um animal que queria *ir*. Hobo foi uma aquisição genial. Os Long Riders precisavam de um cavalo impetuoso como Hobo para não perderem o impulso. Às vezes era difícil manter a motivação. Todos eles — cavalos e cavaleiros — estavam sofrendo de ferimentos, de desgaste e de cansaço. Judson sempre disparava sua pistola para comemorar, quando eles cruzavam a divisa de um estado, por exemplo, até que um dia houve um acidente feio, quando ele fez isso na fronteira entre o Arizona e o Novo México e o cavalo de Eustace disparou em pânico, jogando-o no chão. Eustace não estava montado em Hobo nem em Hasty naquele dia, estava experimentando um cavalo novo que eles tinham comprado recentemente — Blackie, um forte e irrequieto mustangue mestiço, que pelo jeito não gostava muito de armas. Quando Judson disparou sua pistola, o cavalo pirou completamente, e Eustace caiu de cabeça sobre uma pedra, abrindo um corte no couro cabeludo. Ele estava tão machucado que mal conseguia enxergar direito, e a cada passo que dava tinha um espasmo, mas fez o sangue estancar com um curativo e continuou cavalgando, afinal, "o que eu ia fazer? *Não* continuar?".

Aquele não era um passeio descontraído. Eles não estavam flanando pelos Estados Unidos. Estavam devorando os quilômetros, o que significava que estavam cansados o tempo todo. Sentiam fome e dor. Discutiam uns com os outros. Era triste, mas justamente o oposto do que Eustace quisera com aquela viagem estava acontecendo. Ele tivera a esperança de fortalecer sua relação com Judson, porém, em vez disso, Judson estava se afastando cada vez mais de sua atitude de idolatria em relação ao irmão mais velho. Judson queria se divertir ao longo da viagem e se ressentia com a obsessão inflexível de Eustace pela velocidade, que nunca lhes dava tempo de parar e aproveitar os lugares ao seu redor.

"O que eu posso dizer sobre Eustace?", perguntou-se Judson, tempos depois. "Ele precisa ser o maldito Ernest Shackleton o tempo todo, bater todos os recordes mundiais, ser o mais rápido nisso e o melhor naquilo. Nunca conseguia relaxar e se divertir. Não foi para isso que Susan e eu fizemos a viagem."

A viagem através do país estava se tornando um vasto quadro em que as diferenças entre os irmãos Conway se acentuavam cada vez mais fortemente. Lá estava, de um lado, Eustace — movido pela sua antiga mitologia, por suas ideias de heróis e destinos. E, do outro, Judson — movido por seu desejo de se divertir e armado com uma sensibilidade totalmente moderna no que toca aos papéis que as pessoas exercem no mundo. Era essa sensibilidade tão autoconsciente de Judson Conway (uma sensibilidade, aliás, que ele compartilha com praticamente qualquer americano moderno, exceto seu irmão) que permitia que ele brincasse dizendo "Ei, agora sou um caubói de verdade!" enquanto disparava sua pistola. Judson estava cruzando os Estados Unidos a cavalo porque sabia que as pessoas costumavam fazer esse tipo de coisa, antigamente, e porque era arrojado e divertido fantasiar-se como um ícone. Eustace estava cruzando os Estados Unidos a cavalo porque queria que esse ícone *ganhasse vida*. Para Judson, aquilo era um jogo delicioso; para Eustace, uma empreitada extremamente séria.

"Susan e eu teríamos ficado felizes em andar na metade da velocidade e ter mais tempo para ficar à toa, cheirar as flores", disse Judson.

"Só porque estou viajando 80 quilômetros por dia, isso não quer dizer que eu não possa cheirar as flores", retrucou Eustace. "Estou cheirando as malditas flores enquanto passo em disparada! E estou cheirando 80 quilômetros a mais de flores do que os outros. Antes de tudo, nós precisávamos de velocidade, naquela viagem, por causa do cronograma — Judson e Susan tinham de voltar para seus empregos, por isso não tínhamos um tempo infinito para chegar à Califórnia. Além disso, eu queria descobrir o limite da nossa capacidade. Tanto dos cavalos quanto dos cavaleiros. Queria forçar, sondar, desafiar, dobrar o reino do possível. Queria pôr nossas limitações em um microscópio e olhar fixamente para elas, entendê-las e rejeitá-las. Olha, para mim não era importante ter conforto nessa viagem, nem mesmo me divertir. Quando eu tenho um objetivo, quando estou no meio de um desafio como esse, não preciso das coisas de que outras pessoas precisam. Não preciso dormir nem comer, estar quente ou seco. Posso viver sem nada, quando paro de comer e dormir."

"Isso se chama morrer, Eustace", eu disse.

"Não", respondeu sorrindo. "Isso se chama viver."

É difícil entender onde essa urgência toda se encaixa na filosofia zen de Eustace — viver em perfeita harmonia com os ritmos sutis da natureza, "ser como a água". A ideia dessa jornada não era, definitivamente, ser como a água; era ser uma motosserra cortando o país em disparada. E o efeito não era calmante. Os parceiros de Eustace não conseguiam tolerar essa sua determinação incessante. Judson começou a beber uísque todas as noites, como um modo de amaciar o impacto de toda aquela intensidade de seu irmão.

"Eu sabia que Eustace odiava me ver ficando bêbado e alheio a tudo", ele disse, "mas aquilo mantinha minha sanidade".

Eustace era incansável, e sua liderança era muitas vezes opressiva, mas até hoje ele defende todas as decisões que tomou. "As pessoas não entendem — Judson e Susan não entenderam — que não foi por acaso que vencemos toda essa distância sem que nós ou nossos bichos morrêssemos ou nos machucássemos seriamente. Conheço outras pessoas que tentaram cruzar os Estados Unidos a cavalo e se estropiaram todas — cavalos feridos, equipamento roubado, cavaleiros assaltados, agredidos, atropelados. Isso não aconteceu com a gente porque eu estava vigilante pra caralho. Tomava umas mil decisões todo dia, cada uma com o objetivo de diminuir as chances de a gente se deparar com um problema. Se eu decidia cruzar a estrada, era por um motivo. Se podia virar meu cavalo um pouquinho, para ele andar na grama em vez de no cascalho por apenas quatro passos, eu fazia isso, poupando quatro passos de impacto nas pernas dele.

"Ao fim de cada dia, quando procurávamos lugares para acampar, meu cérebro de computador entrava em ação e avaliava cada possibilidade, assimilando dezenas de contingências que ninguém mais teria levado em conta. *Que tipo de vizinhança fica perto deste prado? Tem uma rota de saída atrás do prado, caso precisemos fazer uma manobra rápida? Tem arames soltos no chão onde os cavalos podem se enroscar? Tem capim fresco do outro lado da estrada, que pode atrair os cavalos a atravessar a*

estrada no meio da noite e ser atropelados? As pessoas vão nos ver da estrada
e parar para perguntar o que estamos fazendo, obrigando-nos a desperdiçar
nossa energia, quando precisamos cuidar dos cavalos? Judson e Susan nunca viam esse processo. Ficavam perguntando: 'Que tal esse lugar, Eustace? Esse parece um bom lugar para acampar.' E eu dizia: 'Não, não, não' e nem me dava ao trabalho de explicar por quê."

Judson e Susan, já irritados com a liderança de Eustace, rebelaram-se no Arizona. Eles literalmente chegaram a uma encruzilhada. Judson e Susan queriam desviar da rodovia e tomar uma rota mais selvagem naquele dia, embrenhando-se em um cânion acidentado, um atalho que prometia uma aventura intensa em terrenos difíceis. Eustace empacou. Queria continuar na rodovia, em um trajeto mais sem graça e menos cênico, que exigiria dos cavalos mais quilômetros, mas consideravelmente menos impacto. Os Long Riders fizeram uma reunião de equipe.

"Não é seguro", disse Eustace. "Vocês não sabem o que vão encontrar lá embaixo. Podem dar de cara com uma parede de cânion ou um rio impossível de atravessar, e vão ter que voltar 15 quilômetros por onde vieram, perder o dia inteiro. Vocês podem morrer. Vocês não têm um mapa nem nenhuma informação confiável. Podem encontrar deslizamentos de pedras soltas, trilhas ruins e riachos perigosos que vão estropiar seus cavalos. Seus bichos já estão sendo forçados até o limite; é cruel exigir isso deles. É um risco grande demais."

"Estamos cansados de ir pela rodovia", Judson reclamou. "Viemos nessa viagem porque queríamos ver o campo, e esta é nossa chance de voltar para a natureza. Queremos ser mais espontâneos, viver mais perto do limite."

Eles fizeram uma votação e, é claro, Judson e Susan venceram. Eustace estava irredutível.

"Sou totalmente contra", ele disse. "Vocês podem pegar a trilha do cânion se quiserem, mas eu não vou."

Foi um momento devastador para Judson. Antes de partir em viagem, eles tinham feito um pacto de que as decisões a respeito do dia seriam democráticas; se houvesse qualquer disputa sobre o próximo passo, venceria a vontade da maioria. Eles nunca iriam se dividir por causa de uma discordância, e agora estavam fazendo exatamente isso. Naquela heroica jornada de 4 mil quilômetros, haveria uma triste lacuna de 50 quilômetros no meio do país, na qual os parceiros inseparáveis se separaram porque não conseguiram chegar a um consenso.

"Achei que nós fôssemos uma equipe", disse Judson para o irmão.

E Eustace respondeu: "Fico feliz de estar em uma equipe, contanto que nós sempre façamos o que eu sei que é certo."

Judson e Susan desceram pelo cânion.

"Foi o dia mais legal da viagem inteira", lembra Judson. "A natureza e o cenário eram selvagens. Cavalgamos por rios que batiam na barriga dos cavalos e cavalgamos por velhos espigões de pedra. Adoramos cada minuto, rindo e cantando o tempo inteiro. Era tudo o que eu tinha imaginado que a viagem podia ser. Nós nos sentimos como foras da lei de antigamente. E Eustace perdeu isso tudo."

"Os cavalos deles voltaram mancando", lembra Eustace. "Eles nunca deveriam ter descido ali. Poderiam ter morrido ou ter destruído seus animais. Eu tinha razão."

Dali em diante, Judson decidiu calar a boca e acatar as ordens de Eustace, porque conservava mais sua paz submetendo-se do que brigando. Mas enquanto cavalgava ao lado do irmão, ele aguentava a sensação terrível de saber que eles jamais seriam os mesmos depois daquilo.

Eles chegaram ao Pacífico antes da Páscoa, conforme tinham planejado. Não houve deserções nem mortes. Eles passaram por San Diego até um lugar onde pudessem sentir o cheiro do mar. Quando cruzaram a última rodovia e chegaram à praia, Eustace entrou com seu cavalo direto na arrebentação, como se quisesse cavalgar até a China montado em Hobo. Ele estava aos prantos, ainda forçando para avançar.

Não era o caso de Judson e Susan. Eles estavam fartos daquela viagem brutal. Aquilo tinha chegado ao fim, e era uma grande alegria. Judson foi direto para onde havia pessoas. Entrou com o cavalo em um bar e ficou sentado — *em cima do cavalo!* — durante várias horas, girando a pistola e contando histórias enquanto os clientes se amontoavam à sua volta e o barman trazia uma rodada após a outra. Quanto a Susan, ela amarrou o cavalo do lado de fora do bar e andou em silêncio para dentro da aglomeração, sem chamar muita atenção.

Eles passaram a semana seguinte em San Diego, onde suas mães vieram encontrá-los. A sra. Conway e a sra. Klimkowski queriam levar os rapazes pela cidade inteira, mostrar-lhes o Sea World, passear no zoológico e comer em restaurantes chiques. Judson e Susan estavam mais que contentes de serem paparicados, mas Eustace ficou longe de todo mundo, silencioso e taciturno.

"Não sei como eles conseguiram se desligar desse jeito", Eustace disse mais tarde. "Eu queria dizer a eles: 'Ei, vocês acabaram de ter essa experiência incrível com os seus cavalos e conseguem esquecer? Um dia vocês estão vivendo a vida tão intensamente, e no dia seguinte conseguem entrar no carro e ir comer em uma porra de um fast-food? Como se isso nunca tivesse acontecido?' Eles pareciam não estar nem aí."

Ele passou a semana sozinho, emburrado, cavalgando todos os dias, o dia inteiro, de um lado para o outro da praia. Seus companheiros perguntavam:

"Você ainda não enjoou de cavalgar?"

Não. Nunca. Eustace cavalgava na praia durante horas, contemplando sua jornada, confrontando-se com a inegável limitação do oceano Pacífico e lidando com a realidade geográfica de seu Destino Manifesto pessoal: de que não havia mais nenhum lugar aonde *ir*. O país acabava ali mesmo. Era o fim. Se ao menos outro continente brotasse do mar para que ele pudesse conquistá-lo também...

Eles levaram os cavalos de volta para a Carolina do Norte no reboque. Isso lhes rendeu um bom descanso. Eustace talvez não sentisse necessidade de relaxar depois da viagem, mas achou melhor deixar que seu amado Hobo relaxasse um pouco.

Então Hobo deu um belo descanso no reboque, percorrendo sobre rodas o caminho inteiro até a Carolina do Norte, como se fosse uma celebridade. De volta a Turtle Island, Eustace concedeu ao cavalo vários meses no pasto, para ele se desestressar antes de eles começarem a andar juntos de novo. Cavalgar em Turtle Island seria diferente, é claro, do que tinha sido na estrada. Eustace agora precisava de Hobo mais para serviços de fazenda do que para correr. Precisava montar em Hobo quando fiscalizava o terreno e precisava atrelar Hobo para ajudar a arrastar troncos e trenós cheios de ferramentas. Eles trabalhavam bem

— e duro — juntos. Hobo tinha uma doçura que superava até mesmo sua velocidade.

E então, um dia, muitos meses depois de a viagem dos Long Riders chegar ao fim, Eustace decidiu que ele e Hobo mereciam um passeio à moda antiga. Deixaram o estresse e o burburinho de Turtle Island e partiram para as montanhas. Subiram sem parar até uma pradaria alta onde, lembra-se Eustace, ele soltou as rédeas, abriu bem os braços e deixou que Hobo disparasse e corresse pelo puro prazer da corrida no ar elevado, iluminado.

Eles voltaram para casa silenciosos e felizes. Mas, quando estavam quase avistando o estábulo, Hobo tropeçou. Tropeçou em uma pedra minúscula. Mal se podia chamar aquilo de acidente, de tão insignificante. Aquele belo cavalo, que cruzara o continente sem nenhum ferimento ou reclamação, que podia escalar pedras soltas e encostas íngremes nos Apalaches sem a mínima hesitação e que sempre reagia com inteligência e avidez aos mais sutis indícios de comunicação de Eustace, aquele belo cavalo simplesmente caiu por cima de uma pedra comum. Hobo deu um passinho estranho e quebrou a perna, e o seu fêmur quase se partiu ao meio.

"Não", disse Eustace, pulando do cavalo. "Não, por favor, não…"

Hobo não conseguia apoiar nenhum peso na perna. Estava confuso e não parava de se virar para olhar para o membro ferido — e para Eustace, na esperança de uma resposta sobre o que havia de errado. Eustace deixou Hobo ali sozinho e correu até seu escritório, onde deu telefonemas desesperados para seus mentores, o caipira Hoy Moretz e o menonita Johnny Ruhl. Ele ligou para todos os veterinários que conhecia, e todos os ferradores, mas quando descrevia o que tinha acontecido, só o que eles conseguiam fazer era confirmar o que ele já sabia: que não era possível fazer nada. Eustace teria de dar um tiro em seu amigo. Depois de tudo que eles tinham vivido juntos, acontecer aquilo em uma tarde tranquila, perto de casa, quando eles já estavam quase avistando o estábulo…

Eustace pegou sua espingarda e voltou para o cavalo. Hobo estava ali parado, como antes, olhando para sua perna e depois para Eustace, tentando entender aquilo.

"Sinto muito, Hobo", disse Eustace. "Eu te amo tanto."

E então deu um tiro na cabeça de Hobo.

O cavalo caiu de joelhos no chão, e Eustace desabou junto com ele, soluçando. Ele se agarrou ao pescoço de Hobo enquanto o cavalo morria, falando com ele de todos os bons momentos que eles tinham vivido juntos e de como ele tinha sido sempre corajoso, e também agradecendo a ele. Como aquilo podia ter acontecido? Eles estavam a apenas alguns *passos* do estábulo...

Mais tarde naquele dia — e essa foi a parte mais difícil —, Eustace voltou para cortar a crina e a cauda de Hobo. Isso significaria muito para ele nos anos futuros. Talvez, se algum dia Eustace chegasse a ter um outro cavalo que fosse digno, podia tirar mechas da crina e da cauda de Hobo e trançá-las numa brida para o novo animal, e essa seria uma bela homenagem. Fazer esse primeiro corte, no entanto, violar o corpo de seu amigo com uma faca, era quase impossível, e Eustace chorou como se o peso de seu sofrimento fosse derrubar cada árvore da floresta.

Eustace deixou Hobo onde ele havia caído. Queria que os abutres o comessem. Sabia que os indígenas americanos acreditavam que os abutres eram o transporte sagrado, o meio pelo qual um espírito é carregado da terra para o céu. Por isso Eustace deixou Hobo ali, onde as aves podiam achá-lo. O que significa que, até hoje, sempre que Eustace está trabalhando do lado de fora e vê abutres pairando no ar, ele olha para cima e diz "oi", pois sabe que é lá que Hobo vive agora.

Quando chegou a primavera, Eustace voltou ao lugar onde Hobo caíra para conferir os ossos do amigo. Queria recolher as penas de abutre que achasse em volta do corpo de Hobo e guardá-las em um lugar sagrado. Mas sua intenção não era apenas espiritual; Eustace também queria examinar o fêmur quebrado de Hobo, agora que não havia mais carne. Ele tinha a suspeita de que a fratura talvez tivesse sido inevitável. Eustace muitas vezes se perguntara se Hobo já tinha sido um cavalo de corrida e sofrera um ferimento que dera fim à sua carreira, e teria sido por isso que o fazendeiro do Texas acabara ficando com ele e se dispusera a vendê-lo por um preço razoável. Talvez Hobo viesse carregando essa fratura de estresse havia anos e sempre tivesse tido essa fraqueza no osso, e fosse apenas questão de tempo até que ele quebrasse de novo.

E de fato, quando Eustace examinou os ossos descolorados de Hobo, descobriu que sua suspeita estava certa — o osso sempre estivera rachado; o ferimento sempre estivera lá. Aquele momento, em que Eustace se ajoelhou no chão e investigou o osso com um olhar científico, é crucial, porque mostra como, mesmo imerso em dor, Eustace Conway sempre procura uma resposta lógica. Afinal, a vida continua, e sempre se deve buscar a lição, mesmo em meio ao sofrimento. Jamais ficar estático; jamais parar de coletar informações.

E foi essa mesma relutância em permanecer estático que fez com que Eustace Conway, apenas dois anos após o fim da viagem dos Long Riders, tentasse outra viagem a cavalo insanamente ambiciosa. Pois é preciso sempre querer ir mais além. Sempre se deve sondar, desafiar e pôr suas próprias limitações sob um microscópio, para examiná-las e rejeitá-las.

É claro que Eustace Conway não embarcou na mesma jornada. Não há motivo para repetir uma experiência, afinal. Mas dessa vez foi uma aventura um pouco diferente. Após ter dominado a equitação transcontinental sobre uma sela, Eustace decidiu atrelar seus cavalos a uma charrete leve e levá-los para uma volta alucinante pelas Grandes Planícies da América do Norte, perfazendo um círculo de 4 mil quilômetros que cruzaria os estados de Nebraska, Dakota do Sul, Dakota do Norte, subindo até o Canadá, passando por Manitoba, Alberta e Saskatchewan, depois voltando por Montana e Wyoming. Eustace calculou que podia fazer isso em menos de sessenta dias. Ele agora tinha uma parceira diferente. Ia viajar com sua nova namorada. Eustace recentemente permitira-se se apaixonar pela primeira vez após ter sobrevivido ao tornado devastador que tinha sido Carla. Poucos anos tinham se passado, mas ele já estava pronto. Estava entusiasmado com esse seu novo amor e me telefonou logo depois de conhecer a menina para me contar tudo sobre ela.

"Como ela é?", perguntei.

"Bonita, inteligente, gentil, jovem. Metade mexicana. A pele mais bonita que você já viu."

"Qual é o nome dela?", perguntei.

"Patience."

"Melhor que ela seja paciente mesmo!"

Patience Harrison era uma professora de 23 anos de idade. Era jovem, mas certamente robusta o bastante para uma viagem como a que Eustace estava prestes a fazer. Era uma atleta excelente, antiga capitã do time de hóquei na grama da Duke University, e era intrépida; já tinha cruzado a África em circunstâncias muito mais severas do que as que encontraria no Canadá. Eustace estava louco por ela.

Ele amava Patience por seu cérebro, sua personalidade conquistadora e sua coragem física. Na primeira vez que ela veio visitar Turtle Island, Eustace a levou para dar um passeio de charrete. Ele perguntou se ela queria tentar guiar os cavalos um pouco, e ela agarrou as rédeas sem a mínima hesitação, topando na hora. Ele pensou: *Uau, essa é a garota certa para mim.* Ele também foi conquistado por um vídeo que viu de Patience jogando hóquei universitário. No vídeo, ela aparece levando um golpe feio do bastão de uma adversária e depois caindo no chão, machucada. Tinha quebrado o pulso. Então ela se levanta e tenta correr atrás da adversária, mesmo enquanto seu braço está balançando todo torto do seu lado. Depois ela cai no chão de novo, dominada pela dor. Depois se levanta para outra tentativa, cruzando o campo em disparada, com os dentes cerrados, recusando-se a desistir. Pornografia era bobagem; aquele era o vídeo mais sensual de uma mulher que Eustace já tinha visto.

E ele amava Patience, é preciso dizer, por sua beleza. Ela era estonteante. Bom, Eustace Conway jamais terá uma namorada que não seja estonteante, mas Patience era, como Eustace disse depois, "meu ideal. Você pode imaginar como é estar com o seu ideal? Com sua origem mexicana, ela tem essa pele escura, olhos escuros e dentes brancos que eu acho a combinação mais bonita do mundo. Eu a desejo tanto. Nunca estou com ela sem desejá-la. Tudo nela — suas mãos, seu corpo, seus lábios, suas orelhas, o brilho do seu cabelo —, eu idolatro cada célula dessa menina".

Ele declarou seu amor por ela com seu típico ardor:

"Com um arco-íris nos olhos, eu vejo sua beleza", escreveu para ela em uma de suas primeiras cartas. "Com o sol brilhando no coração, sinto amor por você. Guiado por borboletas, eu voo com você rumo à liberdade. Com as chuvas férteis da esperança, sonho com o nosso futuro. Com tanta paixão que chega a te deixar desconfortável, eu quero você."

Esta última afirmação certamente era incontestável. Patience Harrison estava fortemente atraída por Eustace e fascinada por sua vida romântica, mas desde o começo reagia com frieza ao seu ardor. Ele levou um tempão para persuadi-la a permitir uma intimidade física entre eles, dentro de quatro paredes; e ela também não era fisicamente atenciosa com ele em público, não era alguém que sequer andasse de mãos dadas quando houvesse alguém olhando. Ela sentia um claro desconforto com a paixão dele e achava difícil não desviar o rosto de constrangimento sempre que ele tentava mirar profundamente nos seus olhos. Ela detestava que ele a chamasse de "baby" e ficava chateada com sua fixação pela beleza dela, reclamando: "Será que às vezes você não podia falar que eu sou inteligente ou talentosa ou interessante, e não só linda?"

Ao que Eustace respondia, brincando: "Você tem o cabelo preto lustroso mais inteligente que eu já vi. Seu sorriso e seus olhos são de um talento assustador. Você tem o corpo mais interessante do mundo."

Para a maioria dos observadores, não parecia um par perfeito. Patience era uma garota totalmente moderna, que sempre mantivera os namorados à distância, para preservar sua independência. (Ela dizia, fazendo piada, que era tão reservada que um de seus ex-namorados a apelidara de "Prudence", prudência.) Eustace, que, como sempre, queria uma união inconsútil e de ardentes proporções, ficava mordido com a frieza dela. Além do mais, Patience não tinha tanta certeza se queria largar sua vida para ir morar em Turtle Island para sempre como nova primeira-dama. Porém sua maior reserva, ela admitiria depois, era que ela ficara apavorada com um comentário que Eustace fizera logo no começo, dizendo que queria ter 13 filhos com ela.

Isso mesmo: 13.

Não tive como deixar de perguntar a Eustace sobre isso.

De fato, minha pergunta exata foi: "Por favor, diga que você não disse isso de verdade."

A resposta dele foi: "Cem anos atrás, uma mulher não teria se assustado com essa ideia!"

Que resposta decepcionante. À parte o fato totalmente óbvio de que agora *não é* cem anos atrás, essa afirmação tem tantas outras coisas erradas que não sei direito por onde começar a dissecá-la. Eustace

Conway, sendo um verdadeiro estudante de história e antropologia, deveria estar mais informado. Mesmo cem anos atrás, a taxa de natalidade média da mulher americana caíra para apenas 3,5 filhos. As mulheres já estavam usando métodos de controle de natalidade e já tinham começado a debater publicamente sobre como criar famílias enormes afetaria a condição econômica e social delas. Em outras palavras, é preciso procurar muito mais longe do que no século passado para achar esse tipo de reprodutora entusiasmada com que Eustace estava sonhando.

E mesmo nesse caso, há outras coisas a se considerar. Pensemos na mulher de Daniel Boone, por exemplo, a fiel sra. Rebecca Boone. Casando-se aos 17 anos, Rebecca imediatamente herdou os dois filhos órfãos do falecido irmão de seu marido. Depois teve dez filhos legítimos (que sobreviveram) ali na fronteira, adotou os seis filhos sem mãe de seu irmão viúvo e ajudou a cuidar de muitos dos 33 bebês gerados por suas quatro filhas.

Rebecca Boone passou a maior parte de sua vida adulta em um forte. Ela e os filhos passavam fome o inverno inteiro. Seus filhos homens eram feridos e mortos pelos índios; suas filhas eram simplesmente raptadas por eles. No meio do casamento, Rebecca conseguiu deslocar sua família de volta para seu assentamento seguro e confortável na Carolina do Norte, enquanto Daniel partia para fundar uma nova colônia no Kentucky. Quando ele regressou para buscá-la, ela quase se revoltou, quase se recusando a voltar para o meio do mato com ele. Ele insistiu; ela resistiu. O casamento, segundo a história sugere, chegou perigosamente perto do fim. Todavia Rebecca era uma esposa fiel e, por isso, acabou seguindo o marido para a mata inóspita. Mas estava exausta. Um missionário que visitou um assentamento de Boone nos anos 1780 lembra-se de encontrar Rebecca Boone e sentar-se com aquela "alma quieta" em frente à sua cabana minúscula, enquanto ela chorava e lhe falava de seus problemas, de suas agruras e do "tormento e medo em seu coração".

De modo que, sim, Eustace tinha razão em um certo sentido. Muitas mulheres pioneiras tinham tido um monte de filhos. Mas será que elas realmente *queriam* isso? Será que realmente achavam o máximo ter todos esses bebês? Aquilo era algum tipo de decisão inspirada? Por algum motivo, não consigo imaginar Rebecca Boone dando piruetas de alegria no dia em que descobriu, no meio da floresta e com mais de 40 anos, que estava grávida pela décima vez. De um modo semelhante, não consigo imaginar a jovem Patience Harrison — recém-formada na Duke University, estudante de destaque e ambiciosa viajante internacional — ficando toda empolgada e ansiosa quando Eustace Conway disse que queria ter 13 filhos com ela.

E ela não ficou mais tranquila quando Eustace lhe garantiu que ter 13 filhos era apenas um sonho e que ele tinha muitos sonhos os quais nunca esperava que fossem de fato se realizar, que ele até consideraria a possibilidade de não ter filho algum, se fosse isso que ela quisesse, ou que eles podiam adotar crianças, ou ainda inúmeras outras opções que eles podiam discutir. Além do mais, ele queria saber se Patience já tivera contato com um povo, tal como os amish ou os maias da Guatemala, que realmente apreciasse e valorizasse os filhos. Talvez ela mudasse de opinião se pudesse ver em primeira mão, como Eustace tinha visto, o modo inspirador como essas culturas inserem as grandes famílias na sociedade mais ampla com facilidade e prazer. Mesmo assim, o número ecoava na cabeça de Patience como as vibrações de um grande sino de catedral.

Tre-ze! Tre-ze! Tre-ze!

De qualquer modo, esse não era o único problema entre os dois. Patience era cautelosa, distante e hesitante com Eustace. E ele a amava assim mesmo. Atribuía essa hesitação à juventude dela e esperava que eles lentamente fossem se aproximar, com o tempo, tomados por uma ardente paixão. Talvez eles pudessem se acertar naquela aventura. Talvez a viagem de charrete fosse melhorar tudo.

Eustace, ainda mais do que na viagem dos Long Riders, queria forçar a si mesmo e os seus cavalos até o limite máximo da resistência. Sabia que os cavalos podiam avançar muito mais depressa puxando uma charrete do que carregando um homem, e queria ver quão rápido eles eram capazes de andar. Era uma charrete leve e ágil, não uma carroça de fazenda para trabalho pesado, e os cavalos estavam equipados com arneses modernos de náilon, que seriam mais eficientes que os de couro.

Ele estava obcecado por impedir que os cavalos carregassem peso demais. Precisava aprovar cada peça de roupa que Patience queria levar, para garantir que um par de meias supérfluo não fosse acrescentar 20 gramas de esforço aos seus bichos. Patience uma vez parou em uma loja na Dakota do Norte e comprou um frasco de picles para petiscar, e Eustace caiu em cima dela por causa disso. "Esse monte de vidro, salmoura e picles é peso extra demais para os meus cavalos puxarem o dia inteiro", resmungou, e só parou de reclamar quando o objeto ilícito tinha sido consumido e jogado fora. Já com seus cavalos, especialmente em uma jornada difícil, ele estava preocupado, atento, vigilante. A quilômetros de um veterinário, forçando os animais até os limites de sua resistência, ele estava zelosamente ciente de "cada passo que meus cavalos davam, tudo o que eles comiam, tudo o que eles bebiam, cada ferida, cada mancada, cada caca de nariz, a cor da urina toda vez que eles mijavam, a frequência das suas fezes, cada movimento mínimo da orelha, tudo".

Eustace estava ainda mais fanático por velocidade nessa jornada do que na viagem dos Long Riders. Estava tão obcecado em não desperdiçar um instante sequer que, quando via um portão se aproximando, entregava as rédeas para Patience, saltava da charrete e corria à frente para abrir o portão. Não parava a charrete nem para se aliviar, preferindo em vez disso pular para fora e mijar no mato enquanto os cavalos continuavam trotando, depois alcançá-los a pé, correndo a toda a velocidade.

Eustace e Patience chegaram a um ponto em que eram capazes de trocar e substituir as ferraduras dos cavalos — mais de cinquenta dessas paradas, ao longo da viagem toda — mais rápido do que uma equipe de *pit stop* de fórmula Indy 500. Patience entregava as ferramentas a Eustace, Eustace cuidava da ferradura em um instante e sem erros. Eles cruzavam as planícies, como Eustace depois reportou, "mais rápido que a sombra de uma nuvem cruzando o matagal". Eles não paravam praticamente para nada. Eustace mandou imprimir panfletos com informações sobre a viagem — releases para a imprensa, na verdade — que eles entregavam às pessoas quando surgia o inevitável turbilhão de perguntas e eles precisavam seguir caminho sem demora. Eles não tinham um único momento de lazer. Quando alguns rancheiros no Canadá os convidaram para passar uns dias ali, a fim de aproveitar a vaquejada e a marcação anual de gado, Patience queria ficar, mas Eustace disse: "Haverá muitas vaquejadas e marcações de gado, mas só uma chance na vida de nós batermos um recorde mundial de velocidade, viajando 40 mil quilômetros em 56 dias."

A viagem foi sem dúvida um sucesso, em termos de equitação, organização e segurança. Mas o relacionamento entre os dois, que já estava vulnerável, foi totalmente envenenado por ela. Eustace e Patience estavam dormindo quatro horas por noite, cruzando a pradaria americana em disparada, gelados, infelizes, tensos. O tempo estava brutal. Quando não era um vento de 110 quilômetros por hora, era uma chuva gelada. Suas mãos pararam de funcionar com o frio, de modo que eles não conseguiam soltar arneses e fivelas ao fim de cada dia. Eles comiam uma comida horrível ou não comiam nada.

Houve alguns momentos inesquecíveis, no entanto. A paisagem era extraordinária. Eles passaram alguns dias maravilhosos atravessando uma terra de ninguém — um trecho de terra sem dono *dentro* da fronteira dos Estados Unidos com o Canadá, onde a sensação foi de estar andando por um lugar fora de todos os mapas. Quando a chuva e a geada ficaram mais calmas, eles leram romances de Cormac McCarthy um para o outro. Isso foi legal. Eles conheceram muitas pessoas generosas, e Eustace gostava de relaxar e deixar que Patience fosse a pessoa graciosa e tranquilizante que era. Gostava de observá-la conquistando estranhos, que se apaixonavam por ela e então lhes ofereciam abrigo, comida, ajuda com os cavalos. E o trabalho de equipe deles com os animais era notável. O que era mais impressionante, no entanto, era o fato de que Patience — atleta competitiva que era — não reclamou uma única vez do desgaste físico e das longas horas da jornada.

"Essa era a parte fácil", ela me disse.

A parte difícil era que eles estavam passando dias inteiros sem falar um com o outro, a não ser sobre os cavalos. E eles não estavam dormindo juntos. Sem conversa, sem contato físico.

"Eu nunca chorava porque estava cansada ou dolorida", disse Patience. "Mas chorei muito, mais perto do fim, por causa da relação com Eustace. Foi uma droga."

Em outras palavras, a jornada em si foi heroica, mas a situação infelizmente lembrava a sagaz observação de Ursula K. LeGuin de que "o outro lado do heroísmo muitas vezes é triste; mulheres e criados sabem disso".

Patience não aguentava o domínio constante de Eustace sobre ela.

"Eu costumava ser uma menina-macho", disse. "Costumava intimidar os homens com a minha força. Eu era uma mulher moderna com muita confiança em mim mesma, antes de conhecê-lo. Mas ele me sobrepujou aos poucos, até que eu não tinha mais poder algum. É assim que acontece com Eustace; você é sugada para dentro do redemoinho dos objetivos e da vida dele, e então está perdida. Eu desapareci para ele. Várias vezes, repórteres locais pediam para nos acompanhar na viagem, por isso ele andava na charrete com o repórter e eu ia atrás, no carro do cara. Ele fascinava cada um dos repórteres e conversava com eles o dia inteiro, só que no dia seguinte, quando eu andava do lado dele durante vinte horas, ele não me dizia uma única palavra. Só o que ele fez nessa viagem foi me dar ordens e me dizer o que fazer."

"É claro que eu dizia a ela o que fazer", Eustace concordou. "É claro que eu estava no comando, porque eu sabia o que precisava ser feito. Eu tinha a prática e a experiência necessárias para entender os animais e as realidades da sobrevivência em longa distância, para salvar a vida dela, a minha vida e a dos cavalos em 2 mil ocasiões diferentes, e ela nem percebeu 1.500 dessas vezes. Nesse sentido, ela nunca me respeitava. Só ficava mais emburrada e mais imatura quando estávamos trabalhando juntos. Não fazia ideia do quanto nos custou atravessar aquela pradaria vivos. Nossa meta era bater um recorde mundial de velocidade. E se eu vou me propor a uma coisa dessas, estou me propondo cem por cento, e ela precisa respeitar meu conhecimento e parar de ter reações infantis à minha liderança."

Quando perguntei a Eustace se não teria ajudado encostar a charrete, por um dia que fosse, para sentar em um gramado e conversar sobre os problemas que eles estavam tendo, ele disse: "Isso não era parte do programa. Teria arruinado nossa meta."

Patience reclamou mais tarde (assim como Judson reclamara na viagem dos Long Riders) que Eustace agira como o pai dele durante aquela viagem. Patience passara tempo suficiente perto dos pais de Eustace para se incomodar com o domínio e o desprezo que o Grande Eustace demonstrava em relação à esposa, e agora ela sentia que estava recebendo o mesmo tratamento do Pequeno Eustace. O mesmo tipo de tirania, o mesmo nível de perfeccionismo, a mesma recusa em levar em conta as necessidades de qualquer outra pessoa. Tanto para Patience quanto para Judson, essas viagens a cavalo revelaram um Eustace não só impossível, mas também trágico. O que pode ser mais triste do que um homem que, literalmente, viaja até os confins da Terra, mas que mesmo assim não consegue deixar de se tornar o seu próprio pai?

Mas eu não estou convencida de que Eustace estava *se tornando* seu pai nessas viagens tanto quanto estava *honrando* seu pai, tentando provar outra vez que era valoroso, corajoso, habilidoso e lógico. Assim como tentara prová-lo em todas as suas mais ousadas aventuras e mais impressionantes conquistas. Por mais que Eustace talvez quisesse amar Patience e seu irmão, ele não era capaz de priorizar as necessidades deles, quando o que estava em jogo em cada uma dessas jornadas era algo tão gigantesco — nada menos que o prêmio de, finalmente, ganhar a atenção de seu pai. Ele ainda estava concentrado na sua história de amor mais antiga e mais triste, uma história tão amarga quanto não resolvida. O Grande Eustace jamais agraciara o filho com uma palavra ou um gesto de reconhecimento, apesar de todas as suas conquistas. O que mais Eustace precisava fazer para convencer o homem de que seu filho não era um fracasso deplorável, patético, idiota? Será que um recorde mundial de velocidade equestre seria suficiente?

Será que *dois* seriam?

Dizer que ele está agindo como o pai é a acusação mais dolorosa que se pode fazer contra Eustace. "Eu colocaria de bom grado uma arma na boca e explodiria minha própria cabeça", ele disse, "se algum dia acreditasse que tratei qualquer pessoa do jeito que aquele homem me tratava".

Certamente Eustace se abre para mais questionamentos e críticas sobre si mesmo do que seu pai jamais fez, e com certeza sofreu profundamente (não mais do que nessas longas jornadas a cavalo) por causa de seus problemas no trato com pessoas. Ele sabe desses problemas; ele vê os padrões e se esforça para corrigir as situações. Mas nem sempre sabe o que fazer. Ele tem autoconsciência suficiente para saber que ele é, como ele próprio diz, "avariado", porém não sabe como se consertar. Ele sabe que passou dos limites com Patience Harrison; que, não importa por qual motivo, não conseguiu se comunicar com ela na viagem de um modo que lhes desse qualquer chance dentro do relacionamento. Talvez tenha sido a imaturidade dela; talvez tenha sido o perfeccionismo incessante dele; talvez tenha sido uma combinação corrosiva das fraquezas conjuntas dos dois. Mas a coisa toda foi um desastre.

"Talvez devêssemos ter nos concentrado mais na nossa relação e menos nas nossas metas", ele declarou, "mas às vezes parecia que nossas metas eram as únicas coisas que tínhamos em comum. Não sei o que eu devia ter feito. Não sou bom nesse tipo de coisa. Só tinha a esperança de que a gente pudesse acertar isso depois."

Não houve depois. Definitivamente, não houve. Eles continuaram em um relacionamento capenga por mais um ano, depois da viagem de charrete, mas Patience acabou aceitando um emprego em Boone, como treinadora de hóquei na grama, e lentamente se desgrudou de Eustace e de Turtle Island. E nenhuma das cartas apaixonadas de 15 páginas que ele mandou ("Sinto muito se não fui capaz de me articular, de articular meus sentimentos e pontos de vista de um jeito que você pudesse entender... Rezo para que algum dia, quando você for forte o bastante ou estiver pronta, você possa vivenciar este amor profundo que estou sentindo") foi capaz de reconquistá-la.

Patience não tinha mais paciência alguma.

O que deixava Eustace arrasado em relação a Patience era que ela não o entendia. Não entendia o quanto ele a amava. Não entendia suas limitações e suas cicatrizes emocionais. Seus objetivos. Quanto amor ele precisava receber dela. Quanto amor ele estava disposto a lhe dar. E o quanto ele queria ver que ela confiava nele. Ela não entendia nada sobre ele.

E foi exatamente essa percepção de falta de reconhecimento, falta de compreensão e falta de fé que consumiu Eustace até o bagaço emocional. Depois de sofrer com um pai que lhe dizia que ele era um louco, um inútil, um fracasso completo, como ele podia agora estar sujeito a uma pessoa (principalmente alguém que supostamente estava apaixonada por ele) que não confiava nele nem acreditava na sua perícia? Bom, isso tudo era muito familiar. E se a mulher que ele amava não era capaz de entendê-lo, que esperanças ele tinha de ter a compreensão de qualquer outra pessoa? Onde podia encontrar reconhecimento e compaixão? Nos braços de quem? Nos olhos de quem? Eustace Conway estava ficando convencido de que ninguém jamais o conheceria de verdade, de que esse intenso isolamento seria uma condição permanente. De que ele era um refugiado neste mundo, por nascimento e por destino.

"Me sinto como Ishi", ele disse.

A história de Ishi vinha perseguindo Eustace desde sua infância. Ishi era um índio de um povo chamado Califórnia, uma cultura primitiva da Idade da Pedra que viveu durante séculos nos cânions próximos a Los Angeles. No fim do século XIX, o povo de Ishi foi dizimado em verdadeiro genocídio, conforme o homem branco avançava mais adentro dos cânions, em busca de ouro e terra para ranchos. Na virada do século, o consenso entre antropólogos era que os índios Califórnia estavam extintos.

Contudo, esse consenso durou até 29 de agosto de 1911. Nesse dia, em plena era das ferrovias e dos telefones, Ishi, um nativo saudável de 50 e poucos anos, caminhou até um vale de ranchos em Oroville, Califórnia. Estava nu, e seus cabelos estavam queimados, simbolizando o luto. Ele ficara escondido nos cânions desde sua infância com uma irmã e uma avó, e agora que ambas tinham falecido, ele, vencido pela dor e pela solidão, fizera uma longa jornada a pé, pronto para viajar "para o mundo seguinte". E foi lá que ele foi parar. Era um homem da Idade da Pedra que caíra no meio da América moderna e industrial. Os pesquisadores e etnógrafos levaram semanas para descobrir quem era Ishi e improvisar uma língua para se comunicar com ele. Descobriram nele, é claro, um tesouro inestimável de informações antropológicas. Ele lhes ensinou sua língua, seus mitos e suas técnicas de caça (incluindo uma técnica de arco e flecha que só fora observada anteriormente na Mongólia). Os antropólogos que estudaram Ishi acabaram por trazê-lo para o seu museu, onde ele trabalhou como faxineiro.

"Aquele homem", comentou Eustace, descrente, "com sua capacidade incrivelmente articulada de viver no mato, estava empurrando uma vassoura o dia inteiro".

Ishi também fazia pontas de flechas para visitantes, que vinham vê-lo quando ele ficava em exposição no museu, uma vez por semana. Aprendeu a falar um pouco de inglês, passou a usar calças, viu espetáculos de vaudeville, andou de trem e morreu de tuberculose na mesma década.

"Eu juro por Deus que às vezes me sinto como Ishi", disse Eustace. "Completamente diferente de todo o resto deste mundo, o último da minha espécie, perdido. Só tentando me comunicar. Tentando ensinar alguma coisa às pessoas. Mas malcompreendido o tempo todo."

Eustace teve de se confrontar com seu déficit de compreensão ao longo de suas jornadas a cavalo. Encontrou jovens ambientalistas vegetarianos que ficaram incomodados ao vê-lo vestido em peles de animais ou descobrir que ele caçava para comer. Ele chegou a um ponto em que não tinha mais energia para explicar como as roupas de lã sintética eram mais destrutivas para o meio ambiente, considerando que eram feitas de material não renovável produzido em fábricas que geravam poluição e consumiam recursos; ou que eles não sabiam de onde vinha sua comida; ou como a Terra sofria com a produção industrial de alimentos embalados. Além disso, havia os defensores dos direitos dos animais, que reclamavam da crueldade (na percepção deles) que era Eustace forçar tanto seus cavalos.

"Havia pessoas ali que tinham cavalos gordos, cavalos que pareciam batatas pastando", Eustace observou, "e eles nunca tinham visto um cavalo que estivesse realmente em forma antes de verem o meu. Meus cavalos são animais esbeltos, magros, hábeis, de músculos compridos, que passaram a vida inteira trabalhando e viajando. São atletas projetados para durar. É para isso que os cavalos foram feitos. Ninguém cuida melhor dos bichos do que eu. Mas eu ouvia pessoas falando 'Você não está alimentando esses pôneis o suficiente!' e isso me deixava irritado. Eu tinha vontade dizer: 'Escuta aqui, gente. Eu dou tanta comida para os meus cavalos que isso *mataria* na hora o seu cavalo velho e preguiçoso preso no seu pastinho imbecil.' Mas meus cavalos eram magros porque estavam queimando as calorias."

O incidente mais incômodo aconteceu em Gillette, Wyoming. Eustace, Patience e seus cavalos tinham acabado de terminar uma jornada de 80 quilômetros. Atrelaram a charrete à balaustrada de um bar empoeirado que parecia cenário de filme e entraram para comer um hambúrguer. Quando eles estavam saindo da cidade, um velho caubói passou e deu uma olhada em Hasty, o melhor cavalo de Eustace, seu Morgan de confiança, que, após comer e tomar água, estava descansando de cabeça baixa. O caubói disse:

"Esse cavalo não tem coração. Passei a vida inteira entre cavalos e posso te dizer que esse bicho está com um pé na cova. Melhor você levar ele embora e desistir dele."

Eustace não disse uma palavra. Não contou ao caubói que Hasty já viajara milhares de quilômetros em sua vida. Não disse que Hasty uma vez mantivera um batimento cardíaco de 45 por minuto após trotar por 22 quilômetros — mais baixo do que o batimento da maioria dos cavalos em repouso. Ele não estava nem ofegante. Eustace não mencionou que Hasty viajaria quase 720 quilômetros nos oito dias seguintes. Nem que não venderia aquele cavalo por um milhão de dólares.

"Hasty era só um baio", Eustace me contou. "Um cavalo marrom com crina e rabo pretos. Era o cavalo de aparência mais comum que você já viu, mas era um herói. As pessoas não faziam ideia do cavalo em que eu estava sentado. Aquele caubói disse que Hasty não tinha coração; eu te digo que aquele cavalo era *puro* coração. Hasty era meu campeão, ele adorava andar. Nós vivemos aventuras juntos que aquele caubói não poderia nem ter imaginado — e nós nos entendíamos. Forçávamos um ao outro a avançar o mais longe e mais rápido que podíamos, e Hasty adorava isso. Eu te digo, esse cavalo ainda não se deparou com os seus próprios limites. E nunca conheci ninguém que entendesse o que isso significa."

Há um sujeito no Kentucky que é (porque alguém tem que ser) a maior autoridade mundial na história da viagem equestre de longa distância. Seu nome é CuChullaine O'Reilly, e ele possui a maior coleção de livros sobre aventuras equestres do mundo. Ele próprio já fez cinco jornadas épicas a cavalo pela Ásia Central, incluindo uma viagem até os Himalaias, onde um de seus cavalos morreu e foi comido pelos moradores locais.

"Você tem que situar Eustace Conway em um contexto", diz CuChullaine O'Reilly, que de fato é capaz de fazer isso. "Eu entendo do assunto, e deixa eu te dizer que esse cara não é brincadeira. Afinal, quantas pessoas neste país criam cavalos? Centenas de milhares, certo? E quantas delas saíram com os cavalos a mais de 80 quilômetros de distância de um estábulo? Ninguém. Porque é apavorante sair com o cavalo para o mundo lá fora sem segurança. Eu sei tudo sobre isso.

"Olha, as distâncias que Eustace percorreu não são impressionantes em si. Conheço um casal que viajou quase 30 mil quilômetros a cavalo. Conheço um cara do Maine que fez uma cavalgada de 22 mil quilômetros alguns anos atrás. Por isso atravessar o país não é em si uma grande coisa. O que é extraordinário é Eustace ter feito isso em 103 dias. Inacreditável. Essa é a viagem mais rápida a cavalo de longa distância em pelo menos 25 anos, provavelmente mais do que isso. O fato de Eustace ter feito isso sem antes ser um cavaleiro de verdade é espantoso. Ele usou suas técnicas de vida no mato, sua ousadia e inteligência, e fez esse percurso praticamente sem nenhum erro. E a viagem de charrete? Ir lá e dominar o manejo de uma charrete tão depressa? É desconcertante. Só existem umas poucas pessoas que se equiparam a Eustace em termos de equitação, e todas elas são cavaleiros de uma vida inteira, que não fazem nada além disso. Eles fazem pesquisa durante dois anos, antes de uma longa jornada, depois arranjam patrocinadores e levam junto veterinários particulares e um montão de dinheiro. E cometem vários erros que ele não cometeu."

Há três elementos, de acordo com CuChullaine O'Reilly, dos quais um homem precisa para ser um exímio equitador de longa distância: coragem, determinação e romantismo. Eustace tem tudo isso, e em doses cavalares. E alguma outra coisa também. Ele tem uma espécie de dom sobrenatural. Para CuChullaine O'Reilly, o fato de Eustace Conway atravessar o país em 103 dias foi uma conquista tão impressionante quanto um garoto de fazenda destreinado de Iowa entrar em uma corrida a pé e casualmente vencer um quilômetro em dois minutos e meio. Você não pode simplesmente *fazer* isso. Mas Eustace fez.

Nesse sentido, e em termos de puro e autêntico valor de caráter, CuChullaine O'Reilly acha Eustace comparável apenas a uma única outra pessoa, o naturista do Alasca chamado Eugene Glasscock. Eugene Glasscock é um recluso barbado e durão ("sr. Montanha", como ele é chamado em casa) que certo dia teve um impulso repentino, nos anos 1980, e decidiu montar em seu cavalo e ir do Círculo Ártico até o Equador. Vestindo, é claro, camurça feita à mão. Um loucão bizarro. Sobreviveu por pouco ao rio Yukon e às Montanhas Rochosas, foi atacado por bandoleiros que empunhavam machadinhas, no México, e teve que nadar ao lado do cavalo para atravessar rios caudalosos na Guatemala.

Ele gostou da selva, no entanto. É por isso que o sr. Montanha ainda vive ali na América Central, em algum lugar totalmente fora do mapa. É uma pena ser tão difícil entrar em contato com ele, diz CuChullaine O'Reilly, pois com certeza seria divertido juntar Eugene Glasscock e Eustace Conway durante um fim de semana, "para eles poderem ir lá e contar histórias e se embebedar e comer uns gambás".

"Ninguém é capaz de entender Eustace", ele disse. "Porque o que acontece quando um americano dos dias de hoje encontra Eustace Conway e seu cavalo é que o século XXI bate de frente com uma tradição nômade de 6 mil anos que as pessoas normais não compreendem. Eles estão tão afastados desse capítulo da humanidade, que isso é totalmente estranho para eles. Eles não têm ideia do que é a comunicação entre espécies. Não entendem que Eustace usa a equitação não como truque para ganhar prestígio ou como meio de colecionar fitas azuis ou fivelas de cinto em rodeios, mas como um modo de estabelecer uma ligação com outro animal, para que, juntos, eles atravessem cortina após cortina de experiência incompreensível e invisível, até alcançarem o indescritível outro lado."

Mas tem ainda outra coisa em que o maior especialista do mundo em viagem equestre de longa distância acredita, a respeito de Eustace Conway. Ele diz que ainda há mais por vir de Eustace. Acha que Eustace ainda nem começou a nos mostrar o que é capaz de fazer. Acha que Eustace tem a capacidade de "alguma aventura sobre-humana do tipo Jasão e os Argonautas. Talvez".

Por que apenas *talvez*?

"Porque", ele explica, "acho que ele atingiu um ponto de estagnação na vida. Ele se forçou o mais longe que podia ir usando seu carisma e coragem, e agora precisa embarcar em uma jornada espiritual. Precisa fazer alguma coisa que seja particular. Ele se expôs publicamente durante tantos anos, que não conhece a si mesmo. Tem partes da sua alma que ele mal pode começar a entender, e enquanto não aprender essas coisas sobre si mesmo, ele nunca será o nômade que nasceu para ser. Ele é um homem corajoso, mas ainda não é um peregrino espiritual. Enquanto não sair no mundo, sozinho, e romper todas as amarras e toda a publicidade e todo ego e todas as baboseiras e fizer alguma coisa realmente heroica, ele só está enchendo sua própria bola. E vou te dizer outra coisa. Ele não é um fazendeiro, e devia parar de tentar sê-lo. Essa não é a natureza dele. Ele precisa se afastar disso tudo. Devia parar de tentar salvar o mundo. Porque, enquanto não parar de viver à sombra do avô e fingir que gosta de cavar buracos no chão e plantar legumes naquela fazenda maldita, ele nunca vai ser o Jasão dos Argonautas."

E CuChullaine O'Reilly acrescenta:

"Mas essa é só a minha opinião."

CAPÍTULO OITO

> Só eu compreendo o verdadeiro plano e os meios de realizá-lo.
> — *Charles Fourier, utopista*

O avô de Eustace Conway fundou o Campo Sequoia em 1924 e governou-o com mão de ferro até o momento de sua morte, de ataque cardíaco, aos 80 anos de idade. Ele morreu na ativa, como se diz, jamais afrouxando o passo. E não tinha nomeado um sucessor para seu legado. Depois de seu funeral, revelou-se que não havia plano para que o acampamento continuasse sem ele. Embora sempre tivesse contado com uma grande equipe trabalhando para si, o Chefe não confiava o suficiente em ninguém para delegar a essa pessoa o gerenciamento da operação, não tendo nunca encontrado alguém que julgasse ser capaz de administrar seu amado Campo Sequoia — seu "Acampamento com um propósito" onde "os fracos viram fortes e os fortes viram grandes" — de acordo com seus padrões rigorosos.

Quando os campistas e funcionários chegavam ao Campo Sequoia para passar o verão, o Chefe assumia o comando de cada aspecto de suas vidas. Ditava como eles iam se vestir, quando iam fazer exercícios, quando iam rezar e o que iam comer. Certo monitor lembra-se do dia em que o Chefe Johnson levou-o para seu escritório e passou uma hora inteira dando uma palestra sobre o melhor jeito de varrer uma sala. Outro monitor uma vez recebeu uma palestra sobre o melhor jeito de usar um clipe de papel. ("A parte grande fica no verso do documento; a parte pequena na frente.") Naturalmente, o Chefe proibia tabaco, palavrões e álcool em sua propriedade. Mas também proibia estritamente Coca-Cola, vinagre, pimenta e jeans. Havia um boato de que o Chefe até punha salitre no molho de maçã para "refrear o desejo" e manter seus meninos longe do onanismo. ("É verdade que a gente comia um montão de molho de maçã", disse um antigo frequentador do Sequoia quando eu mencionei o assunto.) O cabelo não podia encostar nas orelhas. Aos domingos campistas deviam vestir camisas brancas bem-passadas. As enfermeiras do acampamento, as únicas mulheres no quadro de funcionários, deviam ser matronais e sem atrativos, para que sua presença não causasse nenhum tipo de inquietação sexual. Os funcionários recebiam notas ao longo do verão, de acordo com o seu progresso físico e social, com crédito extra para traços como "Lealdade", "Prontidão para Assumir Responsabilidade" e "Magnetismo Pessoal".

Ele era inflexível. Não fazia elogios. Ninguém nunca era bom o bastante para o chefe. Ninguém trabalhava com mais empenho ou eficiência que o chefe. Ele forjara esse acampamento a partir da mata virgem, criando-o com sua própria força e genialidade. Ele sobrevivera aos primeiros invernos no Sequoia em uma cabana de madeira, definira cada noção filosófica que tornava aquele acampamento único, construíra todas as estruturas que havia nele e mantivera a operação viva (e prosperando) através dos tempos difíceis da Grande Depressão e da Segunda Guerra Mundial. Por isso, quem ia ensinar ao chefe Johnson como fazer alguma coisa? Ninguém. Assim como seu neto Eustace reclamaria cinquenta anos depois, em seu diário, sobre os empregados medíocres de seu próprio império, Turtle Island: "Trabalhei duro para fazer deste lugar o que ele é. O que foi que *eles* fizeram? Como *eles* podem respeitar isso? Que investimento *eles* fizeram em qualquer coisa desafiadora? Como posso aguentá-los?"

Bom, você pode aguentá-los assumindo o poder absoluto sobre eles, seus corpos e suas almas. Foi isso que o Chefe fez. Havia uma série de "conversas" que o Chefe tinha com os campistas em diferentes momentos de sua estadia, de acordo com suas idades. Elas incluíam discussões sobre Deus, Natureza, Honestidade, Coragem e Como se

Tornar um Homem do Destino, além de advertências sobre Masturbação e Namoros. Ele falava com os meninos sobre "O Efeito de uma Vida Sexual Racional no Casamento e na Prole" (Conversa nº 5) e sobre "Doenças Venéreas" (Conversa nº 6). Quando seus meninos deixavam o Campo Sequoia, o Chefe mantinha contato com eles — com os muitos milhares deles —, mandando-lhes mensagens de motivação todo Natal e também seus próprios folhetos sérios, que ele enviava em momentos cruciais de suas vidas:

Uma carta para meninos prestes a sair de casa para o ensino secundário
Uma carta para rapazes prestes a ingressar na faculdade
Uma carta para rapazes por ocasião de seu vigésimo quinto aniversário
Uma carta para rapazes prestes a se casar
Uma carta para rapazes que acabam de tornar-se pais

Cada menino era um filho do Chefe. E seus meninos tornaram-se médicos, juízes, professores, soldados — formaram a sólida coluna vertebral do Sul americano durante décadas. Cada conquista deles era uma conquista do Chefe. Certa mulher escreveu uma carta ao Chefe na década de 1950, garantindo a ele que seu filho, um antigo frequentador do Sequoia, passara dois anos na Marinha sem parecer ter adquirido nenhum "dos maus hábitos pelos quais os marinheiros às vezes são conhecidos. Sinto que a visão que ele adquiriu no Sequoia foi e continuará sendo uma brilhante luz de orientação ao longo de seu caminho".

Cada menino era um filho do Chefe, sim. Mas ele também tinha dois filhos próprios de carne e osso, Harold e Bill Johnson, os dois irmãos de Karen, a mãe de Eustace.

"Os jovens de cada geração devem estar cientes do papel que alguns deles terão o privilégio de desempenhar no progresso do homem rumo a um Destino mais elevado", escreveu o Chefe, e jovem algum carregava nos ombros esta responsabilidade mais do que os seus filhos. E, no entanto, Harold e Bill, como talvez não fiquemos surpresos de descobrir, revoltaram-se totalmente contra o pai. Estavam fumando e bebendo aos 15 anos de idade. Alternavam momentos de mau humor e de impetuosidade. Disparavam armas e corriam com carros. Eram desobedientes e revoltados.

"Eles eram justamente o oposto do que o Chefe tanto queria num filho", lembrou um antigo frequentador do Sequoia. "Ele sempre tinha imaginado que seus filhos seriam os meninos ideais."

O Chefe não conseguia entender por que seus filhos tinham dado errado. Talvez fosse culpa da mãe. A sra. Chefe, como ficou sendo eternamente conhecida, sempre deixava o marido perplexo, por não ser uma disciplinadora tão rigorosa quanto ele teria gostado. Mas o que se podia esperar? A sra. Chefe não era uma doutrinadora, como seu marido. Era uma pianista talentosa, com curso superior, frustrada por não ser uma mulher sofisticada urbana. Uma pessoa emotiva, imprevisível e muitas vezes ressentida por passar a vida no mato com milhares de meninos. Ela possuía, conforme era sempre frisado, com grande delicadeza, "um temperamento artístico". Diferentemente do marido, que tinha uma abordagem lógica para os aspectos mais animalescos da natureza humana, a sra. Chefe era conhecida por às vezes se esgoelar em acessos de frustração e raiva. Também era conhecida por às vezes escapar para tocar melodias alegres e sensuais de ragtime no piano, quando o marido não estava ouvindo. Ela provavelmente gostava de pimenta, também.

Então talvez o que aconteceu com os filhos do Chefe tenha sido culpa da sra. Chefe. Isso é o que ele imaginava, provavelmente. Ambos os meninos deram o fora daquela casa na primeira chance que tiveram. Era Harold, o primogênito do Chefe, que causava mais problemas para o pai. *Não sabes implorar?* Não, nem mesmo por um segundo Harold Johnson sabia implorar e se submeter ao pai. E não aguentava aquela casa. Como Eustace, sobrinho de Harold, escreveu em seu diário adolescente, décadas depois: "Seria burrice fugir, mas acho que eu seria mais feliz em algum lugar na floresta se ao menos pudesse ir embora. Se eu realmente for embora, vou fazer o possível para não voltar, mesmo se estiver morrendo de fome. Qualquer coisa é melhor do que isso."

Harold fugiu para o Alasca aos 17 anos. Como gerações de meninos americanos antes dele, ele partiu para a fronteira para livrar-se da autoridade paterna. Não conseguia ficar na mesma casa que o pai. Eles não tinham meios de diálogo. Seu pai jamais o elogiava, jamais afrouxava o controle, jamais lhe dava um centímetro de espaço onde pudesse se mexer ou crescer. Porém Harold queria ser um homem grande, e o que acontecia é que aquela cidade era pequena demais para eles dois. Harold tinha que ir embora.

Ele lera algumas coisas de Jack London e sentira uma comichão. Quando chegou a Seward, só tinha cinquenta centavos no bolso. Estava faminto, assustado e sozinho, mas não ia voltar para o Campo Sequoia em hipótese alguma. Arranjou trabalho na equipe de apoio de um grupo de músicos. Depois comprou uma motocicleta e fez um curso para aprender a consertar motores. E então, às vésperas da Segunda Guerra Mundial, alistou-se nos fuzileiros navais (para o horror de seu pai, que se tornara um pacifista engajado desde que presenciara a carnificina nas trincheiras na França). Harold ficou instalado no Havaí, onde ensinou sobrevivência na selva a pilotos da Força Aérea. Depois da guerra, ele se recusou a voltar para o Sul e fundou um negócio após o outro no Alasca — uma sorveteria, uma revendedora de barcos, um serviço de revelação de slides coloridos através do correio. Depois montou e vendeu conjuntos de geradores, um esquema bastante lucrativo, em um estado que ainda não possuía rede elétrica. Depois montou um negócio de motores a diesel e ficou milionário. Ele tinha 1,96 metro, era forte e aprumado. E sempre foi conhecido como um homem encantador, magnético, grande, controlador e poderoso, que trabalhava horas a fio, sem parar, que tinha um talento genial para a autopromoção e que dificilmente fazia elogios ou aceitava opiniões alheias.

Quando o Chefe Johnson morreu, aos 80 anos de idade, não havia ninguém para assumir o Campo Sequoia. Nenhum dos filhos do Chefe queria dirigir o acampamento. Harold odiava o Sul e tinha seu próprio império para tocar lá em cima, no Alasca. Bill, o filho mais novo e mais perturbado, assumira justamente a ocupação herética que era ser um empreiteiro imobiliário. Seu desejo era vender parte da bela dinastia florestal do Campo Sequoia, que seu pai preservara por tantas décadas, para a construção de casas e a extração de madeira.

A este ponto, é preciso observar algo crucial sobre a família Johnson. O que parece jamais ter sido discutido era a possibilidade de que a filha do Chefe talvez assumisse o acampamento. Apesar do profundo compromisso de Karen com a visão do pai e de sua competência na vida selvagem, ela nunca foi considerada como candidata para a liderança. Não era vista como forte o bastante, talvez. Mas o marido de Karen queria muito dirigir o acampamento, estava morrendo de vontade de ter essa chance. E sabemos, é claro, que seu marido era Eustace Robinson Conway III.

Esse era o Grande Eustace, que viera ao Campo Sequoia depois de ter estudado no MIT, para trabalhar com crianças e viver na natureza. O Grande Eustace — um dos monitores mais destacados do Chefe, brilhante, enérgico, dedicado e fisicamente exímio — adorava a vida selvagem, detinha o recorde de caminhada do acampamento e era um professor talentoso, um paciente líder de meninos. Ele era adorado no Campo Sequoia. (Fui a um reencontro do Campo Sequoia uma vez e ali conheci vários homens adultos que disseram, quando mencionei Eustace Conway: "Ele está aqui? Meu Deus, eu daria tudo para vê-lo de novo!" Demorei um pouco para fazer as contas, calcular as idades e me dar conta de que aqueles sujeitos mais velhos estavam falando do *pai* do meu Eustace.) Com sua mente calculista e sua paixão pela natureza, o Grande Eustace acreditava possuir a inteligência e o espírito necessários para assumir o Sequoia um dia. E, como admitiu abertamente para mim, ele casou-se com Karen Johnson "em parte por causa da pessoa que ela era, e em parte para pôr as mãos naquele acampamento do pai dela".

O fato é que ele teria dado um ótimo diretor para aquele lugar. Como lembrava um antigo frequentador do Sequoia, o Grande Eustace era "tão linha-dura, tão dedicado e competente quanto o próprio Chefe. Todos nós supúnhamos que ele ia assumir o acampamento um dia. Ele era a pessoa mais próxima que já vimos de alguém com a capacidade necessária para mantê-lo funcionando nos padrões do Chefe". Contudo, quando o Chefe morreu, não mencionou isso em seu testamento. E Harold e Bill declararam que lutariam até a morte para manter o acampamento fora do controle do cunhado. Eles odiavam o marido da irmã. Odiavam-no por sua arrogância intelectual e pelo desprezo que tinha por eles. Consideravam Eustace um oportunista e não queriam deixar que ele chegasse nem perto do lugar.

Por isso o acampamento foi se arrastando por anos de administração precária, dirigido por homens menos competentes, de fora da família. Quanto ao Grande Eustace, ele abandonou seus sonhos de tornar-se um educador da natureza e foi trabalhar como engenheiro em uma usina química. Morando em uma caixa, trabalhando em uma caixa, dirigindo de uma caixa para a outra em uma caixa com rodas. Ele nunca mais pisou no Campo Sequoia. E quando o Pequeno Eustace revelou-se um menino ambicioso e selvagem que preferia o mato à escola, o Grande Eustace constantemente o atacava com a acusação de que ele era "irregular, anormal, teimoso e impossível, igualzinho aos seus tios Johnson".

O acampamento acabou definhando, até deixar de existir. As sólidas cabanas feitas à mão estavam vazias. Quando o acampamento finalmente foi abandonado, nos anos 1970, o Pequeno Eustace Conway era adolescente. Já era um homem capacitado para viver na floresta e um líder rigoroso, aquele que botava todas as crianças do bairro para trabalhar dia e noite em turnos regrados, cuidando de sua vasta coleção pessoal de tartarugas.

"Eu quero o Campo Sequoia", disse o Pequeno Eustace. "Deem para mim! Deixem-me dirigi-lo! Eu sei que sou capaz!"

É claro que ninguém escutou. Ele era só um menino.

Verão de 1999.

Quando Eustace Conway voltou aos seus mil acres de Turtle Island, após suas aventuras cruzando a América a cavalo e de charrete, encontrou seu paraíso em um estado, digamos, calamitoso.

Havia muita coisa em Turtle Island, após anos de melhorias e incrementos feitos por Eustace; o lugar não era mais uma reserva natural rústica, mas sim uma fazenda primitiva altamente organizada e funcional. Espalhadas no terreno, havia estruturas que Eustace construíra em diversos estilos tradicionais. Havia seu escritório particular de energia solar passiva, sim. Mas ele também construíra diversas estruturas públicas, incluindo um alojamento confortável para os visitantes, chamado "De todos", cujo projeto ele pegou emprestado do celeiro tradicional de um vizinho.

Ele construíra uma bela casinha de ferramentas, criada em perfeita sintonia com as construções da época de Daniel Boone, com uma porta de carvalho partido à mão, dobradiças feitas à mão e frestas preenchidas com esterco e argila. Ele baseou este projeto em construções que vira em sítios históricos. E um chiqueiro de troncos entalhados no estilo tradicional apalachiano. E um galinheiro com um alicerce de pedra enterrado 22 centímetros abaixo do chão, para evitar que predadores cavassem buracos e roubassem ovos. E um depósito de milho com um belo piso de madeira pesada, embora "daqui a cem anos, talvez alguém ache que eu não usei pinho, que seja. Preciso terminar o serviço". Ele construíra uma ferraria de falsa-acácia e carvalho, no lugar exato de uma ferraria que existira ali duzentos anos atrás, quando o que agora é Turtle Island era a única via de acesso a toda aquela parte dos montes Apalaches. Ele usou pedras da construção original para construir forjas, onde ele agora faz todos os seus próprios serviços de ferraria. Ele criou uma cozinha ao ar livre. E, ao longo de um verão inteiro, com uma equipe de dezenas de jovens que jamais tinham trabalhado em construção antes, criou um celeiro e um estábulo de falsa-acácia, pinho e choupo de 12 metros de altura, armado sem uma única tábua serrada, contendo vigas de 18 metros de comprimento e dotado de um telhado sustentado por vigas, seis baias para cavalos e milhares de telhas partidas à mão.

E havia mais.

No meio de toda essa construção desenfreada, uma professora de antropologia da Carolina do Norte ouviu falar desse rapaz talentoso que vivia ali em cima nas montanhas, construía coisas sem usar pregos, cuidava da fazenda usando animais e sobrevivia com o que tirava da terra. Intrigada, ela mandou um aluno a Turtle Island certo dia, para perguntar a Eustace se ele consideraria a possibilidade de descer das montanhas para conversar com a classe dela e explicar como fizera tudo aquilo. Solicitamente, Eustace considerou a oferta. Depois enviou o aluno de volta, montanha abaixo, com uma simples mensagem para a boa professora. "Fala pra ela que eu fiz isso trabalhando pra caralho, todo dia."

Turtle Island era agora um espaço vasto e complexo. À parte a organização dos programas educativos, a mera administração da fazenda já dava um trabalho enorme. Havia cavalos, vacas e perus dos quais cuidar, celeiros para conservar, cercas para consertar, pastos para arar, canteiros para cultivar e feno para amarrar. Era preciso um esforço tremendo para manter o lugar funcionando, e Eustace deixara tudo nas mãos de seus aprendizes. Fez isso com uma enorme hesitação. Antes de partir em suas viagens a cavalo, deu a seus aprendizes listas e palestras para se assegurar de que eles tinham entendido exatamente como cuidar da propriedade, mas no fim restringiu suas ordens a dois componentes básicos: "Por favor", implorou Eustace, "só não matem nenhum dos meus bichos e não ponham fogo em nenhuma das minhas construções".

Bom, eles não tinham matado nenhum dos bichos. Também não tinham posto fogo em nenhuma das construções. Mas, quando Eustace voltou, encontrou Turtle Island em um estado de extrema desordem. Havia canteiros tomados por ervas daninhas; pontes precisando de conserto; cabras no pasto errado; trilhas cobertas de mato. Ninguém estava cuidando da publicidade e dos agendamentos, o que significava que não havia um único grupo escolar agendado para visitar Turtle Island naquele outono, o que, por sua vez, significava que o dinheiro seria curto durante todo o inverno.

Os funcionários de Eustace eram pessoas bem-dispostas e trabalhadoras, mas o fato era que Eustace jamais encontrara alguém em quem confiasse para administrar Turtle Island de modo que a instituição prosperasse durante suas ausências. É claro, é difícil imaginar que exista alguém capaz ou disposto a dedicar tantas horas àquilo quanto Eustace dedicou. Ele teve alguns aprendizes que eram bons com pessoas, alguns que eram bons com animais, alguns que eram bons no trabalho manual e alguns que tinham um leve talento para os negócios. Mas ninguém podia fazer tudo o que Eustace fazia, ou seja, *tudo*. E ninguém estava disposto a trabalhar o dia inteiro na construção de um celeiro e depois passar a noite inteira acordado dando telefonemas e redigindo escrituras.

Ele precisava mesmo era de um clone.

Em vez disso, contratou um gerente de programação, um jovem naturista talentoso que podia assumir as tarefas de administrar a parte educativa e o acampamento de Turtle Island, de modo que Eustace pudesse se concentrar em sua menina dos olhos, o programa de aprendizado. Eustace acreditava que seria através desse intenso programa didático que conseguiria os efeitos mais saudáveis. Fazia muito tempo que começara a questionar se lidar com um grupo aleatório de campistas após o outro realmente mudaria alguma coisa na sociedade americana.

"Estou sentado embaixo da nogueira no estacionamento, na grama recém-cortada", escreveu em seu diário durante uma dessas crises de consciência, não muito depois da inauguração de Turtle Island. "Preciso preparar o jantar dos delinquentes do programa 'juventude em risco'.

Não quero olhar na cara deles. Deixar que eles sofram e morram é a atitude que rapidamente adotei diante de seu desrespeito nocivo. Estou me sentindo fraco [...] Não sei se realmente quero fazer deste lugar aquilo que sonhei. Eu sei que *poderia*. Eu *poderia* fazer isso dar certo, mas será que quero?"

Ele decidira que a solução era manter os programas diurnos e de acampamento, mas pôr outra pessoa encarregada deles, para que ele próprio pudesse se concentrar nos aprendizes. Ele queria investir sua energia e capacidade nos relacionamentos de aprendizagem íntimos, individuais e de longo prazo que desenvolveria com seus aprendizes diretos. Então eles levariam suas habilidades para o mundo lá fora e ensinariam outros, que ensinariam outros, e assim a mudança viria, mais lentamente, talvez, do que Eustace sonhara aos 20 anos de idade — mas ainda assim viria.

Ele tinha *quase* certeza disso.

Havia uma menina, uma hippie. Seu nome era Alice. Alice amava a natureza mais do que qualquer outra coisa, queria morar na floresta e ser autossuficiente. Sua irmã, que conhecia Eustace Conway, disse: "Alice, esse é o homem certo para você." Alice entrou em contato com Eustace e lhe disse que queria viver perto da natureza, assim como ele vivia. Certa tarde, ela visitou Turtle Island e Eustace fez um passeio com ela, deu-lhe alguns de seus folhetos e disse para ela pensar se gostaria de trabalhar como aprendiz. Ela deu uma olhada nos riachos murmurantes, nas árvores balançantes, nos bichos de fazenda pastando nos campos, na placa pacífica e acolhedora que havia no portão da frente (*Sem camisa, sem sapatos, sem problemas!*) e achou que tinha chegado ao paraíso.

Rapidamente, Alice escreveu para Eustace, garantindo a ele que "minha intuição diz *SIM*! Do pouco que li e vi, Turtle Island possui certas qualidades que meu coração sente como as mais legítimas. É como um sonho que tivesse virado realidade. Também sou grata pela sua acolhida franca, e seria uma honra ir morar, aprender, trabalhar e brincar com você e com a terra. Lembro de quando eu era garotinha e assistia à série de televisão *Little House on the Prairie* [Casinha na pradaria], sonhando em algum dia viver aquilo, em vez de apenas assistir. Dedicação à família, vida em harmonia com a natureza. Ah... que vida mais doce."

Após sete meses em Turtle Island, Alice escreveu a Eustace um tipo diferente de carta.

"Quando cheguei aqui no começo, pedi um dia de folga por semana. Você disse que eu não merecia. No entanto, Jennifer ganhou um dia de folga no segundo fim de semana dela. Você mostrou a ela como pelar um cervo, enquanto eu tinha que trabalhar que nem uma mula para você pelo menos me reconhecer como aluna [...] você me faz trabalhar tão duro [...] faz com que me sinta indigna [...] não me sinto reconhecida, nem querida [...] você diz que quanto mais me conhece, mais se decepciona comigo [...] você me tem feito trabalhar de dez a 12 horas por dia [...] talvez eu não devesse estar aqui."

E então Alice se foi. Despedida. Dispensada.

Qual era o problema? O que aconteceu naqueles sete meses entre a "vida doce" e o "talvez eu não devesse estar aqui"?

De acordo com Eustace, o problema era que Alice era uma hippie, sonhadora e preguiçosa. Usara um monte de drogas na vida e talvez fosse por isso que seu cérebro funcionasse devagar, ela fosse distraída e tivesse dificuldade de aprender a fazer as coisas do jeito certo. Ela não trabalhava com rapidez nem eficiência. Era incapaz de assimilar técnicas, por mais vezes que se mostrasse a ela o procedimento correto. E consumia demais a energia emocional de Eustace, sempre querendo ficar sentada no escritório dele e falar sobre a natureza, seus sentimentos, o sonho que ela tivera na noite passada e o poema que acabara que escrever.

Eustace temia que Alice pudesse acidentalmente matar alguém ou a si mesma. Eram rotineiras as trapalhadas de Alice, coisas como deixar velas acesas nos parapeitos de construções de madeira, sem ficar tomando conta delas. Várias vezes, sonhando acordada, ela acabava entrando na frente de troncos prestes a cair, quando Eustace estava desmatando terra para pastagem. O pior de tudo foi certo dia em que Alice estava trabalhando com Eustace e, enquanto ele entrava na charrete para adestrar um cavalo jovem, ela soltou as amarras do bicho antes de entregar as rédeas para Eustace. O cavalo, jovem e irrequieto, saiu galopando desgovernado, e Eustace ficou preso dentro da charrete, de mãos vazias, sem poder controlar o animal. O cavalo cruzava a floresta em disparada, enquanto Eustace se segurava com toda a força, tentando pensar no lugar mais macio onde pudesse saltar da charrete e se salvar. Ele acabou dando um mergulho dentro de um arbusto, a 40 quilômetros por hora, caindo de cara no chão e se machucando gravemente. O cavalo arrebentou a charrete na lateral da ferraria, e ele próprio sofreu vários ferimentos.

"Fazia meses que eu estava reconstruindo aquela charrete, que era uma antiguidade menonita", lembra Eustace, "e ela foi completamente destruída. Isso me custou 2 mil dólares. E eu não aceitaria 10 mil pelos danos psicológicos que o cavalo sofreu por estar em uma batida feia daquelas, ainda tão jovem. Levei quase um ano para fazer com que aquele cavalo conseguisse relaxar e puxar uma charrete de novo. E foi tudo por causa do descuido de Alice".

Duas semanas depois, ela cometeu o mesmo erro outra vez. Foi então que Eustace lhe disse que ela tinha de ir embora. Ela era avoada e perigosa demais para ficar por perto, sempre parecendo estar perdida em seu mundo fantástico de *Little House on the Prairie*.

Dispensar aprendizes nunca é uma tarefa fácil, principalmente porque é uma questão de orgulho para Eustace Conway alegar que qualquer pessoa é capaz de aprender a viver em um modo de vida primitivo e que ele é capaz de ensiná-lo a qualquer um. É o fracasso de um sonho ter que dizer a alguém "Você precisa ir embora daqui porque é incapaz de aprender" ou "Você precisa ir embora daqui porque é impossível ter você por perto". É um momento terrível quando o refrão de Eustace Conway passa de "Você *pode*!" para "Você *não pode*!".

Uma vez perguntei a Eustace qual era a porcentagem dos aprendizes que tinha ido embora de Turtle Island em circunstâncias ruins, zangados ou amargurados. Sem hesitar, ele disse: "Oitenta e cinco por cento. Se bem que meu gerente de programação provavelmente diria que foram quase 95."

Certo, vamos arredondar isso para 90%. É difícil olhar uma taxa de atrito dessas sem colar em Eustace a etiqueta de mau líder. Turtle Island é o mundo dele, afinal, e ele é responsável pelo que acontece no seu mundo. Se ele não consegue manter esse mundo povoado, então claramente há algo de errado com o esquema. Se eu fosse acionista de uma empresa em que 90% dos empregados estivessem pedindo demissão ou sendo despedidos todo ano, talvez pensasse em fazer ao presidente da empresa algumas perguntas mais duras sobre suas políticas administrativas.

Por outro lado, talvez o número faça todo o sentido. Talvez não fosse fácil permanecer em Turtle Island. Talvez só 10% da população fosse mesmo capaz de dar conta do serviço. E se o modelo de comparação fosse aquele programa de treinamento SEAL, da Marinha americana? Quantos daqueles sujeitos são perdidos, todos os anos? E quantos sobram, depois que todo o resto desiste? Os mais fortes, certo? As pessoas que vão para Turtle Island, portanto, não são necessariamente as mais adequadas para o lugar.

"É sempre a mesma coisa", disse Eustace. "Atraio pessoas que sonham com a natureza mas não têm experiência alguma com a natureza. Elas vêm aqui e a única comparação que fazem é 'Uau, é igualzinho ao Nature Channel'."

Um dos meus aprendizes de Turtle Island favoritos era um rapaz inteligente e de fala mansa chamado Jason. Ele vinha de uma família suburbana endinheirada, tinha sido criado com conforto e cuidadosamente educado em escolas particulares caras. Quando perguntei a Jason por que ele queria comprometer os dois anos seguintes de sua vida estudando com Eustace Conway, ele disse: "Porque tenho estado infeliz, e não sabia aonde mais podia ir para ficar feliz."

Entristecido pela morte inesperada de seu querido pai, bravo com sua mãe devido ao seu "cristianismo tacanho", irritado com seus "professores inúteis", enojado com seus colegas "ignorantes que se recusam a ouvir minhas músicas e os avisos delas sobre a destruição ambiental", Jason largara a faculdade havia pouco. Quando ouviu falar de Eustace, achou que uma estadia em Turtle Island lhe proporcionaria a iluminação que procurava. Ele via Eustace como um herói grande e fascinante, que "sai para o mundo e encontra seu destino sem temer os obstáculos e que pode fazer as coisas darem certo onde a maioria das pessoas se contenta em ver algo continuar quebrado e morrer".

Em uma atitude dramática, Jason decidiu ir andando de Charlotte até Turtle Island durante as férias de Natal, mas só chegou a percorrer uns 8 quilômetros de estrada. Caía uma chuva gelada, ele estava carregando bagagem demais e não fazia ideia de onde acamparia naquela noite ou como se manteria seco. Desmoralizado e faminto, ligou de um posto de gasolina para sua namorada, e ela o levou de carro pelo resto do caminho, até Turtle Island.

O sonho de Jason era alcançar a autossuficiência perfeita. Ele não queria lidar com americanos fajutos e sua estupidez materialista. Planejava se mudar para o Alasca e se instalar ali na última fronteira. Queria viver com o que tirava da terra, e esperava que Eustace o ensinasse a fazer isso. Sonhava que a vida seria melhor no Alasca, onde "um homem ainda pode caçar para alimentar sua família sem ter que passar pela burocracia de conseguir uma licença de caça".

"Você já saiu para caçar alguma vez?", perguntei a Jason.

"Bom, ainda não", ele respondeu, dando um sorriso inocente.

Jason era precisamente o modelo do jovem que vinha normalmente buscar a orientação de Eustace Conway. Estava tentando descobrir como ser um homem em uma sociedade que não mostrava mais um caminho claro para ele. Assim como Eustace Conway lutara na adolescência para encontrar rituais que o conduzissem à maturidade, Jason estava lutando para achar alguma cerimônia ou sentido que o ajudasse a encontrar o seu próprio caminho para a ascensão. Mas ele não tinha nenhum modelo de comportamento, sua cultura não tinha nenhum rito de passagem satisfatório para ele, e sua criação não lhe fornecera nenhuma das habilidades masculinas que o atraíam tanto. Ele estava, como ele próprio admitia, completamente perdido.

Esse é o mesmo inquietante questionamento cultural que Joseph Campbell passou anos se fazendo. O que acontece com os jovens, em uma sociedade que perdeu qualquer vestígio de ritualidade? Por ser um período de transição, a adolescência é intrinsecamente uma perigosa travessia. Todavia, a cultura e o ritual devem nos proteger durante esses momentos de transição, ao longo da vida, mantendo-nos em segurança diante do perigo e respondendo a perguntas confusas sobre nossa identidade e nossas mudanças, para evitar que nos separemos da comunidade durante nossas jornadas pessoais mais difíceis.

Em sociedades mais primitivas, um menino podia passar por um ano inteiro de rituais de iniciação, que o conduziriam à idade adulta. Podia ser submetido a uma escarificação ritual ou a rigorosos testes de resistência, ou podia ainda ser mandado para longe da comunidade, para vivenciar um período de meditação e solidão, depois do qual voltaria à comunidade e seria visto por todos como alguém que passara por uma mudança. Ele teria avançado com segurança da infância à idade viril, e saberia exatamente quando isso acontecera e o que agora se esperaria dele, uma vez que o seu papel social é codificado com muita clareza. Mas como um menino americano moderno vai saber quando atingiu a idade adulta? Quando tira sua carteira de motorista? Quando fuma maconha pela primeira vez? Quando faz sexo sem proteção com uma menina que, ela própria, não faz ideia se já é ou não uma mulher?

Jason não sabia. Só o que sabia era que ansiava por algum tipo de confirmação de sua condição de adulto, e a vida universitária não estava lhe proporcionando isso. Ele não fazia ideia de onde encontrar o que buscava, mas estava convencido de que Eustace podia ajudar. Jason tinha uma namorada bonita e nutria a ideia romântica de que os dois algum dia se instalariam juntos no Alasca, mas ela evidentemente tinha suas próprias ideias a esse respeito. Ela era jovem, de família abastada, uma aluna brilhante, tão reflexivamente feminista quanto a maior parte de sua geração, e sentia um formigamento de ver o mundo. Tinha possibilidades ilimitadas diante de si. Jason esperava que ela fosse acabar "se assentando" com ele, mas isso me pareceu duvidoso desde o início e, de fato, uns poucos meses depois ela o deixou. E isso não ajudou muito a fazer com que Jason se sentisse melhor a respeito de si mesmo como homem em formação.

O desconforto que Jason sentia dentro da sua própria pele me parecia exemplar do que sentiam muitos rapazes americanos, que veem suas parceiras alçarem voo para um novo mundo e muitas vezes têm dificuldade de acompanhá-las. Quando Jason olha para a sociedade americana, afinal, o que ele vê? À parte a crise ambiental e de consumo, que tanto ofende sua sensibilidade, ele está diante de um mundo que passa por uma completa revolução cultural e de gêneros. Em grande medida, os homens ainda estão no comando — que isso fique claro —, mas estão perdendo seu posto rapidamente. Os Estados Unidos de hoje são uma sociedade onde os homens com formação universitária viram suas rendas caírem em 20% ao longo dos últimos 25 anos. Uma sociedade onde as mulheres concluem o ensino médio e a faculdade em índices significativamente maiores do que os homens e veem novas portas de oportunidade se abrindo para elas todos os dias. Uma sociedade em que um terço das esposas ganha mais do que os maridos. Uma sociedade em que as mulheres estão cada vez mais no controle de seu destino biológico e econômico, muitas vezes optando por criar seus filhos sozinhas, por não ter filho nenhum ou ainda por deixar um homem identificável totalmente fora do contexto reprodutivo, graças aos milagres do banco de esperma. Uma sociedade, em outras palavras, em que um homem não é mais necessário nos âmbitos em que costumava ser — para proteger, sustentar, procriar.

Recentemente fui a um jogo de basquete feminino profissional em Nova York. Quando menina, eu tinha sido uma jogadora de basquete séria, mas não havia nada como o WNBA, a Liga Profissional de Basquete Feminino, naquela época, por isso observei essa liga crescer nos últimos anos com grande interesse. Adoro ir aos jogos e ver atletas talentosas competirem por salários dignos. Mais do que tudo, no entanto, adoro observar as espectadoras, que tendem a ser pré-adolescentes entusiasmadas e atléticas. Nessa noite, em um jogo do New York Liberty, vi uma coisa impressionante. Um punhado de meninas de 12 anos correu até a grade em frente aos seus assentos e desenrolou um pano em que estava escrito:

W.N.B.A = WHO NEEDS BOYS, ANYHOW?
[QUEM PRECISA DE MENINOS, AFINAL?]

Enquanto a arena inteira ia ao delírio, só o que eu conseguia pensar era que o avô de Eustace Conway devia estar se revirando no túmulo.

Por isso, dada a cultura atual, não é surpresa que um cara como Jason quisesse se mudar para o Alasca e reconquistar algum ideal nobre e antigo de virilidade. Mas ele tinha uma imensa distância a percorrer — não em termos geográficos —, antes que pudesse sequer pensar em ser um pioneiro, antes que pudesse aprender corretamente para o que ele próprio "servia". Jason era perspicaz e, sem dúvida alguma, sincero. Tinha um sorriso magnífico, e Eustace gostava de sua companhia e de suas músicas, com advertências sobre a destruição ambiental. Mas Jason tinha um ego tão mole e vulnerável quanto um machucado recente e se comportava com uma certa arrogância compensatória que fazia dele alguém difícil de ensinar. Dada sua criação superprotegida em uma periferia urbana, ele tinha uma grande, uma enorme, uma gigantesca falta de bom-senso. Pouco depois de chegar a Turtle Island, ele pegou emprestada uma das picapes de trabalho de Eustace para uma viagem à Carolina do Sul e, sem querer, fez a viagem inteira a 120 quilômetros por hora com o veículo em tração 4x4.

Como Eustace disse mais tarde, espantado: "Não acredito que minha picape tenha sobrevivido a toda essa distância em uma condição dessas."

E de fato, quando Jason chegou a seu destino, o motor estava em petição de miséria.

"Você não percebeu nada estranho no jeito como a picape estava andando?", Eustace perguntou a Jason, quando ele telefonou para informar que o bloco do motor da picape tinha rachado "de repente".

"Estava mesmo fazendo um barulhão", admitiu Jason. "Realmente pareceu meio estranho. O motor estava roncando e raspando tão alto que eu tive que pôr a música no último volume para abafar o barulho."

Eustace gastou milhares de dólares para que sua melhor picape voltasse a funcionar.

Ao longo dos nove meses seguintes do aprendizado de Jason (ele desistiria muito antes do fim de seu compromisso de dois anos, após ficar descontente com a liderança de Eustace), ele adquiriu uma impressionante proficiência em agropecuária primitiva e em outras habilidades rústicas, mas também destruiu outros dois veículos de Eustace. E quando Eustace pediu que Jason pensasse em lhe pagar parte do prejuízo, Jason ficou profundamente ofendido. Como aquele suposto homem natural ousava demonstrar apego a posses materiais? Quanta hipocrisia da parte de Eustace!

"Não vem com essa merda pra cima de mim, Eustace", Jason escreveu pouco depois de ir embora de Turtle Island. "Não preciso me sentir desse jeito. Preciso de relacionamentos que enriqueçam minha vida, não que me deprimam. Percebo que sua picape é mais importante para você do que eu [...] Citando as palavras de Lester, o personagem do pai no filme *Beleza americana*: 'É só uma porra de um sofá!'"

Esse tipo de mudança aconteceu inúmeras vezes na vida de Eustace. Primeiro ele é idolatrado, para depois seus idólatras ficarem horrorizados ao descobrir que ele não é aquilo que eles tinham idealizado. De modo geral, as pessoas que vêm atrás de Eustace estão em busca de algo e, quando conhecem aquele ícone carismático, têm certeza de que sua busca chegou ao fim, de que todas as suas perguntas serão respondidas, e é por isso que colocam sua vida nas mãos dele de forma tão rápida e incondicional. E não são apenas os jovens rapazes que se encaixam nesse padrão.

"Por cinco dias eu estive no infinito", escreveu uma menina tipicamente fascinada, depois de uma curta visita a Turtle Island. "Pedacinhos do meu fôlego ficaram espalhados nos pinheiros-brancos e nos sassafrás. Obrigada, Criador! Obrigada, Eustace! Isso me influenciou para sempre. É o único lugar onde eu sei que quero estar. Se você algum dia precisar de outra mão, eu te dou minhas duas!"

Depois de uma apresentação tão mistificada, pode ser devastador descobrir que a vida em Turtle Island é extenuante e que Eustace é só mais um ser humano com defeitos, com seu próprio caldo de perguntas sem respostas em ebulição. Não são muitos os que sobrevivem ao choque, um choque a que passei a me referir como "Tranco de Eustace Conway". (Eustace, aliás, adotou o termo desde então, chegando a se perguntar se devia talvez distribuir suportes de pescoço para todos os aprendizes, como medida preventiva para ajudá-los a sobreviver ao inevitável trauma do desencantamento. Ele brinca: "As pessoas vão perguntar 'Por que eu preciso usar este suporte de pescoço, Eustace?', e eu vou acenar com a cabeça com um gesto sábio e dizer: 'Ah, você vai ver.'")

Por esse mesmo motivo, para Eustace trata-se de um verdadeiro desafio preservar amizades duradouras. Há centenas, talvez milhares de pessoas intimamente ligadas à sua vida, mas muitas delas parecem se encaixar em uma de duas categorias: discípulos encantados ou hereges desiludidos. A maioria das pessoas acha impossível abandonar a imagem de Eustace como ícone por tempo suficiente para travar uma amizade com ele como pessoa. Ele provavelmente poderia contar em uma única mão o número de pessoas que considera seus amigos próximos, e mesmo esses relacionamentos muitas vezes são tensos, tanto pelo eterno medo de traição que Eustace sente (que o impediu de procurar intimidade plena nas amizades) quanto por sua insistência de que ele não pode ser compreendido de fato por ninguém (o que também não ajuda muito). Eustace não acredita que mesmo o homem que ele poderia chamar de seu melhor amigo — um sujeito sensível, gentil e habilidoso chamado Preston Roberts, que ele conheceu na faculdade — o compreende totalmente.

Preston e Eustace costumavam sonhar, na época da faculdade, que fundariam uma reserva natural juntos e criariam suas famílias lado a lado, junto com seu amigo Frank Chambless, que percorrera a trilha dos Apalaches com Eustace. Mas, quando chegou a hora de comprar Turtle Island, Preston e Frank se envolveram apenas marginalmente na operação. Frank comprou um pequeno terreno perto da reserva, mas o vendeu anos depois — para o desgosto de Eustace —, para ganhar dinheiro. Depois dessa venda, Frank praticamente sumiu da vida de Eustace, e Eustace nunca entendeu por quê.

Preston Roberts comprou terras perto de Turtle Island e ficou com elas. Trabalhou em muitas das construções de Turtle Island e deu aulas no acampamento de verão ao longo dos anos. Ele e Eustace partem de vez em quando em uma viagem a cavalo ou uma aventura a pé, em que podem desfrutar da companhia um do outro e do esplendor da natureza. Preston admira Eustace imensamente e estaria disposto a levar um tiro por ele. Mas, apesar dos recorrentes convites de Eustace, ainda não decidiu se mudar com sua família para Turtle Island de uma vez por todas. Como explicou a mulher de Preston: "Meu marido sempre teve um pouco de medo de que perderia sua amizade com Eustace se tivesse que trabalhar com ele todo dia."

De fato, esse tipo de proximidade parece mesmo pôr à prova a maioria das almas. Especialmente durante aprendizados. Não ajuda muito, é claro, o fato de que os futuros aprendizes que vêm a Turtle Island muitas vezes já são, desde o começo, um pouco vulneráveis emocionalmente.

"Algumas das pessoas que querem vir morar aqui", Eustace me disse uma vez, "são as pessoas mais antissociais, desajustadas e infelizes da sociedade. Elas acham que Turtle Island é o lugar que finalmente vai torná-las felizes. Escrevem cartas para mim, dizendo o quanto odeiam a humanidade... Meu Deus, você consegue imaginar como é tentar organizar uma equipe de trabalho com pessoas assim? Adolescentes que fugiram de casa querem vir para cá. Tem uma pessoa em um presídio estadual me escrevendo cartas agora mesmo, dizendo que quer vir para cá. Esse é o tipo de marginais insatisfeitos que eu atraio."

Quando visitei Eustace em agosto de 1999, ele tinha um jovem aprendiz que apelidara de Twig. Twig vinha de uma família disfuncional e desastrosa de Ohio e constantemente era expulso de casas e arranjava problemas com a lei. Eustace adotou Twig porque a própria pedra fundadora de sua filosofia é que qualquer pessoa pode dar conta da vida primitiva, se estiver totalmente disposta e for ensinada do jeito certo. Twig era um grande pé no saco, para dizer a verdade. Era um molequinho briguento e em quem não se podia confiar, e vários dos outros aprendizes (havia três outros jovens ali na época, mais ou menos o número normal de cada ano) pediram que Eustace dispensasse o menino, porque ele era prejudicial ao espírito de trabalho deles. E, nem é preciso dizer, Twig não possuía uma única habilidade rústica. Mas Eustace queria dar uma chance a Twig e investiu horas trabalhando com ele, acalmando-o, ensinando--o a usar ferramentas e tentando mostrar a ele como lidar com pessoas.

Os dois fizeram alguns grandes avanços. Twig chegou a Turtle Island fraco, pálido e preguiçoso. Com o tempo, era possível ver cada músculo de seu peito e de suas costas enquanto ele trabalhava duro (essa transformação de fraqueza em robustez acontece o tempo todo em Turtle Island e é talvez a coisa que Eustace mais gosta de presenciar). E aquele menino perturbado agora sabia atrelar um arado a um cavalo, cuidar de porcos e cozinhar em uma fogueira. Certa noite ele até fez para mim uma sopa de larvas de vespa — uma antiga receita cherokee. Mas o tanto que Twig ainda tinha de aprender era certamente uma visão desanimadora.

Uma tarde, fui para um campo distante com Eustace, para vê-lo ensinar Twig a usar um arado de disco. Eles tiveram que arrastar o arado até esse campo por cerca de 800 metros pelo mato, com uma mula e um cavalo de tração, usando um robusto trenó apalachiano antigo para carregar o equipamento. Cada aspecto do serviço revelava um perigo físico em potencial — os animais desajeitados e caprichosos, a instabilidade do trenó, as correntes, correias de couro e cordas soltas, as lâminas afiadíssimas do velho arado pesado. E mesmo sabendo disso tudo, e já fazendo seis meses que morava em Turtle Island, Twig escolheu aparecer para esse trabalho calçando sandálias de dedo.

"Pessoalmente, eu não operaria um arado de disco em um pasto cheio de pedras, com uma mula tão temperamental como Peter Rabbit, calçando sandálias de dedo", Eustace me disse, enquanto observávamos Twig trabalhar, "mas se ele quer perder um pé, a decisão é dele".

"Você não vai falar nada para ele?", perguntei.

Eustace parecia exausto.

"Dez anos atrás, eu teria falado. Teria lhe passado um sermão sobre o calçado correto para um serviço de fazenda e sobre como se proteger perto de animais e de equipamento pesado, mas agora estou cansado, estou cansado de lidar com pessoas que não têm uma molécula de bom senso. Eu poderia corrigir Twig nisso e poderia corrigi-lo setecentas vezes por dia em coisas como essa, mas cheguei a um ponto em que toda a energia que tenho é para impedir que as pessoas se matem, ou me matem, ou matem umas às outras. Sabe, quando Twig chegou aqui, ele me implorou que o jogasse direto na mata selvagem, porque queria viver perto da natureza. A verdade é que ele é ignorante. Não duraria nem mesmo cinco minutos na mata selvagem. Ele nem tem noção do quanto não sabe. E tenho que lidar com essas coisas o tempo todo — não só em relação ao Twig, mas em relação a centenas de pessoas como ele."

Então Eustace disse para Twig, que começara a arar o vasto campo em círculos minúsculos e estranhos: "Tenho uma ideia, Twig. Cada vez que você vira os bichos, está botando pressão na boca deles e pressão em você mesmo e no equipamento. Tente pensar em um jeito mais eficiente de arar, em vez de fazer tantas curvas fechadas. Que tal traçar linhas compridas com o arado, percorrendo o campo de uma ponta até a outra, indo na mesma direção por tanto tempo quanto durar o impulso? Você entende o que eu estou dizendo? Você talvez até queira arar esta vertente aqui, mas eu recomendaria chegar nela por baixo, já que você ainda não tem experiência e não quer ter que se preocupar com a chance de atropelar os bichos com o arado."

Quando Twig partiu, fazendo mais ou menos o que Eustace mandara, Eustace disse para mim: "Isso vai levar uma eternidade. Eu preferia estar no meu escritório agora, cuidando das setecentas cartas que preciso escrever e dos setecentos impostos que preciso pagar. Mas preciso ficar aqui tomando conta dele, porque ainda não posso confiar nem meus animais nem o equipamento a ele. Então por que me dou a esse trabalho? Porque minha esperança é que algum dia ele aprenda a dar conta desta tarefa e que então eu possa mandá-lo para o campo dizendo 'Vai arar aquele campo', e ele saiba exatamente o que fazer, e eu possa confiar que o trabalho vai ser feito do jeito certo. Mas ainda há um longo caminho para isso. Afinal, o menino está de chinelo! Olha para ele!"

Na verdade, ele estava de chinelo e short, sem camisa, e tinha um cigarro enfiado atrás da orelha.

"Gosto de pensar que estou ensinando a essas pessoas habilidades que elas algum dia vão usar nas suas próprias vidas, mas, quando penso nas centenas de pessoas que passaram por aqui ao longo dos anos, não consigo imaginar uma única que daria conta sozinha de uma vida primitiva, neste momento. Talvez o Christian Kaltrider consiga algum dia. Ele era brilhante. Está construindo uma cabana de troncos no seu próprio terreno agora mesmo, e isso é bonito de ver. Ele aprendeu tudo aqui. Tem um menino chamado Avi Aski que também foi um aprendiz incrível. Está procurando terras para comprar no Tennessee e talvez ele faça aquilo lá dar certo. Talvez."

Twig veio na nossa direção com o arado, revolvendo uma vacilante trilha de terra.

"Você está fazendo um bom trabalho", Eustace lhe disse. "Muito melhor do que eu esperava."

Eustace fez o elogio com um rosto sem expressão e um tom inalterado. Mas por baixo do elogio eu conseguia escutar os assustadores vestígios de raiva controlada, impaciência e decepção que geralmente ouço na voz de Eustace àquela hora da tarde, quando o sol está se pondo, as tarefas não foram terminadas e alguém está fazendo besteira outra vez. Por volta daquela hora, é um tanto óbvio que o que Eustace realmente quer é colocar todos nós em uma organizada fileira e estapear as nossas cabeças burras, para ver se elas adquirem um pouco de bom senso.

É claro que ele nunca...

"Bom trabalho, Twig", disse ele, em vez disso. "Obrigado pelo seu foco."

Eustace frequentemente arranja aprendizes que jamais seguraram um balde antes. Ele lhes dá a tarefa mais simples do mundo — *vai encher esse balde de água* — e então fica observando horrorizado enquanto eles tentam carregar o balde cheio. Eles seguram o balde pesado o mais longe do corpo que conseguem, mantendo o braço esticado à frente deles, paralelo ao chão, desperdiçando energia e força apenas para segurar seu fardo. Ele franze o rosto de dor ao ver isso. Ou então martelos; Eustace recebe jovens em Turtle Island que nunca viram um martelo antes. Não têm noção de como um martelo funciona. Procuram Eustace porque alegam que querem viver de modo "autossuficiente", mas, quando ele pede que eles martelem um prego, eles seguram o martelo pela cabeça, dentro do punho fechado, e então *socam* o alvo.

"Quando eu vejo isso", diz Eustace solenemente, "me dá vontade de deitar e morrer".

Quando fala para crianças pequenas em escolas públicas, ele às vezes tenta jogar com elas um velho jogo indígena, em que você gira um bambolê e tenta arremessar bastões através dele enquanto ele vai girando. Porém inúmeras vezes ele descobre que classes inteiras de crianças americanas são incapazes de aprender a girar um bambolê.

"É uma loucura uma criança não saber girar um bambolê!", ele resmunga. "Eu mostro a elas como se faz, entrego o bambolê e elas soltam. Elas jogam o bambolê meio aleatoriamente e, é claro, ele cai deitado no chão, a meio metro delas. Então elas ficam olhando. *Por que ele não está se mexendo?* Elas não entendem. Mesmo depois de eu ter mostrado uma vez, elas não conseguem aprender. Depois de um bom tempo, alguma criança talvez se dê conta de que uma roda precisa de impulso para girar, e se eu der sorte, algum gênio talvez pense: *Ah! Vamos tentar girar o bambolê!*

"Vejo essa cena acontecer infinitas vezes. Observo essas crianças e penso: 'Será que essa crise inacreditável pode ser real?' Que tipo de crianças nós estamos educando nos Estados Unidos? Olha, eu te garanto por tudo o que é mais sagrado que qualquer criança africana sabe girar uma porra de uma roda. É questão de entender uma lei natural. O mundo é regido por umas poucas leis da Física — alavanca, inércia, impulso, termodinâmica —, e se você não tem contato com esses princípios fundamentais, então não pode pregar um prego, carregar um balde, ou girar uma roda. Isso significa que você está desconectado do mundo natural. Estar desconectado do mundo natural significa que você perdeu sua humanidade e que você vive em um ambiente que escapa completamente à sua compreensão. Você consegue imaginar o horror que eu sinto quando vejo isto? Consegue compreender o quanto foi esquecido em apenas umas poucas gerações? A humanidade levou um milhão de anos para aprender a girar uma roda, mas nós levamos só cinquenta anos para esquecer."

Nós esquecemos, é claro, por causa da lei mais antiga de todas: quem não usa perde. As crianças não dão conta das ferramentas mais simples porque não têm necessidade de aprender. Isso não tem propósito algum em suas vidas confortáveis e equipadas. Seus pais não podem lhes ensinar esse tipo de destreza física porque, de um modo geral, também não a possuem. Não precisam, nunca aprenderam, não têm mais por quê. Mas sabemos que as coisas nem sempre foram assim. Mesmo um século atrás, por exemplo, não havia um único homem nos Estados Unidos que não carregasse consigo o tempo todo algum tipo de faca. Fosse para pelar ursos ou cortar charutos, um homem precisava de uma faca como ferramenta básica para a vida e sabia como cuidar dela, afiá-la e manejá-la. Quem precisa de uma faca agora?

Aliás, quem precisa de um cavalo? Quem precisa sequer saber o que é um cavalo? Eustace descobriu em suas jornadas a cavalo que eram as pessoas na casa dos 70 ou dos 80 anos que geralmente ficavam à vontade perto dos bichos, por terem crescido com animais de fazenda na infância ou por ouvirem seus pais contarem sobre isso. Mas, para cada uma das gerações sucessivas, a ideia de um cavalo era cada vez mais estranha, exótica, impensável. As pessoas mais novas não faziam ideia de como se comportar perto dos animais, de como se proteger, de como assimilar o conceito de outro ser vivo.

"E o que os filhos *deles* vão pensar?", Eustace se perguntava. "Daqui a vinte anos, um cavalo vai parecer um camelo para as pessoas, como algum bicho maluco de zoológico."

E é desse modo que a incompetência vai se alargando a cada geração. Mesmo assim, Eustace sente que seria capaz de dar conta dessa incompetência, não fosse o grande defeito que ele vê nos americanos modernos de todas as idades: as pessoas não ouvem. Não sabem prestar atenção. Não sabem ter foco. Mesmo quando dizem que *querem* aprender, elas não têm disciplina.

"A coisa mais difícil é fazer com que os jovens confiem em mim e façam o que eu digo", disse Eustace. "Se eu tenho quatro pessoas aqui em cima trabalhando comigo e digo 'Ok, pessoal. Vamos rolar este tronco quando eu contar até três', uma vai começar a rolar o tronco imediatamente, duas vão *puxar* o tronco quando eu contar até três, e a quarta vai sair andando e enfiar o dedo no nariz. E elas ficam o tempo todo questionando minha autoridade. Sempre querem saber *Por que estamos fazendo isso desse jeito, por que estamos fazendo daquele jeito?*. Olha, *eu* sei por quê, e é só isso que importa, e não tenho tempo de explicar cada decisão. Eles nunca acreditam em mim quando eu digo que estou certo. Se eu digo que estou certo, então pode ter certeza de que eu *estou* certo, porque eu não cometo erros. Se eu não tenho certeza de alguma coisa, então digo que não tenho certeza, mas a maior parte do tempo eu tenho certeza. As pessoas ficam bravas e falam: 'O Eustace acha que o jeito dele é o único jeito.' Bom, isso é verdade. O meu jeito *é* o único jeito. E acredito que o melhor trabalho é feito quando as pessoas se entregam a uma única autoridade, como nas forças armadas. Esse é o jeito mais eficiente e veloz de produzir trabalho braçal. Se eu fosse o general de um exército, por exemplo, a disciplina seria mais organizada e eu poderia insistir para que todo mundo fizesse exatamente o que eu digo, e então as coisas iam funcionar direito."

Para fazer Turtle Island funcionar, Eustace acaba assumindo o controle — como seu avô fazia com seus campistas e funcionários — de cada aspecto da vida de seus aprendizes.

"A coisa chega a um ponto", disse um aprendiz, "em que você sente que precisa pedir permissão a Eustace para cagar. Porque Deus me livre se você tiver saído para cagar no mato quando ele precisa te ensinar a usar um moedor de pedal ou forjar uma ferradura".

E o pior é que Eustace não negaria essa acusação. Já o ouvi dar palestras a seus aprendizes sobre o jeito certo de amarrar os cadarços; afinal, por que uma pessoa deveria perder tempo deixando que os cadarços se desamarrem, quando há tanto trabalho por fazer? Mas é assim que as comunidades utópicas americanas — as que duraram mais de uma semana — sempre foram administradas. Disciplina, ordem e obediência fazem com que elas perdurem. Nos dormitórios femininos das comunidades Shakers, no século XIX, encontrava-se a seguinte placa instrutiva:

232

"Cada pessoa deve se levantar de sua cama ao som da 'primeira trombeta'. Ajoelhe-se em silêncio no primeiro lugar onde pôs o pé ao sair da cama. Não fale no recinto, a não ser que deseje fazer uma pergunta à irmã encarregada dele. Neste caso, sussurre. Vista seu braço direito primeiro. Pise com o pé direito primeiro. Ao som da 'segunda trombeta', marche em ordem, voltando seu lado direito para sua superiora. Caminhe nas pontas dos pés. Dobre sua mão esquerda em frente à barriga. Deixe sua mão direita pendendo ao seu lado. Marche até a oficina em ordem. Não faça perguntas desnecessárias."

Meu Deus, como Eustace Conway ia adorar esse tipo de ordenação em Turtle Island. Mas há um limite para o tanto de controle que ele pode garantir para si a cada dia. Por enquanto, o máximo que ele pode fazer é conseguir que seus aprendizes rolem um tronco quando ele conta até três.

A maioria dos aprendizes vive com medo de Eustace, para ser totalmente sincera. Falam sobre ele sempre que ele não está ouvindo — conversas sussurradas e um tanto desesperadas —, apinhados feito cortesãos tentando entender os motivos e interpretar os humores de seu rei, transmitindo conselhos para a sobrevivência, perguntando-se quem será o próximo a ser exilado. Intimidados demais para lidar diretamente com Eustace, os aprendizes, sem saber direito como agradar seu exigente mestre, buscam o conselho das namoradas, dos irmãos ou dos amigos próximos de Eustace, perguntando a esses contatos privilegiados: *O que ele quer de mim? Por que estou sempre encrencado? Como posso deixá-lo feliz?* Eustace sabe que esse falatório acontece por trás das suas costas e odeia isso. Considera o cúmulo da insubordinação.

E foi essa a razão que o levou a pregar a seguinte carta no mural comunitário de Turtle Island, no verão de 1998:

"Funcionários, residentes e associados de Turtle Island. Eu, Eustace Conway, estou puto. Faz cinco dias que minha namorada Patience está aqui e ela já foi abordada por muitos de vocês para discutir os problemas que vocês têm comigo. Isto é um desafio e um fardo desnecessário para ela e para o nosso relacionamento recente. Essa abordagem para 'me alcançar' me incomoda. Se vocês têm um problema comigo, abordem a mim, *não* a ela. Se não pudermos resolvê-lo ou vocês não ficarem satisfeitos, *não* ajam através dela. Se vocês não conseguem parar de falar sobre aspectos negativos da sua relação comigo, por favor desistam ou vão embora agora. Não tenho tolerância com esse tipo de comportamento. Estou magoado, entristecido e cheio de pesar por uma coisa dessas ter chegado a acontecer. Eu pessoalmente preferiria quebrar a cara de cada um de vocês a deixá-los resolver seus problemas comigo através de Patience. Se isso parece uma reação exagerada, bem, esse é um fardo social e emocional que estou disposto a carregar. Espero que tenha deixado clara minha necessidade. Com gratidão e respeito pela sua consideração, confiando humildemente em vocês, Eustace Conway."

Sem camisa. Sem sapatos. Sem falar pelas costas, porra.

Levando tudo isso em conta, talvez pareça que as únicas pessoas capazes de sobreviver em Turtle Island são aquelas que não têm vontade própria, que são fracas, tímidas e fáceis de dominar, dispostas a cumprir ordens obedientemente durante meses, sem soltar um pio de reclamação. Mas isso não é verdade. As pessoas tímidas sucumbem aqui, e depressa. Fazem muito esforço para tentar agradar Eustace e, quando percebem que nunca vão receber o reconhecimento pelo qual anseiam, elas se desfazem em queixas, devastadas pela sensação de abuso (esses aprendizados geralmente terminam em lágrimas: *Eu dei tudo o que eu tinha de mim, mas nunca era o bastante para você!*). Os únicos que sucumbem ainda mais rapidamente do que os fracos e tímidos são os indivíduos orgulhosos, sempre prontos para a briga, que se recusam teimosamente a se dobrar. São aqueles que acreditam que serão pessoalmente exterminados se tiverem que viver sob a autoridade alheia, nem que seja por um minuto. (Esses aprendizados, por sua vez, geralmente terminam em uma grande briga: *Não sou seu escravo!*)

Mas as pessoas que se dão bem aqui — e não são muitas — são uma espécie interessante. Estão entre as pessoas de autoconsciência mais silenciosa que já conheci. Têm em comum uma profunda quietude psíquica. Não falam muito e não buscam elogios, mas parecem confiantes em si mesmas. São capazes de tornar-se veículos da aprendizagem sem perder-se nela. É como se eles decidissem, quando chegam aqui, pegar sua frágil e sensível identidade própria, dobrá-la direitinho, guardá-la enfiada em algum lugar seguro e prometessem recuperá-la dois anos depois, quando o aprendizado chegar ao fim. Foi isso que fez Christian

Kaltrider, o aprendiz de Eustace Conway mais brilhante de todos os tempos.

"Vim aqui em um estado muito humilde", explicou Christian, "mas também extremamente motivado e interessado, e eu era uma tremenda esponja. Minha intenção era aprender, e nada além disso. Eustace me ensinava alguma coisa e eu ia fazer. Eu não perdia nenhum tempo falando — só ouvindo, observando e fazendo o que ele mandava. É claro que ele tinha controle sobre mim o tempo todo, mas eu não deixei que isso me frustrasse. Eu disse a mim mesmo: 'Estou deixando que ele tenha esse controle em benefício da minha educação. E ele está controlando só minha educação, não minha identidade.' Essa é uma distinção sutil. Você está se entregando a Eustace, ou está deixando que ele domine você? Eu tomei a decisão de me entregar como aluno, e é por isso que minha experiência foi tão diferente da experiência de muitos outros que vêm aqui. Outras pessoas chegam aqui idolatrando Eustace. Elas querem agradá-lo, por isso deixam que ele domine sua *pessoa* inteira, e é então que o rancor começa a se formar. Ele se forma lentamente, ao longo do tempo. O que desgasta as pessoas aqui não é o esforço físico, mas a tensão psicológica de perder sua identidade. Eu nunca corri esse risco."

"Se você não se proteger do Eustace", explicou Candice, outra aprendiz de Turtle Island decidida a fazer sua experiência dar certo, "então ele vai sugar sua alma. Você tem que manter alguma parte de si mesma — seu ego, acho — em um lugar que ele não possa alcançar. E tem que ser silenciosamente teimosa a respeito disso. Eu tomei minha decisão. Vou ficar aqui durante os dois anos do meu aprendizado, por mais difícil que seja. Me recuso a me tornar apenas mais uma DRTI."

"DRTI?", perguntei.

"Desistente Rabugenta de Turtle Island", ela esclareceu. "Olha, eu vim aqui para aprender e estou aprendendo. E acho Eustace justo e paciente, mesmo quando eu sou uma idiota. Tento ser quieta e discreta, e esse é o único jeito de fazer o serviço por aqui e conseguir alguma coisa com ele. Ele é o chefe, e você tem que acatar as decisões dele. Tem que levar sua liderança a sério, mas não pode levar para o pessoal."

É a mesma coisa que faz um bom soldado — não uma obediência irrefletida, mas uma obediência consciente. E provavelmente é por isso que uma das aprendizes mais bem-sucedidas de Turtle Island foi uma moça chamada Siegal, que, antes de vir para a Carolina do Norte, servira nas forças armadas israelenses. Um treinamento perfeito! Siegal sobreviveu a Eustace Conway do mesmo modo como sobreviveu a seu serviço militar. "Você tem que se fazer muito pequena", ela explicou, como se fosse uma coisa tão simples de fazer.

Isso não é nada simples, no entanto. Poucas pessoas conseguem domar seus egos. O talento para a submissão é especialmente difícil para as crianças americanas modernas, que são criadas dentro de uma cultura que lhes ensinou desde a primeira infância que todas as suas vontades são essenciais e sagradas. Seus pais, seus professores, seus líderes, sua mídia, todos sempre perguntaram a elas "O que *vocês* querem?". Eu costumava ver isso muito bem quando era garçonete em uma lanchonete. Os pais interrompiam o processo de pedir comida para a mesa inteira para se aproximar de uma criança de 2 anos e perguntar: "O que *você* quer, meu bem?" E ficavam olhando para a criança, com os olhos arregalados, aguardando desesperadamente pela resposta. *Ai, meu Deus, o que ele vai dizer? O que ele quer? O mundo inteiro aguarda em suspense!* Eustace Conway acerta na mosca quando diz que os pais não davam aos filhos esse tipo de poder, cem anos atrás. Ou mesmo cinquenta anos atrás. Eu mesma posso afirmar com toda a honestidade que, nas raras ocasiões em que minha mãe e seus seis irmãos de fazenda do Meio-Oeste comiam em um restaurante, quando eram crianças, se algum deles ousasse fazer uma exigência pessoal ao pai... bem, eles simplesmente não fariam isso.

Mas agora os americanos são criados de forma diferente. E a cultura do "O que *você* quer, meu bem?" gerou as crianças que estão indo atrás de Eustace hoje. Elas têm um enorme choque quando rapidamente descobrem que ele está cagando para o que elas querem. E entre 85% e 90% delas não conseguem lidar com isso.

E, além do mais, tem a comida.

Uma das coisas que tornam o aprendizado em Turtle Island um desafio é que a alimentação na montanha pode ser... digamos, inconsistente. Eu desfrutei de algumas das melhores refeições de minha vida ali, após um dia de trabalho braçal contínuo e um banho revigorante no riacho, sentada em volta da mesa sólida de carvalho com meus colegas de trabalho, comendo verduras e legumes frescos da horta e um lombo de um dos famosos porcos de Will Hicks, tudo arrematado com pão de milho quente, vindo de uma panela de ferro fundido recém-tirada do carvão. É gostoso. Comi magníficos punhados de cogumelos silvestres *Morchella* em Turtle Island, irritando Eustace até enlouquecê-lo, dizendo após cada mordida: "Você sabe o quanto isso custa em Nova York?" ("Não", ele retruca. "Você sabe o *gosto* que isso tem na Carolina do Norte?") Mas também passei uma semana em Turtle Island em janeiro em que comíamos o mesmo cozido de carne de cervo nas três refeições do dia. E era uma carne nojenta, velha, dura. Reaqueça toda noite e tente não sentir o *gosto* de queimado e ferrugem do fundo da panela. E os únicos outros ingredientes do cozido pareciam ser uma cebola e cinco vagens.

Enquanto os convidados pagantes — os grupos especiais e os jovens campistas que visitam Turtle Island — recebem uma comida excelente, servida por maravilhosos cozinheiros contratados para a ocasião, esse serviço não é oferecido para os aprendizes, por isso a situação alimentícia às vezes é bem desanimadora, principalmente no inverno. A abóbora, por exemplo. Abóbora é a base da dieta de inverno dos aprendizes. Eles transformam abóbora em tudo o que conseguem imaginar — pão de abóbora, torta de abóbora, lasanha de abóbora, sopa de abóbora. E então desistem e comem purê de abóbora até que a horta volte a crescer na primavera. É como se eles fossem marinheiros do século XVI e a abóbora fosse seu estoque de bolachas, sua última provisão. Já houve motins só por causa da abóbora. Houve reuniões banhadas em lágrimas, em que aprendizes que aguentaram todos os outros desafios físicos reclamaram com Eustace, em um protesto unificado: "A abóbora tem que acabar!"

No entanto, Eustace não tem muita compaixão para com eles. Porque não é como se ele estivesse se escondendo ali na sua cabana, sugando o tutano de um *pato à l'orange* enquanto seus sofridos aprendizes mandam mais abóbora goela abaixo. Se abóbora é a única coisa que tem para comer, é isso que ele come também, e que ninguém fique resmungando por causa disso. Não há — como acontece com tudo em Turtle Island — nada que ele peça de seus aprendizes que ele mesmo não aguente. (Ele não é Peter Sluyter, o utopista embusteiro que dirigia uma austera residência labadista no norte do estado de Nova York no século XVII; o fogo era proibido para seus seguidores, não obstante Sluyter sempre tivesse uma lareira acesa no conforto de sua casa.) Não, Eustace Conway passa frio quando sua gente passa frio; passa fome quando sua gente passa fome; e trabalha quando eles trabalham. Aliás, ele geralmente também trabalha quando sua gente está dormindo. Eustace já passou em sua vida por situações de fome, situações em que um purê de abóbora teria sido um banquete épico, por isso não sente tanta pena. De qualquer modo, se eles realmente entrarem em desespero, sempre podem descer até Boone para vasculhar umas lixeiras.

Vasculhar lixeiras é uma tradição da família Conway. É algo (talvez a coisa mais divertida) que os irmãos Conway aprenderam com o pai. O Grande Eustace Conway sempre foi um artista da catação de lixo. Esmiuçar o lixo dos outros exerce certo apelo sobre seu senso de frugalidade e aventura. Não há lixo nojento o bastante para impedir que ele o vasculhe em busca de um grande achado. Eustace, Walton e Judson herdaram essa habilidade do pai, porém a refinaram ao ponto de aprender a vasculhar o lixo alheio não apenas em busca de velhos toca--discos e aparelhos de ar condicionado, mas também de comida. Comida deliciosa, decadente. As lixeiras atrás dos enormes supermercados dos sonhos americanos acabam se revelando bufês totalmente liberados para pessoas inventivas de verdade.

Eustace Conway, naturalmente, transformou o ato de vasculhar lixeiras em uma arte. Matava a fome, nos seus anos de faculdade, complementando suas presas de zarabatana com os restos suculentos achados nos becos atrás de supermercados. E aperfeiçoou seu sistema porque, pode ter certeza, já que ele vai fazer isso, vai fazê-lo de modo impecável, como todas as outras coisas.

"O timing é crucial", ele explicou. "Você tem que escolher exatamente o momento certo do dia para começar a vasculhar a lixeira. É melhor ficar rondando a loja um pouco e sondar as coisas, ver em que horário do dia a comida sai, para que você possa pegá-la mais fresca. Também é importante andar até a lixeira, como se você pertencesse ao lugar, avançando com velocidade e confiança. Ande rente ao chão e não fique parado de bobeira. Eu sempre procuro imediatamente uma caixa de papelão resistente, revestida de cera e com boas alças, pego a caixa e pulo dentro da lixeira. Debruçar-se pela borda e ficar fuçando não é um uso econômico do seu tempo. Eu não perco tempo com nenhuma fruta ou verdura de má qualidade. Só porque você está *pegando* comida do lixo não quer dizer que você precisa *comer* lixo. Eu vou fazendo uma triagem das hortaliças depressa, jogando de lado tudo o que seja podre ou de má qualidade. Se há um caixote de maçãs estragadas, às vezes eu acho três maçãs perfeitas ali dentro e jogo na minha caixa de papelão. Muitas vezes você pode achar um único melão perfeito em uma caixa de melões amassados, e às vezes encontra um caixote inteiro de uvas que foram jogadas fora porque caíram do cacho. E carne! Eu trouxe para casa dezenas de bifes de contrafilé, todos muito bem embrulhados em plástico, que foram jogados fora porque passaram um dia da validade. Quase sempre encontro bandejas inteiras cheias de iogurte — adoro iogurte — que estão em perfeito estado e foram jogadas fora pelo mesmo motivo. Não é um pecado, o tanto que se desperdiça neste país? Isso me lembra o que dizia Lonnie Carlton, meu velho vizinho apalachiano: 'A gente costumava viver com menos do que as pessoas jogam fora hoje em dia.'"

Um incidente famoso aconteceu quando Eustace entrou sozinho em uma lixeira em Boone, em uma expedição discreta e rotineira. Com um ar confiante, andando agachado, achando sua caixa de papelão especial, ele estava rapidamente selecionando o conteúdo da lixeira e compilando "o mais belo sortimento de frutas, verduras e legumes que você já viu", quando ouviu uma picape parar atrás da loja. Depois passos. Merda! Eustace se encolheu no canto da lixeira, ocupando o mínimo de espaço que conseguia. E então um homem, um senhor mais velho e bem-apessoado, vestindo roupas limpas, se debruçou na lixeira e começou a fuçar. Outro catador! Eustace não respirava. O estranho não notou sua presença, mas não demorou muito para notar a caixa de papelão de Eustace, resistente e coberta de cera, cheia das melhores frutas e verduras que o dinheiro não pode comprar.

"Hmm", disse o estranho, contente com a descoberta.

Ele se debruçou, esticou os braços, pegou a caixa e foi embora com ela. Eustace ouviu a picape dar partida outra vez e ficou ali sentado, encolhido no canto feito um rato, refletindo sobre aquilo. Será que ele devia ficar escondido até a picape ir embora? Agir com segurança? Recomeçar sua busca? Mas, um momento; aquele homem estava roubando a comida *dele*! Ele levara uns bons 15 minutos para achar aqueles produtos, e eles constituíam a melhor comida disponível naquele dia. Eustace não ia tolerar aquilo. Você não pode deixar um homem tirar comida da sua boca! Ele pulou para fora da lixeira como se seus pés tivessem molas, e disparou atrás da picape. Acenou para o cara parar, gritando enquanto corria atrás dele. O estranho encostou a picape, com o rosto pálido, tremendo diante daquela aparição selvagem que brotara, correndo e gritando, das entranhas de uma lixeira de supermercado.

"Boa tarde, senhor", Eustace começou a falar, e soltou um de seus sorrisos mais encantadores. "Preciso lhe dizer, senhor, que essas frutas e verduras que o senhor pegou são minhas."

O estranho ficou olhando fixo. Parecia cogitar que estava tendo um ataque cardíaco.

"Pois é, meu amigo, eu catei toda essa comida para mim, e levei um tempo fazendo isso. Terei prazer em compartilhá-la com o senhor, mas não posso deixar que leve tudo. Por que o senhor não espera aqui enquanto eu acho uma caixa para o senhor e divido isso entre nós dois?"

Então Eustace correu até a lixeira e achou outra caixa de papelão resistente, revestida de cera. Ele correu de volta, pulou na caçamba da picape do homem e rapidamente dividiu as hortaliças em duas partes iguais. Então pegou uma para si, pulou da picape e voltou para a janela do motorista. O homem ficou olhando atônito e boquiaberto para ele. Eustace soltou outro grande sorriso.

"Tudo certo, senhor. O senhor agora tem uma bela caixa de mantimentos, e eu também."

O estranho não se mexeu.

"Agora pode ir, senhor", disse Eustace. "E tenha um bom dia."

Lentamente, o estranho partiu em sua picape. Não dissera uma única palavra em momento algum.

Enfim. Chega um momento, durante o período de residência de qualquer aprendiz em Turtle Island, em que a arte de vasculhar lixeiras é apresentada. A maioria dos aprendizes se entrega a essa atividade como um pinto no lixo, adorando a oportunidade de dar um passeio na cidade e desafiar a sociedade mais uma vez, de um modo subversivo.

Eles chamam essas pequenas expedições de compras de "visitas à loja de lixo", e quando o purê de abóbora foi servido pela quarta semana consecutiva, esse fruto proibido da A&P* começa a parecer muito apetitoso. Isso ajuda a explicar a estranha variedade de comida que eu presenciei em Turtle Island. Sim, tem o ótimo bolo de gengibre caseiro com compota de pêssego caseira. Sim, tem o fantástico espinafre, recém-colhido da horta. Mas aqui também consumi alimentos definitivamente não apalachianos, tais como abacaxis, cocos, copinhos de pudim de chocolate e, em uma ocasião memorável, algo que achei numa embalagem de isopor com a etiqueta "deliciosos cones folhados, recheados de creme branco".

"Mesmo morando aqui há tantos meses", disse-me a aprendiz Candice, "nunca cheguei a entender direito como nós sobrevivemos. Eu sinceramente não sei como estamos vivos. Vasculhar lixeiras só alimenta você até um limite, sabe, e no inverno nós passamos fome. Às vezes as pessoas nos trazem comida, o que é ótimo, porque não temos permissão para comprar nada. Fiquei encarregada da cozinha durante a maior parte do tempo em que estive aqui, e só gastei o dinheiro de Eustace duas vezes, em alimentos realmente básicos, como farinha de milho, óleo ou pimenta. Tirando isso, nós comemos o que arranjamos".

Uma vez perguntei a Candice o que ela punha em seu excelente pão, e ela respondeu: "Trigo integral. Além disso" — e ela correu os dedos por um cereal arenoso que deixava guardado em uma velha lata de café — "eu sempre jogo um pouco dessa coisa estranha. Peguei isso em uma das latas de ração de cavalo no estábulo. Não sei o que é, mas não dá para sentir o gosto no pão e faz o trigo durar mais tempo."

Outra tarde, eu estava com Candice na cozinha ao ar livre, ajudando-a a cozinhar, quando Jason entrou.

"Ei, Jason", ela disse. "Você pode tirar a Barn Kitty daí para mim?"

Barn Kitty era a mais exímia caçadora de ratos de Turtle Island, uma gata trabalhadora que geralmente podia ser encontrada no celeiro ou nas prateleiras de cima da cozinha ao ar livre. Percebi, então, que fazia um tempo que eu não via Barn Kitty.

"Cadê ela?", Jason perguntou.

---

* Cadeia de supermercados norte-americana. (N. do T.)

"Pois é", eu disse. "Cadê ela?"

"Embaixo do bebedouro dos cavalos", Candice respondeu. "Os cachorros ficam se esfregando nela e levando ela de um lado para o outro, por isso ela está com um cheiro horrível."

Eu olhei embaixo do bebedouro. Ah, era por isso que eu não via Barn Kitty fazia um tempo. Porque Barn Kitty agora era um cadáver desgrenhado, fétido, sem perna. Candice explicou que um lince atacara Barn Kitty uma noite, algumas semanas antes. Desde então, os restos mortais surrados de Barn Kitty vinham aparecendo espalhados por toda Turtle Island, arrastados por várias outras criaturas vivas. Jason pegou os restos com um pedaço de pau e os jogou no telhado de zinco da cozinha, onde o sol podia secá-los e os cachorros não conseguiam alcançar.

"Obrigada, Jason", disse Candice — e acrescentou a meia-voz: "Puxa, não sei por que simplesmente não comemos essa gata velha. Eustace faz a gente comer qualquer outra coisa que morre por aqui."

Um dia ouvi por acaso Eustace falando ao telefone com um rapaz que telefonara lá do Texas porque queria se inscrever como aprendiz em Turtle Island. O menino parecia promissor. Seu nome era Shannon Nunn. Ele fora criado em um rancho e dizia ter feito serviços de fazenda a vida inteira. Também sabia consertar motores de automóvel. E era um atleta de destaque, com uma enorme disciplina pessoal. Eustace tenta não alimentar muitas esperanças sobre as pessoas, mas esses poucos fatores já faziam com que Shannon Nunn parecesse uns 1.000% mais promissor do que as hordas de universitários idealistas, românticos e incompetentes que muitas vezes chegam a Turtle Island "incapazes de abrir uma porta de carro". Shannon disse que lera sobre Eustace na revista *Life* e estava ligando porque queria enfrentar um novo desafio. Se pudesse aprender a viver com o que tirava da terra, talvez escapasse de uma vida imersa na cultura americana moderna e superficial, na qual "todo mundo está se afogando em complacência".

Até agora, parecia bom.

Mesmo assim, Eustace passou uma hora explicando a Shannon o que ele podia esperar em Turtle Island. Foi um discurso lúcido e extremamente sincero.

"Não sou uma pessoa normal, Shannon", ouvi Eustace dizer. "Muitas pessoas acham que não é fácil se relacionar comigo ou trabalhar para mim. Minhas expectativas são altas e não faço muitos elogios aos meus funcionários. As pessoas às vezes vêm aqui achando que já têm muitas habilidades valiosas a oferecer, mas eu raramente fico impressionado. Se você vier, vou esperar que você trabalhe. Turtle Island não é uma escola. Não há aulas aqui. Isso não é um curso de sobrevivência. Não vou levar você para a floresta por um certo número de horas por dia e te ensinar um programa organizado de habilidades de sobrevivência no mato. Se é esse tipo de experiência que você quer, por favor não venha para cá. Há muitos lugares onde você pode achar isso, lugares que vão pôr suas necessidades e desejos em primeiro lugar. Outward Bound é um bom lugar para isso, assim como a Escola Nacional de Liderança no Campo. Você paga; eles te ensinam. Esse não é meu esquema. Eu nunca vou pôr suas necessidades nem desejos em primeiro lugar, Shannon. As necessidades da minha fazenda sempre vêm em primeiro lugar. Muitas das tarefas que eu vou te dar são repetitivas e monótonas, e você provavelmente vai sentir que não está aprendendo nada. Mas posso te prometer que, se você continuar no programa de aprendizado durante pelo menos dois anos e fizer o que eu digo, vai adquirir as habilidades básicas que vão lhe dar um grau de autossuficiência quase desconhecido na nossa cultura. Se eu vir que você está disposto a aprender e é capaz de trabalhar, vou dedicar mais tempo a você individualmente com o passar dos meses. Mas tudo vai acontecer muito devagar, e sempre vou manter minha autoridade sobre você.

"Estou te dizendo isso porque estou cansado. Cansado de pessoas que vêm aqui com visões preconcebidas, diferentes do que eu acabei de te explicar, e depois vão embora decepcionadas. Eu não tenho tempo para isso, portanto estou tentando deixar tudo extremamente claro. Vou exigir mais de você do que você jamais exigiu de si mesmo. E se você não estiver pronto para trabalhar duro e fazer exatamente o que eu digo, então por favor fique em casa."

Shannon Nunn disse: "Eu entendo. Quero estar aí."

Shannon apareceu um mês depois dessa conversa, pronto para trabalhar. Disse que estava mais empolgado com aquilo do que jamais estivera com qualquer outra coisa. Era um rapaz à procura de uma com-

243

pletude espiritual na floresta e acreditava ter encontrado seu professor. Disse que estava buscando "beber daquela água que — uma vez encontrada — nunca mais o deixará sentir sede".

Sete dias depois, ele arrumou as malas e foi embora de Turtle Island, profundamente irritado, magoado e decepcionado.

"Eu fui para lá", Shannon me disse mais de um ano depois, "porque achei que tinha entendido o acordo. Eustace me prometeu que, se eu trabalhasse para ele, ele me ensinaria a viver com o que tirava da terra. Achei que ele fosse me ensinar habilidades de sobrevivência, sabe? Como caçar e colher. Como construir um abrigo no mato e fazer fogo — todas as coisas que ele sabe. Eu tinha investido muito tempo e energia para ir a Turtle Island. Era assustador, porque eu tinha abandonado tudo — minha casa, minha família, minha escola — para ir lá e ser ensinado por ele. Mas só o que ele me mandava fazer era trabalho braçal e imbecil! Ele não me ensinou nada sobre viver com o que tirava da terra. Ele me mandou construir cercas e cavar valas. E eu disse para ele: 'Cara, eu podia estar cavando valas lá onde eu moro e ainda sendo pago por isso. Eu não preciso disso.'"

Shannon ficou tão decepcionado que, uma semana depois de sua chegada, procurou Eustace para discutir seus problemas com o programa de aprendizado. Eustace ouviu o que o menino tinha a dizer. Sua resposta foi: "Se você não gosta daqui, vá embora." E saiu andando no meio da conversa. Isso deixou Shannon furioso, a ponto de chorar. Calma lá! Por que Eustace estava saindo no meio da conversa? Ele não via como Shannon estava chateado? Eles não podiam falar sobre aquilo? Pensar em alguma solução?

Mas Eustace já tinha falado e não tinha mais vontade de falar. Tivera aquela mesma conversa inúmeras vezes com muitos Shannon Nunns diferentes, ao longo de muitos anos, e não tinha mais nada a dizer. Eustace saiu andando no meio da conversa porque estava cansado e precisava voltar ao trabalho.

Ele só dorme umas poucas horas por noite.

Às vezes sonha com a Guatemala, onde viu crianças que eram exímias no uso da machadinha aos 3 anos de idade. Às vezes sonha com as fazendas organizadas e com as famílias quietas dos menonitas. Às vezes sonha em largar sua agenda de salvação da raça humana e, como escreveu em seu diário, "transformar Turtle Island em um santuário particular 'para mim', para tentar sobreviver à natureza ridícula do mundo de hoje".

Mas então ele sonha com seu avô, que uma vez escreveu: "Mais duradouros que arranha-céus, pontes, catedrais e outros símbolos materiais das conquistas humanas são os monumentos invisíveis de sabedoria, inspiração e exemplo erguidos nos corações e mentes dos homens. Quando você jogar o peso da sua influência do lado do bom, do verdadeiro e do belo, sua vida atingirá um esplendor infinito."

E ele sonha com seu pai. Pergunta a si mesmo quantos outros êxitos impressionantes ele terá que conseguir antes que o velho lhe diga uma palavra de elogio.

E então ele acorda.

Toda manhã, ele acorda e vê a mesma coisa, uma crise nacional. Uma nação impotente, estragando deliberadamente tudo por onde passa. Ele se pergunta se há alguma esperança de consertar isto. Ele se pergunta por que sacrificou sua vida para salvar a vida de todos os outros. Por que sempre permite que sua terra sagrada seja invadida por imbecis desajeitados que tratam o lugar de um modo tão bruto. Ele se pergunta como veio a acontecer que, quando tudo o que ele sempre quis era ser um amante da natureza, ele sente que em vez disso se tornou o cafetão dela. Ele tenta compreender a diferença entre o que é obrigado a fazer com sua vida e o que tem permissão para fazer. Se pudesse fazer somente o que quisesse, de verdade, ele talvez vendesse todo esse pesado fardo chamado Turtle Island e usasse o dinheiro para comprar um vasto terreno em algum lugar no meio da Nova Zelândia. Lá ele poderia viver em paz, totalmente só. Eustace adora a Nova Zelândia. Que país espetacular! Livre de todo tipo de criatura venenosa, esparsamente populado por pessoas honestas e confiáveis, limpo e isolado. Os Estados Unidos que vão para o inferno, pensa Eustace. Talvez ele devesse largar a correria da vida de montanhês e abandonar seus compatriotas à sua própria sorte.

É uma linda fantasia, mas Eustace se pergunta se teria a firmeza necessária para colocá-la em prática. Talvez, quando ele sonha em se mudar para a Nova Zelândia, ele seja como um desses corretores de ações das cidades, que sonham em vender tudo, se mudar para Vermont e abrir uma loja de material de construção. Talvez, como os corretores de ações, ele jamais vá fazer essa mudança. Talvez, como eles, Eustace esteja envolvido demais em seu estilo de vida para mudar algum dia.

"Talvez eu tenha chegado tarde demais com a minha mensagem", ele diz. "Talvez cedo demais. Só o que posso dizer é que acho que este país está sofrendo de uma emergência mortal. Acho que é um pesadelo, e que estamos condenados, se não mudarmos. E nem sei mais o que sugerir. Estou cansado de me ouvir falar."

CAPÍTULO NOVE

Somos grandes, e estamos rapidamente — eu estava prestes a dizer "temivelmente" — crescendo!

— *John Caldwell Calhoun, 1817*

Às vezes eu fico bêbada com Eustace. É uma das coisas que mais gosto de fazer com ele. Tudo bem, é uma das coisas que mais gosto de fazer com quase qualquer pessoa, mas gosto especialmente de fazer isso com Eustace. Pois há certa paz que o álcool lhe traz — aquelas famosas propriedades sedativas em ação, imagino — que amaina o fogo dentro dele. A bebida o ajuda a baixar a intensidade de suas fornalhas interiores por um breve instante, o que permite que as pessoas fiquem perto dele sem serem chamuscadas pelas labaredas de sua ambição ou castigadas pelo calor sufocante de suas preocupações, convicções e motivações pessoais. Com um pouco de uísque no sangue, Eustace Conway esfria a cabeça e fica mais divertido, mais leve, mais parecido com... Judson Conway.

Com um pouco de uísque, você pode fazer Eustace contar suas melhores histórias, e ele urra de prazer conforme vai se lembrando delas. Imita qualquer sotaque e desfia as histórias mais absurdas. Ri das minhas piadas mais imbecis. Quando Eustace Conway está bebendo, às vezes leva a si próprio às gargalhadas, apimentando seu diálogo com expressões modernas distintamente não eustacianas que assimilou ao longo dos anos, como "Yadda-yadda-yadda" ou "Você é ninja!" ou "Essa é uma faca de dois legumes" ou — essa é a minha favorita —, ao receber um elogio, "É por isso que eles me pagam um monte de verdinhas!".

"Então, um dia eu estava caminhando no Parque Nacional das Geleiras, no verão", diz ele, logo depois de a garrafa ser aberta, e eu sorrio, inclinando-me para a frente, pronta para ouvir. "Eu estava bem acima da linha da vegetação, atravessando um cinturão de neve. Ninguém sabia onde eu estava, e eu nem estava em uma trilha; só uma serra de neve e gelo até onde a vista alcançava, com vertentes íngremes dos dois lados. Não tinha nenhum equipamento decente, é claro; estava lá em cima só de brincadeira. Então eu estava caminhando e de repente dei um passo em falso. E o lugar era tão íngreme que eu comecei a escorregar direto ladeira baixo, deslizando de costas no gelo sólido. A maioria das pessoas que vão caminhar ali em cima teria levado um *piolet*, um machadinho para fincar no gelo, mas eu não tinha um, por isso não conseguia interromper a minha queda. Só o que eu podia fazer era tentar jogar todo o meu peso na minha mochila, para desacelerar, mas não estava adiantando. Eu estava cravando os calcanhares no gelo, mas isso também não estava adiantando! Então a neve e o gelo viraram cascalho e pedras soltas, e eu estava descendo em disparada, *tum-tum-tum* cruzando os rochedos em velocidade máxima. Continuava caindo sem parar, pensando *Desta vez vou morrer de verdade!* e então — POF! Bati em alguma coisa e parei de repente. Como assim? Levantei a cabeça e percebi que tinha batido em uma mula morta. Juro por Deus! Era uma porra de uma mula morta! Era uma carcaça mumificada de mula, desidratada pelo gelo, e foi isso que deteve minha queda. Devagarinho, eu fiquei de pé e olhei por cima da mula, e bem ali, do outro lado do corpo dela, havia um penhasco abrupto, uma queda de uns 600 metros no meio do Parque Nacional das Geleiras. Eu comecei a rir sem parar, quase abraçando a mula. Cara, essa mula morta é meu herói. Se eu tivesse caído dali, ninguém teria nem achado meu corpo! Só depois de mil anos, quando uns excursionistas dessem de cara com ele e escrevessem um artigo para a *National Geographic* sobre mim!"

Mais uns goles de uísque, e Eustace começa a falar sobre Dorothy Hamilton, a mulher negra que saiu correndo da lanchonete no interior da Geórgia quando os Long Riders passaram a cavalo, sacudindo o avental, beijando os irmãos Conway e exigindo falar no diário de fita cassete deles. Ela sabia que os Long Riders estavam cavalgando até a Califórnia — ela os vira na televisão — e tinha uma mensagem ruidosa para a Costa Oeste: "*Allllôôôô galera surfista aí da Califórnia!*", Eustace grita em sua cabana, evocando a voz alegre dessa mulher. "*Esse é um grande alô da sua amiga, Dorothy Hamilton, a menina que serve o frangôôô!!!*"

Certa noite, Eustace e eu descemos o vale, todo coberto de neve, para visitar Will e Betty Jo Hicks, seus velhos e queridos vizinhos apalachianos. Will e Eustace começaram a falar sobre alguma velha espingarda *double-burl* ("*double-barrel*", de cano duplo) que Will possuía antigamente. Eu tentei ficar escutando, mas percebi, como percebo a cada visita que faço à família Hicks, que não consigo entender nem mesmo uma palavra a cada dez que Will Hicks pronuncia. Ele diz "*hit*" em vez de "*it*" e "*far*" em vez de "*fire*" e "*vee-hickle*" em vez de "*car*", e eu não consigo decifrar muito mais do que isso. Entre os seus dentes que estão faltando, seus eufemismos interioranos e sua pronúncia melada, a fala desse homem continua sendo um mistério para mim.

De volta à cabana de Eustace, naquela noite, com uma garrafa de uísque aberta, eu reclamei: "Não entendo patavina desse maldito sotaque apalachiano. Como você consegue se comunicar com o Will? Acho que tenho mesmo que estudar essa apa-*língua* mais de perto."

Eustace gargalhou e disse: "Mulher! Você só precisa prestar mais atenção nas apa-*lavras*!"

"Não sei, Eustace. Acho que é uma apa-*longa* aprendizagem até eu entender alguém como Will Hicks."

"Não senhora! Esse meu camarada do campo só estava tentando te ensinar uma apa-*lição*!"

"Acho que você pode me dar uma apa-*lestra* sobre isso", eu disse, dando uma risadinha.

"Você não está apa-*loprando* o velho Will Hicks, está?", retrucou Eustace.

Àquela altura, estávamos ambos chorando de rir com toda aquela bobagem... Eustace estava quase explodindo, e seu grande sorriso brilhava à luz do fogo, e eu o adorava daquele jeito. Queria muito ter mais dez garrafas de uísque e mais dez horas para ficar sentada naquela cabana aquecida e ter o prazer de ver Eustace Conway esquecendo sua pauta ideológica ferrenha e se soltando totalmente, pelo menos uma vez.

Eu disse: "Pode ser tão divertido conviver com você, Eustace. Você devia mostrar às pessoas esse seu lado mais vezes."

"Eu sei, eu sei. É isso que Patience costumava dizer. Ela dizia que os aprendizes não teriam medo de mim o tempo todo se eu deixasse eles verem meu lado espontâneo e divertido. Até pensei em tentar descobrir um jeito de fazer isso. Talvez, toda manhã, antes de começarmos a trabalhar, eu devesse instituir uma prática de cinco minutos livres de diversão espontânea."

"*Cinco* minutos de diversão espontânea, Eustace? Exatamente cinco minutos? Não quatro? Não seis?"

"Argghhh..." Ele agarrou a cabeça e balançou para a frente e para trás. "Eu sei, eu sei, eu sei... é uma loucura. Está vendo como são as coisas para mim? Está vendo como é dentro do meu cérebro?"

"Ei, Eustace Conway", eu disse, "a vida não é muito fácil, é?".

Ele deu um sorriso galante e tomou outro longo gole de uísque. "Nunca achei que fosse."

Eustace ainda tem suas ambições. Ele ainda não terminou de arrumar Turtle Island. Na época em que era bem jovem, quando passeou por Turtle Island pela primeira vez com sua namorada Valarie, ele apontou, como se estivesse olhando para uma planta baixa, o que faria naquele terreno todo. Casas aqui, pontes ali, uma cozinha, uma campina, um pasto. E foi o que fez. Agora, espalhadas por toda a sua terra, estão as evidências físicas e reais do que Eustace originalmente visualizara em sua mente. As casas, as pontes, a cozinha — tudo em seu lugar.

Lembro-me de estar parada com Eustace na beira de um pasto quase limpo, em minha primeira visita a Turtle Island. Não passava de um campo de lama e tocos de árvore, porém Eustace disse: "Da próxima vez que você vier aqui, haverá um estábulo enorme no meio deste pasto. Você não consegue ver? Não consegue imaginar todo o capim crescendo verde e sadio, e os cavalos ali tão lindos, soltos ao seu redor?" Da próxima vez que fui a Turtle Island, havia, como se por uma espécie de mágica, um belo e grande estábulo no meio do pasto, e o capim estava crescendo verde e sadio, e os cavalos estavam ali tão lindos, soltos ao redor. Eustace me conduziu até o topo de um morro, para me mostrar uma vista melhor do lugar, olhou em volta e disse: "Algum dia haverá um pomar bem aqui."

E conheço esse homem bem o bastante para ter certeza de que haverá mesmo.

Então não, ele ainda não terminou Turtle Island. Quer construir uma biblioteca, e está procurando uma serraria para comprar, para poder produzir sua própria madeira. Além disso há a sua casa dos sonhos, o lugar onde ele vai morar. Porque depois de todo esse tempo — depois de mais de vinte anos no mato, depois de se matar de trabalhar para adquirir mil acres de terra, depois de construir mais de 12 estruturas em sua propriedade — Eustace ainda não possui uma casa própria. Por 17 anos ele morou em uma tenda. Por dois anos morou no sótão de uma casinha de ferramentas. E recentemente passou a morar em uma pequena cabana rústica que ele chama de Casa de Hóspedes — um lugar mais ou menos público, onde todos os aprendizes e hóspedes se reúnem duas vezes por dia para fazer as refeições no inverno, quando a cozinha ao ar livre está fechada. Para um homem que alega querer, mais que qualquer outra coisa, isolamento, ele nunca se deu um espaço realmente privado em Turtle Island. Todos os outros, dos porcos aos aprendizes, das ferramentas aos livros, precisam ser abrigados primeiro.

Mas ele vem projetando em sua cabeça uma casa faz décadas. E, portanto, podem ter certeza de que ela existirá algum dia. Ele fez os primeiros esboços dela quando estava no Alasca, preso em uma ilha durante dois dias, esperando que os mares violentos acalmassem o bastante para que ele pudesse voltar de caiaque em segurança para o continente. E quando eu lhe perguntei uma tarde se ele podia descrevê-la para mim em detalhes, ele disse: "Ora, sim."

"A filosofia fundamental da minha casa dos sonhos", começou a falar, "é parecida com o que sinto em relação aos cavalos — você vai além do necessário porque tem amor pela estética. Essa casa é meio ostensiva, mas não vou abrir mão da qualidade por nada. Se eu quiser telhas de ardósia, vou usar telhas de ardósia. E também vidro chanfrado, acabamento de cobre, ferros forjados à mão — tudo o que eu quiser. A casa será construída com grandes vigas de madeira, e eu já escolhi algumas das madeiras que tem aqui. Troncos grandes e muita pedra, tudo em excesso para garantir a sua resistência e longevidade.

"Quando eu abrir a porta da frente, a primeira coisa que vou ver é uma cachoeira de pedra com mais de 9 metros de altura, com uma piscina de pedra no fundo. A cachoeira funciona com energia solar, mas também é aquecida, por isso contribui com o aquecimento da casa. Haverá um chão de pedra ou de ladrilhos, uma coisa agradável para os olhos e para os pés. O cômodo principal será coberto por um teto de catedral, com mais de 12 metros de altura. No fundo do cômodo vai haver um grande braseiro cavado no chão, feito de pedra, com bancos de pedra embutidos nele. Vou acender o fogo ali dentro, e meus amigos podem vir nas noites frias de inverno aquecer seus corpos, costas e bundas nessas pedras quentes. À esquerda do grande recinto vai ter uma porta que dará para a minha oficina, 6 metros por 6. A parede externa, na verdade, será composta por duas portas enormes com dobradiças de ferro de 1,5 metro de comprimento, que girarão totalmente e se abrirão para o lado de fora, de modo que, quando eu estiver trabalhando na oficina durante o verão, vou ter o ar, o sol e os pássaros cantando.

"Adjacentes ao grande recinto haverá dois cômodos de vidro. Um é uma estufa, para que eu possa ter uma abundância de verduras e legumes frescos o ano inteiro. O outro é uma sala de jantar, simples e perfeita. Vai ter um lugar para cada coisa, como em um navio. Uma grande mesa de madeira, bancos e um sofá curvo no canto. E janelas em todas as paredes, para que eu possa olhar o vale lá embaixo, onde vou ver o estábulo, os pastos e a horta. Atrás da entrada da sala de jantar haverá uma porta dando para a cozinha. Balcões de mármore, armários feitos à mão com maçanetas de chifres de cervo, prateleiras abertas, fogão a lenha — mas também um grande fogão a gás. Pias com água corrente fria e quente, tudo com energia solar, todo tipo de apetrechos feitos ou forjados à mão, e utensílios de ferro fundido. E vai ter outra porta dando para uma cozinha ao ar livre onde poderei cozinhar e comer no verão, com um deque coberto, uma mesa e pias ao ar livre com água corrente, prateleiras e fogões, para que eu não precise ficar entrando o tempo todo para buscar suprimentos. O deque dará para um belo declive na ravina, e provavelmente haverá iluminação de propano lá fora.

"No andar de cima haverá dois pequenos quartos abertos e — isso vai dar para ver do cômodo grande — uma sacada que se abrirá a partir do quarto principal. O quarto principal será do tamanho da oficina lá embaixo, mas não vai ser todo abarrotado. Só um espaço aberto, limpo e bonito. Do outro lado do corredor vai ter um banheiro seco, uma sauna e os quartos menores. Também haverá uma sacada com uma cama para dormir ao ar livre, mas, se eu tiver que dormir do lado de dentro, vai ter uma cama *king size* com uma claraboia em cima, para que eu possa olhar as estrelas à noite. E, é claro, haverá closets enormes.

"Vai ter arte pela minha casa inteira. Nas sacadas, vou colocar tapetes navajos pendurados. Será um pouco como esse estilo Santa Fé que todo mundo adora hoje em dia, mas cheio de arte de verdade, valiosa — não essas coisas fajutas que as pessoas colecionam porque não têm noção. Essa casa terá muita arte, muita luz, muito espaço, será tranquila, segura, subterrânea em três lados, útil e bonita. Estou te dizendo, a revista *Architectural Digest* ia adorar pôr as mãos nela. E sei que poderia construí-la sozinho, mas não vou nem limpar o terreno para ela enquanto não tiver uma mulher, pois quero que um raio me atinja se eu for construir essa casa sem a mulher certa ao meu lado."

Ele parou de falar. Recostou-se e sorriu.

Quanto a mim, eu já tinha perdido a fala.

Não que eu estivesse me perguntando onde diabos Eustace chegara a conseguir um exemplar da *Architectural Digest*. Não que eu estivesse chocada com o fato de que Eustace, que durante décadas pregou sobre como precisamos de pouco em termos de condições materiais para viver felizes, acabara de descrever seu desejo de construir uma mansão rústica compatível com os padrões estéticos de um milionário do petróleo aposentado. Não que eu estivesse refletindo sobre como Eustace de repente se parecia com Thomas Jefferson — um idealista de mentalidade cívica, não obstante solitário, momentaneamente largando suas obrigações para com a República a fim de se perder no devaneio decadente de projetar a casa perfeita longe da sociedade. Não era nem que eu estivesse me perguntando onde esses 13 filhos que Eustace continua planejando gerar vão dormir em uma casa que só tem dois quartos sobrando. Eu podia lidar com tudo isso. Não me espantava nem um pouco.

Meu choque era muito mais básico.

Era apenas que, apesar de todas as surpreendentes revelações de personalidade que, ao longo dos anos, eu me acostumara a esperar desse montanhês tão complexo e moderno, eu ainda não podia *acreditar* que acabara de ouvir Eustace Conway pronunciar as palavras "closets enormes".

Eis aqui Eustace Conway, olhando pelo cano de espingarda que são os 40 anos. Se as tabelas atuariais da indústria dos seguros são dignas de crédito, ele já viveu metade de sua vida. Realizou muito. Viu mais coisas deste mundo do que a maioria de nós sequer vai ler a respeito. Ele fez, umas 75 vezes por ano, coisas que as pessoas lhe disseram serem impossíveis de fazer. Adquiriu e protegeu as terras que sempre quis. Prestou atenção às leis do universo, e a recompensa dessa atenção foi a proficiência em um leque fabuloso de assuntos. Ele instituiu uma organização de ensino e pregação baseada em sua imagem exata. Tornou-se uma figura pública de renome considerável. É venerado e temido. Está no topo de seu ramo. Ele até chama a si mesmo de Montanhês Tipo-A e, de fato, ele tornou-se um Homem do Destino em ação, o Recluso Mais Público do Mundo, o Presidente Executivo da Floresta.

No entanto, há rachaduras nesse imenso edifício. E ele pode sentir o vento soprando através delas. Assim como acontecia quando ele tinha 30 anos, Eustace não consegue fazer com que seus relacionamentos com outras pessoas deem tão certo quanto ele gostaria. As pessoas com quem ele trabalha em Turtle Island estão sempre bravas com ele ou o compreendem mal. Praticamente todos os aprendizes que conheci em Turtle Island acabaram abandonando Eustace muito antes que seu tempo oficial de aprendizado terminasse — e geralmente aos prantos. Mesmo Candice, que estava ferrenhamente decidida a não se tornar apenas mais uma Desistente Ranzinza de Turtle Island, deixou a montanha de repente, como uma DRTI, frustrada com a recusa de Eustace em lhe dar mais controle sobre a horta.

E a situação de Eustace com a família também não parece ter melhorado. No primeiro plano de sua consciência, é claro, está esse pai que o menospreza — pairando sobre cada momento em que ele respira, crítico, desgostoso e bravo. Sempre foi assim na vida de Eustace

Conway: quando ele procura amor e aceitação do pai, seus olhos quase se ofuscam com o vazio que vê.

Todavia, uma coisa estranha de fato aconteceu este ano.

Eustace me telefonou em seu trigésimo nono aniversário. Tivemos uma conversa normal, falando durante uma hora sobre assuntos e fofocas de Turtle Island. Ele me contou sobre seus novos aprendizes, sobre o trabalho no estábulo e o nascimento de uma nova potra chamada Luna.

E então ele disse, com um tom estranho:

"Ah, tem mais uma coisa. Recebi um cartão de aniversário esta semana."

"Ah, é?", perguntei. "De quem?"

"Do meu pai."

Fez-se um longo silêncio. Eu pus na mesa o chá que estava bebendo e achei uma cadeira para sentar.

"Conta", eu disse, "me conta tudo".

"Estou segurando o cartão bem aqui na minha mão."

"Lê ele para mim, Eustace."

"É meio interessante, sabe? Meu pai... há... ele mesmo desenhou o cartão. É um desenho de três balõezinhos flutuando até o céu. Ele desenhou os balões com uma caneta vermelha e desenhou um laço em volta dos barbantes dos balões com uma caneta verde. Usou uma caneta azul para escrever a mensagem."

"Que mensagem?"

Eustace limpou a garganta e leu: "*É difícil acreditar que 39 anos se passaram desde que você nasceu e deu início à nossa família. Obrigado pelas muitas bênçãos que você nos trouxe ao longo das décadas. Estamos esperando muitas outras. Com amor, Papai.*"

Fez-se outro longo silêncio.

"Lê isso de novo", eu disse, e Eustace leu.

Por um instante, nenhum de nós disse nada. Então Eustace me contou que tinha recebido o cartão dois dias antes.

"Eu li uma vez, dobrei e guardei de volta no envelope. Fiquei tão perturbado com ele que minhas mãos começaram a tremer. É a primeira coisa gentil que meu pai me disse na vida. Acho que ninguém pode entender como isso me faz sentir. Só olhei esse cartão de novo agora. Levei dois dias para tomar coragem de abri-lo outra vez e lê-lo novamente.

Eu estava com medo até de encostar nele, sabe. Não tinha certeza se era real. Achei que talvez eu tivesse sonhado."

"Você está bem?", perguntei.

"Não sei. Ai, meu Deus. Não sei como abrir meu coração cheio de medo, nem mesmo como pensar nisso. Afinal, que diabos isso significa? O que isso quer dizer, pai? Que porra você está tramando, pai?"

"Ele talvez não esteja tramando nada, Eustace."

"Acho que vou esconder esse cartão por um tempo."

"Faça isso", eu disse. "Talvez você possa ler de novo amanhã."

"Talvez eu faça isso", disse Eustace, e desligou.

Essa pequena, porém espantosa, quebra de gelo entre os dois Eustaces me fez lembrar uma palavra obscura que eu tinha aprendido recentemente. Eu a descobrira um dia, quando estava folheando um dicionário seguindo uma intuição, tentando achar o nome de Eustace, para ver se conseguia descobrir de onde vinha. Não havia *Eustace* no meu dicionário, mas sim *eustasia*, que é um substantivo. E eis o que *eustasia* significa: "Mudança mundial do nível do mar, que ocorre ao longo de muitos milênios, deflagrada pelo avanço ou recuo de geleiras."

Em outras palavras, um lento e épico derretimento. Justamente o que seria necessário, imagino, para causar uma mínima alteração que fosse no nível de um oceano.

Além disso, é preciso levar em consideração os outros membros da família Conway. A relação de Eustace com eles também é instável. Ele adora a mãe, mas lamenta a triste e árdua vida de casada dela, com uma intensidade que corrói a sua própria capacidade de buscar a felicidade. Ele tem mais carinho por Judson, seu irmão mais novo, do que tem por qualquer outra pessoa, mas é cruelmente patente, até para o observador mais desinteressado, que os dois irmãos não são mais tão próximos quanto já foram um dia. Não desde a viagem dos Long Riders. Judson mora perto de Eustace agora, do outro lado do vale que fica logo abaixo de Turtle Island, em uma pequena cabana de madeira que ele próprio construiu e agora compartilha com a sua destemida noiva (uma alma forte e independente, que caça cervos com arco e flecha, que trabalha como lenhadora e cujo nome é — ouçam só isso! — Eunice). Judson poderia facilmente ir a cavalo visitar Eustace todo dia, se tivesse vontade, mas ele não tem vontade. Os irmãos raramente se veem. Eustace quer muito mais acesso a Judson do que este lhe oferece, mas Judson, de um modo cuidadoso e afável, mantém uma distância de segurança entre eles.

"Eu percebi isso quando nós cruzamos os Estados Unidos a cavalo", Judson me disse. "Eustace é que nem meu pai. É uma pessoa intensa e dura demais para se conviver. Ele e meu pai se orgulham de ser grandes comunicadores. Acham que operam em um nível de inteligência e comunicação mais alto do que o de qualquer outra pessoa. Eustace pelo menos tenta realmente ouvir as pessoas e transparecer gentileza e igualdade, mas no fim das contas é a mesma coisa — a vontade dele tem que prevalecer o tempo todo, e não tem conversa a esse respeito. Olha, eu amo meu irmão, mas não sei como lidar com isso. É por isso que mantenho minha distância. Não tenho escolha. E isso me deixa muito triste."

Walton Conway, o irmão do meio, também mora perto, a menos de uma hora de Turtle Island. Brilhante, poliglota e reservado, ele vive em uma confortável casa moderna, com estantes cheias de Nabokov e Dickens. Walton é professor de inglês e, discretamente, escreve ficção. Administra um negócio doméstico, importando e vendendo peças de artesanato da Rússia. Sua esposa é uma mulher generosa e ativa, com duas filhas de um casamento anterior, e eles ainda tiveram mais uma filha. A vida de Walton agora é tranquila, mas ele fez seu tanto de viagens aventurosas na juventude. Naquela época, sempre que podia escrevia cartas a Eustace, a quem ele admirava profundamente e cujo respeito ele claramente almejava.

"Odeio dizer isso", Walton escreveu para Eustace em 1987, depois de uma longa estadia em uma fazenda na Alemanha onde arranjara trabalho, "mas você talvez fique orgulhoso de mim. Quando eu estava trabalhando, minhas mãos ficaram com uma bela camada de sujeira, e agora tenho calos em lugares que nunca tinha descoberto antes".

Ou esta carta enviada da Rússia, em 1992: "Tive uma ótima mudança de ritmo, cavando um canteiro de pepinos bem longe da cidade no último fim de semana. Um bom trabalho de pá o dia inteiro. Pensei em você, em Tolstói e naquele verão em que você trabalhou em uma construção — varrendo? — lá no Alabama, naquele lugar mais quente que o inferno (está vendo, eu vivi todas as suas aventuras por tabela, espiando pelos buraquinhos). Em geral, no entanto, você ia odiar isso aqui, a cidade de Moscou. Estou cercado de sujeira. É uma pena ver a cidade, o que o ser humano fez consigo mesmo, as vidas miseráveis que se vivem nas linhas de frente. Não consigo imaginar você aqui. Sonho com Turtle Island."

Mas agora que Walton mora tão perto de Turtle Island, quase nunca visita o irmão. Isso é como a morte para Eustace, que quer imensamente conviver com Walton e se sente magoado com o fato de o irmão não ocupar um lugar maior na sua vida.

"É o ego dele que me mantém afastado", disse Walton, como explicação. "Não aguento isso. Às vezes acordo de manhã e penso *Meu Deus, não seria ótimo ter um irmão com todas as habilidades e interesses do Eustace, mas que fosse humilde também?* Eu adoraria conviver com alguém assim, aprender com ele. Gostaria de ir caminhar com Eustace algum dia e ter uma interação silenciosa, mas essa coisa do ego é realmente difícil de contornar. Sempre quero falar para ele: 'Imagine se um dia você fosse fazer uma cavalgada e não tivesse ninguém para contar sobre ela? Será que cada momento da sua vida sempre tem que ser um espetáculo público?'"

E quanto a Martha, a única irmã de Eustace? Bem, eu a considero a mais impenetrável de todos os Conway. Ela vive tão longe do mundo ousado e aventuroso dos irmãos, que às vezes é fácil esquecer a sua existência. A grande piada na família Conway é que Martha foi trocada na maternidade e ninguém consegue entender como ela "ficou desse jeito". Martha mora com o marido e duas filhas em um asseado conjunto residencial urbano, em uma casa tão limpa e esterilizada que seria possível usar a cozinha como sala de cirurgia.

"Sabe quando os pais geralmente têm que esconder todas as coisas quebráveis da casa quando têm crianças pequenas, para que nada seja destruído?", Judson me perguntou, ao tentar descrever a irmã. "Bem, na casa da Martha não é assim. Ela deixa as coisas que quebram bem ali na mesinha de centro e manda as filhas não encostarem. E pode acreditar, elas não encostam."

Martha é uma cristã devota, consideravelmente mais religiosa que o pai e a mãe. Também é uma mulher de inteligência aguçada, com uma pós-graduação na Duke University. Tenho certeza de que ela poderia estar na diretoria da General Motors agora mesmo, se quisesse, mas ela concentra toda a sua perspicácia e capacidade organizacional esforçando-se para ser uma dona de casa impecável, uma mãe rigorosa e um membro vital de sua igreja. Não conheço Martha direito; passei apenas uma tarde com ela. Mas gostei dela. Achei-a mais gentil do que eu esperava, depois de ter ouvido de seus irmãos histórias sobre a sua famosa rigidez. Fiquei tocada com o gesto de ela me receber em sua casa, levando em conta o quanto esse lugar é sagrado para ela. Pude ver nela um toque de sofrimento, em que o seu profundo senso de hospitalidade cristã lutava contra o seu tão caro senso de privacidade.

Quando pedi a Martha que definisse a si mesma, ela disse: "A coisa mais importante na minha vida é o fato de eu andar com Jesus Cristo. Isso se reflete em tudo o que faço — como crio minhas filhas, como honro o compromisso com o meu casamento, como me esforço para não me colocar em primeiro lugar, como me esforço para lidar com minhas emoções e controlar minha voz. Toda escolha que eu faço é baseada na minha fé. Educo minhas filhas em casa por causa da minha fé. Não quero minhas filhas em escolas públicas, sinto que há muitos males ali, desde que a oração foi tirada das escolas. Quero que minhas filhas cresçam com uma fé séria, e elas só podem receber isso aqui comigo. No mundo lá fora, tudo é baseado em relativismo, e não quero que minhas filhas aprendam isso. Lá fora, nada mais é absoluto. Mas eu ainda acredito em absolutos. Acredito que há um jeito absolutamente certo e errado de viver, e posso ensinar isso às minhas filhas, bem aqui nesta casa."

A outra grande piada na família Conway é apontar como Eustace e Martha são diferentes. "Espera só até você ver como ela vive", foi a advertência que me deram. "Você não vai acreditar que ela é parente de Eustace!" Mas, com todo o respeito, eu discordo. Assim que entrei na sala de estar de Martha, pensei: *Desculpa, galera. Esses dois são exatamente iguais.* Eustace e Martha acharam que o mundo "lá fora" era corrupto e repulsivo e, por isso, ambos criaram seus próprios mundos, mundos tão obstinadamente isolados da sociedade em geral, que é quase como se eles estivessem morando em redomas de vidro. Eles presidem seus mundos pessoais com um poder incondicional, sem passar jamais pela dor de abrir mão de suas convicções. Só que o mundo de Eustace, por acaso, são mil acres; e o de Martha é algo como 100 metros quadrados — mas eles governam com o mesmo impulso. É tudo baseado em absolutismo.

E o absolutismo é ótimo para conseguir que muito trabalho seja feito, porém quando absolutismos se chocam, o resultado pode ser um desastre estrondoso e fatal. E é por isso que Eustace e a irmã nunca conseguiram ser próximos. Isso é ainda mais triste porque ambos querem desenvolver algum tipo de relação. Mas eles apenas incomodam um ao outro. Eustace acredita que faz todos os esforços possíveis para respeitar os valores de Martha e sua vida de cronograma apertado, avisando com bastante antecedência quando vai fazer uma visita, lendo histórias da Bíblia para as filhas dela e tentando não bagunçar sua querida casa. Mesmo assim, ela o acusa de ser mal-educado e autocentrado, o que o magoa ainda mais, porque reforça sua visão de que Martha — que levou a família para Turtle Island apenas duas vezes, apesar dos reiterados convites — parece não se interessar pela sua vida. Martha, por outro lado, se magoa constantemente com o que vê: um irmão dominador, que exige que o mundo inteiro pare e caia aos seus pés para idolatrá-lo, sempre que ele passa pela cidade. Por orgulho, por hábito, Martha se recusa a se dobrar.

Por isso, não, as interações de Eustace com a família não são satisfatórias, em nenhuma das frentes. Ele não consegue superar isso. O que o incomoda ainda mais, no entanto, é que ele próprio não fundou uma família. Agora, assim como aos 30 anos, ele contempla seu império e fica chocado ao notar que, embora tenha realizado muita coisa a partir da sua simples força de vontade, ele ainda não tem mulher e filhos. A essa altura da vida, ele já deveria estar bem encaminhado na formação de uma família, profundamente envolvido no processo de educar crianças e desfrutando do grande conforto de um casamento sólido. O que Eustace está fazendo de errado nesse sentido? Ele não consegue descobrir.

Eustace e eu descemos a montanha dele um dia para visitar seu mentor equestre, o velho fazendeiro caipira e genial treinador de animais Hoy Moretz. Passamos uma tarde agradável na cozinha de Hoy, comendo pão de milho com sua mulher, Bertha, ouvindo velhas mentiras descaradas e folheando os álbuns de fotos de Hoy, que não contêm nada além de fotos de mulas, touros e cavalos. Hoy é engraçado e esperto. (Quando o conheci, eu disse: "Como vai, senhor?" E ele disse: "Gordo e preguiçoso. E você, como vai?") Ele não é uma pessoa lida — quando tinha 6 anos de idade, seu pai já o punha para conduzir grupos de touros para a serraria —, mas é um fazendeiro inspirado. Seu terreno é composto por 300 acres dos pastos e campos mais bem-cuidados e simpáticos que alguém já viu. Hoy não tem nenhum filho e, por isso, sentado à mesa da cozinha, Eustace começou a lhe perguntar o que seria daquelas lindas terras depois que ele e Bertha falecessem. Hoy disse que não sabia direito, mas imaginava que "o tio Sam vai tomar posse e vendê-las para esses empreiteiros que acabaram de erguer novecentas casas do outro lado da minha montanha".

Mais tarde, no carro, perguntei a Eustace se ele gostaria de ficar com as terras de Hoy. A fazenda Moretz fica a apenas 45 minutos de Turtle Island e é linda; e sim, disse Eustace, é claro que ele gostaria de ficar com ela e é claro que odiaria vê-la transformada em um cemitério de casas suburbanas.

"Mas esse é o padrão do mundo", ele continuou. "Primeiro vêm as estradas, depois vêm as fazendas e depois os fazendeiros vendem tudo para empreiteiros que esquartejam e estupram a terra e fazem mais estradas, até que fique tudo dividido em pedacinhos. Não posso salvar cada acre da Carolina do Norte. Não tenho poder para isso."

"Mas o que você faria com a propriedade de Hoy, se pudesse ficar com ela?", perguntei, pensando que ele poderia usá-la para plantar feno, ou como pasto para seu reino sempre crescente de cavalos.

"Eu iria guardá-la e depois dá-la para um dos meus filhos homens quando ele crescesse, para que ele pudesse fazer dela uma fazenda nos moldes tradicionais", disse Eustace.

Essa frase incômoda ficou pairando no ar por um longo instante. Havia vários pressupostos em jogo ali: que Eustace algum dia terá um monte de filhos; que haverá meninos entre eles; que algum desses meninos vai crescer com algum interesse em fazendas tradicionais; que Eustace não vai achar *seus* filhos uma decepção gigantesca ("a antítese do que eu tinha esperado!"), como seu avô e seu pai achavam dos próprios filhos; que ao menos uma parte de suas terras ainda existirá daqui a 25 anos. O próprio Eustace parecia estar ciente desses questionamentos.

"Meus *filhos*", disse ele por fim, enojado consigo mesmo. "Olha o que eu estou falando. Onde eu vou arranjar filhos?"

De fato, onde? E quem seria a mãe? Essa é a pergunta de um trilhão de dólares na vida de Eustace, a pergunta que atormenta não só a ele, mas a todos que o conhecem, a ponto de ser uma espécie de passatempo para as pessoas ficar especulando sobre com quem (ou se) Eustace Conway se casaria algum dia. Cada membro da família Conway me puxou de lado, em algum momento dos últimos anos, para expressar seu desejo secreto de que Eustace nunca se case e certamente jamais tenha filhos, pois ele seria, como teme Martha, "assustador demais como pai".

Mas Eustace tem amigos que estão o tempo todo tentando arranjá-lo com uma garota atrás da outra — uma garota moderna, de pele escura, escaladora de montanhas, amante da paz e da natureza. Alguns amigos acham que ele deveria voltar para a Guatemala e se casar com a menina maia de 14 anos mais bonita e quieta que encontrar. Outros acham que ele precisa da mulher mais dominadora, durona e moderna que existe, que venha a Turtle Island e o trate na base do chinelo por um tempo. E ele tem uma amiga, uma artista sem muito tato, que nunca para de desafiá-lo com essa acusação:

"Vem cá, Eustace, por que você não assume logo que na verdade não gosta de crianças? Você fica louco para se livrar delas o mais rápido possível quando elas estão no mesmo recinto que você."

Como todos os outros, tenho minhas próprias opiniões sobre a vida amorosa de Eustace. Minha impressão é que ele precisa mesmo é de uma mulher que seja tanto forte quanto submissa. Isso talvez pareça uma contradição, mas nem sempre foi esse o caso. A combinação entre força e submissão nas mulheres foi o padrão durante séculos, principalmente na fronteira americana. Pensemos de novo na mulher de Davy Crockett, cuja plena competência na vida selvagem equiparava-se apenas à sua subserviência ao marido. É disso que Eustace precisa. Mas isso foi em 1780. Os tempos, como todos nós certamente notamos, mudaram. Assim, a minha opinião pessoal é que Eustace Conway não terá muita sorte na procura por uma esposa (ou, como ele diz às vezes, "uma parceira"). Como uma vez reclamou um amigo dele que mora na cidade, com um falso sotaque caipira: "Um século desse maldito feminismo estragou todas as noivas!"

Como muitos impressionantes Homens do Destino antes dele, é apenas nessa única e delicadíssima operação de parceria íntima que Eustace não tem êxito. Todas as suas energias e talentos revelam-se inúteis diante dela. Como o infeliz Meriwether Lewis escreveu a seu amigo William Clark, poucos anos depois de eles terem cruzado e mapeado o continente: "Agora sou um perfeito viúvo no que diz respeito ao amor [...] Sinto todo esse desassossego, toda essa inquietude, essa certa coisa indescritível comum aos velhos solteirões, que, não consigo deixar de pensar, meu caro amigo, provém desse *vazio em nossos corações,* que poderia, ou deveria, ser melhor preenchido. De onde isso vem eu não sei, mas o certo é que jamais me senti menos herói do que no momento presente. Qual será minha próxima aventura, só Deus sabe, porém a isso estou decidido, a *arranjar uma esposa.*"

Não é que Eustace não tivesse diversas opções. Aquele homem surte um efeito poderoso sobre as mulheres e tem acesso a um monte delas, por mais isolado que seu mundo possa parecer. Há um sem-número de belas sonhadoras deslumbradas que passam por Turtle Island todo ano como campistas, aprendizes e excursionistas, muitas das quais ficariam mais que felizes em ir atrás do matinho com um montanhês de verdade, se recebessem um convite. Se tudo o que Eustace buscasse na vida fosse satisfação sexual, ele poderia facilmente escolher em meio a um infindável estoque de amantes, como se colhesse frutos de um arbusto. No entanto, devemos lhe dar o crédito de jamais ter usado Turtle Island como Utopia do Amor Livre pessoal. Ele nunca explorou esse enxame de gatinhas em troca de prazer sexual a curto prazo. Pelo contrário, ele conscientemente se afasta das várias garotas que o idolatram graças a sua imagem rústica, pois não acha apropriado tirar vantagem da adoração delas. Em vez disso, sua busca interminável é por uma união monogâmica sólida e sacrossanta, de dimensões olímpicas, entre duas figuras heroicas. É uma busca orientada e inspirada por uma noção de amor romântico que permanece teimosamente — na verdade, dolorosamente, incrivelmente e quase beligerantemente — ingênua.

"Foi tão intrigante te conhecer e ter a chance de compartilhar algo contigo", ele escreveu em uma de suas primeiras cartas a uma mulher que não chegou a ficar ali por tempo bastante nem para ser legitimamente listada como uma das namoradas de Eustace Conway. "Não sei exatamente o que você deve pensar de mim, mas espero que tenhamos uma chance de nos conhecer. Estou procurando uma parceira — uma pessoa enérgica, inteligente e aventureira como você é muito atraente para mim. Gostaria de realizar minhas fantasias de um relacionamento sagrado que fosse preenchido com uma vida inteira de amor, carinho, compreensão e compaixão. Quero esse 'perfeito' relacionamento dos sonhos da 'fantasia' americana, se quiser chamar assim. Estou me guardando para nada menos que isso [...] Faz dez anos que estou interessado em casamento. Venho procurando, mas ainda não achei a 'mulher certa' [...] Se você tiver o poder de enxergar e o cuidado de investigar, vai encontrar em mim uma pessoa profunda e carinhosa, capaz e disposta a lhe oferecer mais do que você jamais sonhou em termos de uma parceria significativa através da jornada da vida, do 'experimento humano'. Ofereço-lhe isso. Por favor, me leve a sério neste ponto, e não deixe que outro mecanismo defensivo a impeça de encontrar em mim o que seu coração realmente deseja. Na medida em que posso lhe oferecer meu amor, meus mais sinceros sentimentos, Eustace."

Todavia essa abordagem "venha para o furacão do meu amor" também não funcionou nesse caso. E isso deixa Eustace perplexo, essa ausência, essa perda, esse fracasso em criar uma família ideal que apague os traços de sua infância brutal. Ele está plenamente ciente de que seu tempo está acabando. Há pouco tempo, Eustace se envolveu com Ashley, uma bela hippie de 24 anos que ele conhece há anos. É uma das pessoas mais calorosas e carinhosas que eu já conheci. Eustace trombou com ela pela primeira vez seis anos antes, em uma festa, e ficou olhando para ela a noite inteira, observando-a falar com os outros, pensando que "ela era tão viva, tão cheia de amor, como uma cachoeira inundando todo o recinto com a névoa efervescente ao seu redor, de tão cativante. Eu bati os olhos nela e pensei *É essa. Preciso casar com essa menina*".

Mas Ashley, com 18 anos na época, já tinha um amante. Estava indo embora da cidade, prestes a pisar no mundo em busca de aventuras e viagens emocionantes, e não estava de modo algum pronta para ser a esposa de Eustace Conway. Mas ela recentemente voltou para Boone, e agora está solteira. Eustace se apaixonou por ela outra vez, e ela por ele.

Eustace acha que Ashley é um anjo, e não é difícil ver por quê. Ela emana gentileza e humanidade. Ashley estava me levando de carro para um lugar em Boone certa tarde, quando um morador de rua abordou o carro em um sinal vermelho e pediu dinheiro. Ashley, que há anos vem sobrevivendo precariamente à base de auxílio alimentar e esperança, procurou uns trocados no carro, mas só achou umas poucas moedas de dez centavos.

Ela pediu desculpas ao sem-teto:

"Não posso te dar muito dinheiro, mas prometo que vou te dar todas as minhas preces."

"Obrigado", ele disse, sorrindo como se tivesse recebido uma nota de cem dólares. "Eu acredito em você."

Ashley tem um coração grande o bastante para absorver todo o amor, toda a carência e toda a fome que Eustace joga em cima dela sem a mínima hesitação. Mas existe um porém em relação a Ashley. Em algum momento de sua jornada, ela conseguiu adquirir três crianças pequenas — um filho de 5 anos e duas filhas gêmeas de 1 ano.

Quando ouvi falar deles, eu disse:

"Eustace, sempre achei que você quisesse 13 filhos. Me parece que você tem um bom começo aqui, amigo. Já são três, faltam dez."

Eustace deu risada.

"Claro, mas o *conceito* de 13 filhos é muito diferente da *realidade* de três."

Ashley é calma, afetuosa, engraçada, atenciosa e constante. Traz a Turtle Island a tão necessária sensação de paz e hospitalidade. E pode tranquilamente dar conta desse modo de vida. Passou vários anos morando em uma precária comunidade Rainbow Gathering, que faria Turtle Island parecer um hotel cinco estrelas. Trata-se de uma mulher que passou por duas gestações sem consultar um médico. ("Você sabe quando está bem de saúde", ela explica, "e eu não precisava de ninguém para me dizer que estava tudo certo".) É uma mulher que pariu suas gêmeas ao ar livre, no meio da noite, no chão frio do Colorado, mal abrigada embaixo de uma lona. Uma mulher que sem dúvida poderia dar conta de uma vida de abater porcos e vasculhar lixeiras.

Eustace jura que se casaria com Ashley em um minuto se ela já não tivesse uma família. Ele tem fortes reservas contra criar os rebentos de uma união irresponsável com outro homem, principalmente quando esse outro homem é um hippie que ainda tem uma presença considerável na vida dos filhos. Eustace não quer que uma influência indisciplinada como essa chegue nem perto de crianças que ele próprio talvez venha a criar um dia. Embora, é preciso dizer, ele não se assuste tanto com as filhas gêmeas de Ashley quanto com seu enérgico e caprichoso filho.

"Como eu poderia adotar esse menino se ele já começou a ser formado? Ele já viu coisas corruptoras demais, as quais eu não posso controlar nem apagar. Tive uma relação péssima com o meu pai, e se vou ter um filho, preciso garantir que a relação seja perfeita desde o começo. Não quero que haja nem um momento de raiva ou problema entre nós. Sei lá, eu poderia passar dez anos mostrando o caminho certo para o filho da Ashley, e então ele poderia virar para mim aos 14 anos e falar: 'Foda-se isso, pai. Vou ficar doidão.'"

"Eustace", eu disse, "ninguém pode te garantir que seus próprios filhos biológicos não falariam a mesma coisa algum dia. Na verdade, quase posso garantir que eles vão falar. Você sabe disso, não é?"

"Mas as chances seriam melhores com os meus próprios filhos, porque eu estaria lá desde o começo para ensinar a eles o que é um comportamento aceitável e o que é um comportamento inaceitável. As chances simplesmente não parecem boas com os filhos da Ashley. Eles já são indisciplinados. Ashley é uma ótima mãe, mas seus filhos a manipulam e causam todo tipo de estrago e destruição. É muito difícil ter os filhos dela por perto o tempo todo, porque eles não são treinados. Estão sempre se intrometendo em tudo e exigindo a atenção dela. Ela os traz aqui e eu faço coisas com eles, como levá-los para andar a cavalo, mas não é divertido. É divertido para *eles*, mas não para mim."

Eustace não consegue se desligar de Ashley, porque ela é bonita, gentil e lhe dá o amor deliciosamente incondicional pelo qual ele vinha ansiando tanto. Mas ele também não consegue mantê-la por perto, porque ela traz demasiadas variáveis assustadoras para dentro de seu cosmos preciso e organizado. Ele vem tentando ajudá-la a instaurar mais ordem e disciplina em sua família; emprestou-lhe livros de sua biblioteca escritos pelos amish, que falam sobre como "adestrar" corretamente uma criança, mais ou menos como alguém adestraria um cavalo. Ashley, que de fato se descabela para controlar as crianças, estudou os livros com atenção e gratidão e tomou a peito muitos dos conselhos. Até transmitiu essas lições de educação infantil à moda antiga para suas amigas hippies que são mães, para ajudá-las a criar alguma estabilidade dentro de suas próprias famílias desorganizadas. E, em muitos aspectos, tem sido uma educação bem-sucedida. Usando o rígido sistema amish, Ashley colocou seus filhos em um esquema mais sólido, e há menos birras e crises. Mas as crianças ainda dão um trabalhão, é claro. Porque são três e porque são crianças.

Portanto, Eustace não sabe o que fazer em relação a Ashley. No fim, sua decisão quase com certeza será um embate entre as duas coisas pelas quais ele mais anseia: amor absoluto e controle absoluto. É uma escolha difícil. Historicamente, o amor sempre foi um combatente muito feroz, mas algumas pessoas neste mundo precisam de mais do que amor. Eustace já viveu sem amor antes; é uma sensação familiar para ele. Por outro lado, ele jamais viveu um momento de sua vida adulta sem controle.

Por isso ele continua sozinho e solteiro. E cheio de dúvidas sobre o tipo de mulher que deveria procurar. Depois de todos esses anos, passou a achar que deveria ser mais cuidadoso em relação a quem ele escolhe amar. Talvez ele tenha sido aleatório demais em suas escolhas; talvez seja por isso que nunca deu certo. Abordando o desafio como abordaria qualquer tarefa administrativa, Eustace recentemente sentou-se e listou, eficientemente, os requisitos da sua mulher perfeita. Se pudesse avaliar as possíveis candidatas em cada categoria, deveria ser capaz de fazer uma escolha sábia, e com certeza jamais seria magoado ou sentiria solidão outra vez.

Muito saudável, começa sua lista (redigida sem nenhuma ordem específica). Depois:
Capacidade para intimidade.
Bonita.
Confiança na sexualidade e paixão por ela.
Crença/orientação espiritual.
Entusiasmada e motivada para viver cada dia plenamente e com sagrada apreciação dos momentos.
Mulher que protege, que se doa, que cuida, facetas de mulher tradicional na personalidade.
Tende a estilo de vida e <u>valores</u> não materialistas.

*Emotiva, confiante, centrada, energética, que apoie positivamente e
tenha <u>trato social</u>.*
*Pessoa independente e capaz, capaz de se unir profundamente pelos
laços sagrados do matrimônio.*
Poliglota.
*Envolvida com artes ou apreciadora delas — dança, teatro,
literatura, artes plásticas etc.*
Paixão pela família é uma prioridade.
Sabe o valor do gerenciamento sensato do dinheiro.
Gosta de trabalhar em tarefas, i.e., cuidar de fazenda/terra/jardim.

A lista continua por linhas e linhas. Por aí dá para ver o tamanho
do problema, para ver como o próprio Deus talvez balançasse a cabeça
ao receber uma encomenda dessas e dissesse — *Foi mal, amigo, não
temos isso no estoque.* Mas Eustace é muito mais otimista que Deus. E
muito mais solitário que Deus, também.

Quando Eustace me mostrou essa lista pela primeira vez, eu lhe
devolvi e disse:

"Desculpa, Eustace, mas não é assim que o amor funciona."

"Não conheço outro jeito de fazer isso", ele disse, parecendo excep-
cionalmente desorientado.

É verdade que essa lista atesta o enorme despreparo de Eustace
Conway quando o assunto é intimidade. Veja, todos nós procuramos
certos traços em um amante, mas essa lista me parecia uma folha de
cola para uma prova para a qual a maioria de nós não precisa estudar.
A maioria de nós não precisa comparar as qualidades das pessoas com
um inventário impresso; sabemos quando estamos apaixonados. Mas
Eustace não tem certeza se sabe. Possui muito poucas das habilidades
básicas necessárias para enfrentar as montanhas, os vales e os padrões
climáticos imprevisíveis do amor verdadeiro entre adultos imperfeitos
e maravilhosos. Eustace é, como ele próprio admite, ferido e sensível
demais, e acho incrivelmente corajoso da sua parte continuar tentando
abrir seu coração para os outros.

Se esses problemas podem ser atribuídos à iconografia masculina,
vigorosa, da cultura americana por ele assimilada, ou se são um resquício da sua infância traumática, isso eu não sei. Mas quando vejo Eustace

Conway adentrando a mata virgem da intimidade, segurando essa sua exaustiva lista de qualidades, acho-o muito parecido com o gordinho suburbano que acabou de comprar o catálogo inteiro da Orvis para uma expedição de caça de fim de semana: equipamento demais, habilidade de menos — e um pavor mortal.

Uma das apresentações regulares de Eustace ao longo dos anos tem sido no Merlefest, um reconhecido festival de música e arte folclórica que acontece todo verão no oeste da Carolina do Norte. Eustace não viaja nem dá palestras tanto quanto costumava; prefere ficar em casa, em Turtle Island, longe das massas. Mas ainda trabalha no Merlefest todo ano, armando sua tenda no espaço da feira e falando para as pessoas sobre a vida natural. É um bom trabalho. Paga bem e atrai um público sério, e Eustace pode passar o fim de semana ouvindo ao vivo a música folk de alguns de seus ídolos apalachianos, como Doc Watson e Gillian Welch.

Fui ao Merlefest com Eustace no verão de 2000 e vi, em seu trato com o público, mais cansaço em relação ao mundo do que jamais tinha visto nele antes. Não era como se ele estivesse dando telefonemas durante as apresentações, mas ele não tinha mais o fogo ardente que eu lembrava, em palestras nos anos anteriores. E não foi difícil entender, ao longo daquele fim de semana, por que um homem podia perder sua vitalidade diante da realidade do mundo.

Eustace tinha sido avisado com bastante antecedência que dividiria o palco no Merlefest com outro palestrante de destaque, "um legítimo chefe indígena dos Everglades da Flórida" chamado Jim Billy. Durante semanas, Eustace ficou um bocado nervoso e apreensivo com esse encontro.

"Conheço um monte de indígenas e geralmente sou bem recebido", ele explicou. "Mas às vezes os índios reagem mal a mim, tipo, *Quem esse sujeito branco na tenda está fingindo que é?* Principalmente para indígenas politizados, eu posso ser visto a princípio como algo ofensivo. É claro que entendo a hesitação deles, por isso sempre tenho um pouco de cautela; tomo o cuidado de ser especialmente respeitoso."

Naquele caso, ele não precisava ter se preocupado. O chefe Jim Billy na verdade era um sujeito simpático, vestindo um jeans azul, com o sorriso largo e o caloroso aperto de mão de um comerciante nato. Sua tribo acabara de receber uma bolada de dinheiro, proveniente de lucros com jogos de aposta, e o chefe se portava com a tranquilidade satisfeita dos ricos bem-alimentados. Sua apresentação, que atualmente ele fazia apenas pela graça, já que não precisava mais do dinheiro, era subir no palco e cantar "músicas infantis inspiradas no rock 'n' roll" sobre os bichos legais e assustadores que moram lá nos Everglades.

"Atenção, pais!", ele advertia entre uma música e outra. "Não deixem seus filhos entrarem na floresta sozinhos, pois ali tem bichos que te mordem! Mordem? Não, senhor, lá nos Everglades eles te *comem*!"

Quando seu show chegou ao fim, o chefe Jim Billy sentou-se na plateia e ouviu atentamente a apresentação cativante e sóbria de Eustace sobre como viver em harmonia com a natureza. Eustace ensinou a plateia a trançar corda com grama e com seus próprios cabelos, e mostrou cestos e roupas que fizera com materiais naturais. O chefe Jim Billy ficou extremamente impressionado e abordou Eustace depois da apresentação.

"Vou te dizer uma coisa, cara", ele disse, abraçando Eustace. "Você é ótimo. Cada coisa que você sabe fazer! Isso é ótimo. Você precisa ir à Flórida ensinar tudo isso para o meu povo, porque ninguém ali sabe mais fazer essas coisas. Você é mais índio do que qualquer um de nós! Nossa, a única coisa que as pessoas da minha tribo sabem fazer é pegar um avião para tomar sol em Miami! Só estou brincando com você, amigo. Mas, falando sério, você devia ir visitar a gente na reserva. Estamos indo superbem hoje em dia. Cuidamos de um pequeno safári para os turistas que passa bem pelo meio do pântano, e os turistas iam adorar te ver. Você podia ser uma atração ótima, porque essa gente está procurando uma coisa autêntica, uma coisa genuína, e é isso que você tem. Nós tentamos dar a eles um gostinho de genuinidade no nosso passeio no pântano, mas também gostamos de nos divertir. Temos um cara que veste uma fantasia peluda preta e corre do lado do barco, pulando em cima das pessoas. Estou te dizendo, cara, você ia se divertir pra caramba. Qualquer hora dessas, quando você quiser ir visitar a gente, é só me ligar. Eu vou tomar conta de você, te tratar como um rei. Você tem telefone lá na floresta, Tarzan? Que bom, me liga. Estou falando sério. Eu te busco no meu avião, te levo para passar o fim de semana lá. Tenho meu próprio jatinho, um belo G-4 de verdade. Tem até banheiro! Você vai adorar!"

Então o chefe Billy abraçou Eustace de novo e rapidamente lhe entregou seu cartão de visita.

"Tudo o que você precisa saber sobre mim está nesse cartão", disse esse sociável chefe dos seminoles para Eustace Conway. "Telefone, celular, bipe, tudo. Pode me ligar a qualquer hora, cara. Você é demais."

Juntos, Eustace e eu nos afastamos do palco e voltamos em silêncio para sua tenda de demonstração, que estava armada na rua principal, em frente às barracas alugadas. Havia dois meninos de 9 anos brincando do lado de dentro quando chegamos, com suas bicicletas sujas estacionadas junto à abertura de ventilação, e os dois quase derrubaram Eustace quando ele apareceu.

"Falaram que você pode ensinar a gente a fazer fogo!", disse um dos meninos. Um deles tinha cabelo escuro e era pequeno para sua idade; o outro era gordinho e loiro, e vestia uma camiseta que dizia *Earthday*, Dia da Terra.

Fazendo o que eles tinham lhe pedido, Eustace pegou dois gravetos e explicou aos meninos que "as árvores contêm fogo. Elas recebem esse fogo do sol. Dentro de cada árvore tem um pouquinho do sol que você pode libertar com a sua própria energia". Eustace esfregou os gravetos um no outro até conseguir uma brasinha brilhante, que ele soltou no meio de um pequeno ninho de palha seca, na palma da sua mão em concha. "O que nós temos aqui é uma brasa bebê, um pedaço de fogo recém-nascido. Se não a tratarmos direito e não a alimentarmos com a boa comida que é o oxigênio, ela vai morrer." Ele pediu que o menino de cabelo escuro soprasse a palha de leve e, como mágica, de repente havia uma chama. O menino comemorou. Então ouviu-se um estridente grito eletrônico na tenda. O menino gorducho com a camiseta do *Earthday* tirou um walkie-talkie do bolso de trás.

"Que foi?", ele berrou no aparelho, profundamente irritado.

"Cadê você, Justin? Câmbio", disse uma voz de mulher.

"Estou em uma tenda, mãe!", Justin gritou de volta. "Câmbio!"

"Não estou te ouvindo, Justin. Cadê você, Justin?", repetiu o walkie-talkie. "Câmbio."

Justin revirou os olhos e berrou:

"Eu disse que estou em uma *tenda*, mãe! Câmbio! Uma *tenda*! Uma *tenda*, mãe! Entendeu, mãe? Câmbio!"

Eu saí da tenda, me afastando daquela gritaria, pensando em todo o trabalho que Eustace tinha pela frente, se realmente estiver disposto a salvar sua cultura. Do lado de fora da tenda, encontrei um homem de meia-idade vestindo uma camisa de flanela, examinando a estrutura de Eustace com interesse. Começamos a conversar.

"Meu nome é Dan", ele me disse. "Venho de Michigan para o Merlefest todo ano, e sempre tento achar o Eustace. Gosto de ouvi-lo falar sobre sua vida. Isso me atrai, embora também me deixe com inveja. Eu juro que me mudaria para a floresta em um piscar de olhos, se pudesse. Mas não posso. Tenho cinco crianças na escola para sustentar. Tenho um bom emprego na indústria de alimentos Sarah Lee, preciso pagar pensão alimentícia e não vejo como eu poderia largar a segurança financeira e o seguro-saúde para viver como Eustace, mas queria tanto poder fazer isso. Penso nisso todo ano quando venho aqui, sempre que o encontro. Ele é muito cativante, sabe? E olha como ele é saudável, vivendo desse jeito natural. Não é que nem o resto de nós."

Dizendo isso, Dan sorriu com um constrangimento fofo e deu um tapinha em sua barriga pesada. Então continuou:

"O Eustace sempre fala algo como *você pode fazer isso, você pode fazer isso*. Mas não vejo como eu possa fazer isso. Acabamos de construir uma casa grande, sabe? Está tão cheia de tranqueira, eu nem sei de onde isso veio. Juro por Deus, não entendo como aconteceu comigo que nós viemos a possuir todas essas coisas. Às vezes eu olho para a minha casa e sinto vontade de botar fogo nela inteira, fugir de tudo, recomeçar em outro lugar a partir do zero. Viver uma vida simples lá na floresta, longe do mundo. Você entende mais ou menos essa sensação? Você às vezes sente esse desejo? Às vezes quer desaparecer da face da Terra?"

"É claro", eu disse. "Todo mundo sente esse desejo."

"Não o Eustace Conway, aposto."

"Só não aposte seu dinheiro nisso, Dan."

Tudo isso para dizer que, olhando para os seus 40 anos de idade, Eustace precisa admitir que não provocou exatamente o tipo de mudança no nosso mundo que esperava provocar quando era mais jovem (na verdade, que ele tinha certeza que provocaria). As ondas de cidadãos entusiasmados seguindo Eustace para a floresta nunca chegaram a se materializar da forma como ele havia esperado aos 20 anos. O mundo continua sendo o que era, talvez pior.

Pensando em duas décadas atrás, ele me disse:

"Eu sinceramente acreditava que podia mudar as coisas. Meu sentimento era *Podem entregar os Estados Unidos para mim; me deixem cuidar deste país; vou consertá-lo sozinho!* Eu achava que só era preciso convicção e esforço, e sabia que era capaz de me esforçar mais do que qualquer pessoa. Não achei que o país inteiro fosse voltar em massa para um modo de vida mais natural, mas imaginei que talvez sessenta ou cem pessoas por ano fossem a Turtle Island e depois levassem as lições que tivessem aprendido de volta para suas comunidades, e a mensagem se espalharia como ondas em um lago, e o efeito continuaria se alastrando. Mas agora vejo como é difícil fazer uma diferença grande neste país se você por acaso não é o presidente ou um senador importante, se você não tem recursos além da sua energia. Como uma única pessoa pode fazer diferença? É impossível e improvável; e, acima de tudo, é cansativo pra caramba."

E a obsessão americana por devorar terra continua, mais veloz e eficiente do que nunca. Eustace fica feliz ao ver que a consciência ambiental, outrora um conceito radical e marginal, agora é "totalmente pop e cool". Mesmo assim, ele não acha que uma pequena febre de reciclagem seja páreo para o impulso esfomeado da indústria, da superpopulação e do consumismo desenfreado que definem nossa cultura. Pode ser que Turtle Island, daqui a um século, seja como Eustace uma vez a imaginou: "Um minúsculo vale na terra, intacto e natural, cercado por cimento e rodovias. As pessoas vão subir até as serras ao redor de Turtle Island e espiar lá dentro, e poderão ver uma amostra verde e imaculada de como era o mundo inteiro antes."

Talvez isso seja verdade. Talvez o que Eustace está fazendo, ao salvar esse pequeno trecho de floresta apalachiana, seja o que os monges medievais uma vez fizeram, ao copiar todos aqueles textos antigos. Em uma época de trevas, uma época que não valoriza o conhecimento, ele está persistentemente preservando uma coisa pequena e preciosa, na esperança de que uma geração futura mais esclarecida seja grata por isto. Talvez seja só isso que ele esteja fazendo.

As pessoas costumavam dizer a Eustace: "Se você afeta uma única vida que seja, isso surtirá efeito sobre todo o mundo!" Mas Eustace nunca se satisfez com isso. Sua intenção era alterar o próprio destino da humanidade, jamais se contentando com a conquista medíocre de afetar uma vida aleatória, de quando em quando. Ele às vezes encontra pessoas hoje em dia que dizem: "Você é Eustace Conway! Eu me lembro de você! Você falou no meu colegial 15 anos atrás! Você foi incrível! Mudou minha vida!"

Então Eustace fica todo empolgado, até que a pessoa se explica melhor. "Pois é, desde que ouvi você falar, não deixo mais a torneira aberta enquanto escovo os dentes. Estou preservando recursos."

Eustace não pode fazer nada além de rir, cobrindo o rosto com as mãos e balançando a cabeça.

"Olha, não me entenda mal", ele me diz. "Tenho vontade de falar para essas pessoas: 'Ei, fico contente que você não esteja deixando a torneira aberta enquanto escova os dentes. Fico mesmo, sinceramente. Esse é um jeito muito legal de preservar um recurso precioso, e isso me deixa feliz de verdade. Mas sabe de uma coisa? Sinceramente, eu tinha planos maiores para você.'"

Eustace também perdeu sua noção juvenil de que podia ensinar absolutamente qualquer pessoa a morar no mato. Quando era mais novo, nunca pensava em recusar um candidato a aprendiz de Turtle Island. Nunca acreditava que havia uma pessoa sequer neste país que não pudesse dar conta de uma vida mais natural, depois de algum treinamento. Mas agora ele é mais cuidadoso, mais seletivo. Não aceita automaticamente os ex-presidiários, viciados em drogas recém-recuperados e fugitivos adolescentes revoltados, pois ter esse tipo de gente por perto suga as forças do sistema.

Ele também achou útil formalizar mais o programa de aprendizado. Costumava ser um relacionamento descontraído, selado com um aperto de mão, cujos detalhes mudavam de pessoa para pessoa, de ano para ano. Basicamente, tudo o que um jovem tinha que fazer era aparecer em Turtle Island e expressar algum entusiasmo, e Eustace o inscrevia como aprendiz, pedindo apenas que ele prometesse trabalhar duro e manter uma atitude positiva até o fim da estadia. Hoje em dia, no entanto, Eustace filtra todos os aprendizes em potencial através de um processo seletivo bastante rigoroso, que exige currículos, referências, informações complementares e um ensaio escrito. Além disso, cansado do "Tranco de Eustace Conway", que dizimava o moral de sua força de trabalho, Eustace agora entrega o seguinte memorando (intitulado simplesmente "Re: Relacionamento com Eustace") para cada candidato:

"Por favor não espere ser íntimo de Eustace, nem fique decepcionado com qualquer coisa além do tipo de amizade de um chefe de trabalho, líder e diretor. As pessoas são atraídas por alguns aspectos da personalidade calorosa e generosa de Eustace, e muitas vezes querem um contato mais pessoal do que se pode esperar ou do que Eustace se sente à vontade para permitir. Já houve aprendizes que se decepcionaram por não conseguirem contato social suficiente com Eustace. Eustace se sente à vontade para dedicar seu tempo a você em um nível de expectativa mutuamente combinado. Esse relacionamento claramente definido é entre um líder e aqueles que estão aprendendo as tarefas, os métodos e as necessidades de uma fazenda e centro educativo."

Nos últimos tempos, Eustace tem sofrido decepções tão violentas com seus funcionários que está cogitando desistir totalmente do programa de aprendizado. Dois de seus aprendizes foram embora após cumprir apenas seis meses de seus contratos de um ano, abandonando Turtle Island com as queixas corriqueiras de que o trabalho era duro demais, que eles estavam tendo problemas com a liderança de Eustace, que a experiência não era o que eles estavam esperando e que eles "precisavam ir atrás da sua felicidade", mesmo que isso significasse não honrar seus compromissos.

"Assinar um contrato não significa mais nada para ninguém?", perguntou Eustace, atônito. "É ingenuidade minha, do meu jeito antiquado, achar que as pessoas deveriam fazer o que dizem que vão fazer? Como esses meninos foram capazes de ir embora depois de seis meses, sem estar nem aí para o fato de que tinham prometido ficar um ano? Eles não tiveram noção do aperto em que isso me colocou, ou de que eu talvez tivesse feito planos envolvendo o compromisso deles. Pularam fora antes do combinado e me deixaram na mão. E por que isso continua acontecendo, tantas e tantas vezes?"

O que deixou Eustace arrasado na perda desses dois jovens não foi só o fato de que sua estadia em Turtle Island seguiu uma trajetória tão familiar (esperança entusiasmada seguida de amarga desilusão), mas que um dos aprendizes, uma mulher extremamente competente e confiável chamada Jennifer, tinha sido, na opinião de Eustace, possivelmente a melhor funcionária que ele jamais tivera. Ela até rivalizara, em termos de potencial, com o lendário Christian Kaltrider. Era inteligente, dedicada, não reclamava e estava seriamente comprometida com a aprendizagem da agricultura primitiva. Fora criada nas montanhas e trouxera a Turtle Island habilidades que nem o próprio Eustace tinha. Ele confiara nela o bastante para encarregá-la da administração da horta de Turtle Island (um ato de fé que ele fizera com um bom tanto de sofrimento, e em grande parte como experimento consigo mesmo, para ver se suportava a perda de controle). E Jennifer fizera a horta vingar, enquanto ainda aprendia sobre o cuidado de cavalos e a construção de edifícios. Ela era perfeita, e Eustace passara a respeitá-la e a confiar nela. E agora ela tinha levantado e ido embora.

"Procure a expressão *coração partido* no dicionário e você vai ver uma foto minha do lado", ele me disse por telefone, uma semana depois de Jennifer partir. "Fiquei tão deprimido quando ela foi embora que não saí da cama por dois dias. Se alguém como a Jennifer não consegue aguentar um ano inteiro aqui, então quem consegue? Quem eu estou enganando? Por que me dou a esse trabalho? Para que serve Turtle Island, se é sempre assim que vai terminar? Eu dou meu sangue por este lugar, em benefício dos outros, mas não está funcionando, e as pessoas por quem estou fazendo isso continuam desistindo e fracassando. Estou mais perto de desistir do que jamais estive. Tenho tido fantasias de pendurar uma plaquinha no portão dizendo: *Turtle Island está fechada. Vão embora*. É claro que não vou fazer isso. Ou talvez eu vá. Nem sei mais..."

E então é assim que Eustace, por pura necessidade, está estreitando sua visão conforme envelhece, livrando-se de alguns de seus ideais de juventude, abrindo mão de seus sonhos mais ousados. Suas aspirações mais recentes são visivelmente modestas. Por enquanto, ele não está aceitando nenhum aprendiz novo, mas sim concentrando sua energia em instaurar um programa de equitação em Turtle Island. Ele vem colocando anúncios nos jornais de Boone, convidando as pessoas a irem às suas terras para passar o dia em sua floresta. Espera que o dinheiro ganho levando pessoas em passeios a cavalo vá ajudar a cobrir as despesas com a manutenção de todos os seus adoráveis cavalos. E é uma interação humana agradavelmente descomplicada — o cliente paga, Eustace presta um serviço simples, não tenta convencer ninguém a se mudar para a floresta com ele, e todo mundo vai para casa satisfeito no fim do dia.

Ok, ele pensa agora, *talvez eu não possa mudar o mundo*. Quem sabe a influência de Eustace será mais modesta, afetando pequenos grupos e indivíduos dispersos — pessoas como os motoristas para quem ele acenou de seu cavalo na viagem dos Long Riders, as crianças de pré-escola que ele enterrou até o pescoço na floresta, os traficantes do Tompkins Square Park que ele deixou refletindo sobre o curioso fato de que um homem pode fazer suas roupas com o material tirado da terra...

Ou pensem nos jovens campistas que, um dia, quando estavam explorando Turtle Island, descobriram uma represa de castor e foram incentivados pelos monitores a nadar dentro da represa, através dos túneis, até alcançarem o interior da toca do castor — um lugar quente, seco, sagrado e escondido. Quantos meninos neste país estiveram dentro de uma toca de castor? Esse evento deve ter deflagrado um tremor duradouro e incomensurável na consciência daqueles meninos. Para Eustace Conway, com sua grandiosa visão arquitetural de um país transformado, isso pode não parecer muito. Mas, nessa era de conformidade cada vez menos consciente, mesmo a sugestão mais vaga de que o mundo pode ser visto por outra perspectiva, ainda que por um momento fugaz, isso é *muito*. E isso talvez não satisfaça Eustace, mas talvez seja tudo o que ele vai conseguir. Ele é, no fim das contas, um professor. E como todos os professores, talvez precise aceitar a realidade de que apenas uns poucos de seus alunos, ao longo de umas poucas décadas, serão realmente afetados por umas poucas lições.

Houve uma vez um menino, por exemplo, chamado Dave Reckford.

Ele foi criado perto de Chicago, uma criança da cidade, com um pai médico e uma mãe que expressava suas tendências vagamente hippies mandando o filho para escolas quaker e o alimentando com comidas saudáveis. Quando a Caterpillar Tractor fechou sua fábrica no

Illinois, a cidade natal de Dave passou da prosperidade à miséria, e seus pais se mudaram para a Carolina do Norte, onde Dave foi mandado para uma escola particular cara, repleta de crianças das famílias mais antigas do Sul. E então sua vida virou de ponta-cabeça. O pai de Dave se apaixonou por outra mulher e se separou. A família fragmentou-se de um modo caótico. Com o tempo, os fragmentos foram reordenados. Após uns poucos anos difíceis, sua mãe reestruturou sua vida e casou-se com um homem rico e gentil, mas de algum modo Dave foi deixado para trás nisso tudo. Ele tinha 13 anos e estava completamente abalado. Profundamente triste. E procurando.

Uns poucos anos depois, um montanhês moderno chamado Eustace Conway veio dar uma aula sobre a natureza na escola particular onde Dave Reckford estudava. "Ele estava todo vestido de camurça", lembra Dave, "e não cheirava muito bem. E ele começou a falar, do seu jeito quieto, sobre sua tenda, sua zarabatana e sua vida no mato. Eu fiquei fascinado. Ele falou sobre fazer necessidades na floresta. Entrou nessa digressão, explicando que agachar é o jeito natural de se fazer necessidades, e que sentar em um assento de privada exige um esforço dos órgãos de digestão que não é natural, e nós ficamos chocados — aquela classe inteira de adolescentes elitistas do Sul. Nunca tínhamos ouvido nada parecido. E então ele disse: 'Na verdade, quando preciso me aliviar em algum lugar onde só tem privadas, eu simplesmente pulo no assento da privada e agacho em cima dele desse jeito...' e ele pulou em cima de uma carteira e se agachou para mostrar. Ele estava rindo e nós também, e de algum modo ele fez tudo aquilo parecer legal e interessante sem nós acharmos bizarro."

Mais tarde, Eustace começou a conversar com Dave e, sentindo o nível do desespero do menino, convidou-o para visitar Turtle Island. Dave aceitou imediatamente, e foi até lá em sua "pequena Mercedes de duas portas de menino rico", para fazer uma visita de uma semana. Isso foi logo nos primeiros anos. Ainda não havia muita coisa em Turtle Island além da tenda de Eustace. Ele não tinha desmatado nenhuma terra e não tinha nenhum animal. O lugar ainda era primitivo. Quando Dave apareceu, Eustace estava sentado ao lado da tenda, conversando "com uma mulher muito bonita. Perguntou se eu podia por favor dar licença por meia hora para que ele ficasse a sós com aquela menina na tenda, e então sumiu com ela para — era bem óbvio — fazer sexo. Fiquei bastante impressionado com essa sexualidade aberta dele. Ele finalmente saiu da tenda e a menina foi embora, e então ele começou a me ensinar. A primeira coisa que ele me mostrou foi um leito de carvão no seu braseiro. Explicou que, se você mantém quente o carvão do fundo o tempo todo, sempre vai ter fogo à mão e não vai precisar acender uma chama nova."

Então ele pôs Dave para trabalhar na reconstrução da fornalha da ferraria. Em seguida, eles começaram a cavar a fundação para a casinha de ferramentas que Eustace estava construindo. Ele ensinou Dave a fazer telhas, o que dava "um trabalhão, com uma marreta". E assim foi, dia após dia, trabalho braçal pesado feito por um menino que jamais vivera uma coisa daquelas.

"Não era o que eu estava esperando do professor de fala mansa, no estilo guerreiro calado ou mestre zen que eu achei que tinha seguido montanha acima", disse Dave. "Ele era um escravizador. Era incansável e obcecado por detalhes, e o trabalho me fazia chorar e quase quebrava minhas costas. Era tão duro que todo dia eu tinha medo de que não fosse sobreviver. Mas toda noite eu podia dormir perto do Eustace na tenda dele, nos tapetes de peles de animais junto ao fogo quente, e esse era o sono melhor e mais seguro que eu tinha dormido desde a minha infância. Não acho que ninguém mais tem esse tipo de acesso a Eustace Conway, mas isso foi nos anos antes de ele ter aprendizes e campistas por toda parte, além de todos esses compromissos públicos. Ele tinha 27 anos e eu era um menino sem pai, mas foi uma experiência profunda passar um tempo com um homem adulto que queria falar comigo e me ensinar coisas."

Eustace usou seu tempo com Dave para tentar fazê-lo entender a essência fundamental da sua filosofia, que era centrada na atenção. Não há maneira alguma de você levar uma vida decente como homem se não estiver acordado e consciente a todo momento, Eustace disse a Dave. Compareça na sua própria vida, ele disse. Não passe seus dias em uma apatia, contentando-se em engolir qualquer ideia aguada que a sociedade moderna possa lhe servir por mamadeira através da mídia, satisfeito em passar a vida dormitando no coma da satisfação instantânea. O presente mais extraordinário que lhe foi dado é sua própria humanidade, cujo cerne é a consciência, por isso honre essa consciência.

Respeite seus sentidos; não os degrade com drogas, com depressão, com alienação voluntária. Tente notar alguma coisa nova todo dia. Preste atenção até no mais singelo dos detalhes do dia a dia. Mesmo se não estiver na floresta, fique atento o tempo todo. Note como é o sabor da comida; note o cheiro da prateleira de sabão em pó no supermercado e reconheça o que esses cheiros químicos pesados fazem com os seus sentidos; note a sensação de seus pés descalços; preste atenção todo dia nas iluminações vitais que a atenção pode trazer. E cuide de todas as coisas, de cada uma das coisas que existem — seu corpo, seu intelecto, seu espírito, seus vizinhos, e este planeta. Não polua sua alma com apatia nem estrague sua saúde com comida processada, assim como você não contaminaria deliberadamente um rio limpo com lixo industrial. Você nunca pode se tornar um homem de verdade se tiver uma atitude descuidada e destrutiva, mas a maturidade seguirá a atenção assim como o dia segue a noite.

Eustace contou a Dave histórias tragicômicas sobre alguns dos adolescentes americanos que tinham visitado Turtle Island e eram tão alheios ao seu ambiente que literalmente não tinham sensatez para entrar quando chovia. Vinha uma tempestade, e os meninos ficavam ali parados no meio do aguaceiro, estupefatos, como um rebanho de ovelhas empapuçadas, incapazes de raciocinar que precisavam transportar seus corpos para um abrigo. Ou havia o menino que Eustace tinha visto pisar em um ninho de vespa e então ficar paralisado e confuso, enquanto o enxame se reunia à sua volta. O menino era patentemente incapaz de pensar que devia sair daquela situação, até que Eustace gritou "*Corre!*".

Fique acordado, disse Eustace (rindo da tamanha simplicidade daquilo), e você vai se dar bem neste mundo. Quando chover, procure abrigo! Quando estiver sendo picado por vespas, corra! Só através do foco constante você pode se tornar independente. Só através da independência pode conhecer a si mesmo. E só através do autoconhecimento poderá fazer as perguntas essenciais da sua vida: *O que é que estou destinado a realizar, e como posso fazer isso acontecer?*

O que Dave lembrava melhor do que de qualquer outra coisa naquela semana, no entanto, foi a experiência transformadora, quase religiosa, de observar Eustace construir uma cerca.

"Construir uma cerca aqui neste solo rochoso é um trabalho pesado. Primeiro você precisa cravar esta peça de metal no chão, batendo nela com uma marreta e abrindo um buraco para sua estaca de madeira. Eu quase cortei minha perna fora uma vez, tentando fazer isso. Então você enfia essa estaca de madeira no buraco e bate com toda a força com essa marreta pesada, perfurando o chão. Eu fiz seis dessas estacas seguidas, e juro por Deus que quase morri. Não consigo descrever o trabalho que isso deu. Eu desabei no chão e senti que meu coração ia explodir. Eustace então assumiu a tarefa por mim, e enquanto eu tentava recuperar o fôlego, ele cravou as vinte estacas seguintes sem fazer uma única pausa, sem sequer ofegar.

"Eu o estudei, enquanto ele trabalhava. Como ele podia fazer aquilo? Ele não é tão grande nem tão musculoso quanto eu. Eu sou um triatleta e sou grande, e não consegui fazer aquilo. Os braços dele são magros. Como isso pode funcionar? Mas, conforme o observava, percebi que ele tinha uma relação física íntima com suas ferramentas. Quando balançava aquela marreta, ele não usava só os braços; ele a balançava em um único movimento perfeitamente econômico, usando seu corpo inteiro. Seus quadris o ajudavam a erguer a marreta, e então ele arqueava as costas e punha todo o seu impulso por trás do golpe. Era bonito. Era atenção física completa dedicada a uma única tarefa. Era como assistir a uma dança. A dança do trabalho braçal. E eu sabia que era por isso que Eustace conseguia fazer tudo mais rápido e melhor que todo mundo, por causa dessa intensidade, graça e perfeição de foco."

Dave lembra-se de observar Eustace, outro dia, martelando pregos na madeira — rápido, rítmico e perfeito — e perguntar: "Como você nunca erra o prego?"

"Porque eu decidi há muito tempo que nunca erraria o prego", Eustace respondeu. "Então não erro."

No fim, o ritmo extenuante do trabalho em Turtle Island foi um choque tão grande para Dave que ele entrou em colapso. Ficou fisicamente doente por causa dos dias de 11 horas de trabalho. Eustace, vendo aquilo, interrompeu o trabalho por um dia e levou Dave em sua picape até a cidade. "Vamos fazer um passeio divertido", ele disse casualmente. Levou o menino até um bar e pediu uma cerveja para ele — sua primeira. Eustace deu risada e brincou com o barman, e em nenhum momento mencionou o trabalho que tinha sido deixado para trás. No caminho de volta naquela noite, montanha acima, Dave sucumbiu e disse a Eustace que achava que não podia ficar mais.

"Eu disse a ele que queria ir para casa. Provavelmente eu estava chorando. Tenho certeza de que estava com saudade de casa, porque eu era só um garoto. Eustace ficou calmo e pensativo. Ficamos sentados na picape dele e ele falou sobre a vida e sobre o que é necessário para virar um homem. Ele compartilhou sabedoria e gentileza comigo, me levando a sério em uma idade em que ninguém nunca me levava a sério. Ele me disse que um dos motivos para as pessoas serem tão infelizes é que elas não falam consigo mesmas. Ele disse que você precisa manter uma conversa constante consigo mesmo ao longo da vida, para ver como está se saindo, para manter o foco, para continuar sendo seu próprio amigo. Ele me disse que falava consigo mesmo o tempo todo, e isso o ajudava a ficar mais forte e melhor todo dia. Sugeriu alguns livros que eu deveria ler. Então ele me abraçou."

Quinze anos depois, Dave Reckford ainda não conseguia contar esta parte da história sem ficar com os olhos marejados.

"Escuta", ele disse, "foi um abraço de verdade, forte e demorado. Foi um abraço de urso. Era a primeira vez que um homem me abraçava, e isso pareceu curar alguma coisa dentro de mim que era solitária e ferida. Ele me disse que eu era livre para ir para casa e que me desejava sorte. Mas também disse para ficar à vontade para voltar e ficar com ele em Turtle Island sempre que quisesse, porque eu tinha feito um bom trabalho e porque era uma boa pessoa. E eu realmente fui para casa, mas, quando cheguei lá, descobri que alguma coisa tinha mudado dentro de mim. E o resto da minha vida estava mudado."

Todos os homens da família de Dave Reckford são advogados, médicos, empresários ou diplomatas. É isso que se espera, esse é o estilo da família. Não é o estilo de Dave, no entanto. Dave tem hoje 30 anos e esteve viajando pelo mundo, procurando seu lugar. Estudou história e música. Fez tentativas de escrever. Viajou para Cuba e para a Europa, cruzou os Estados Unidos e até se alistou no exército, tentando encontrar o lugar onde deveria se colocar durante seu curto tempo na Terra.

Há pouco tempo, ele finalmente aterrissou. Resolveu a questão. Pediu à mulher que cuida dos jardins dos pais dele para aceitá-lo como aprendiz. Ela concordou. De modo que agora Dave Reckford finalmente tornou-se aquilo que acredita ter sido sempre destinado a ser: um jardineiro. Ele cuida de plantas. Passa os dias falando de terra, luz e crescimento. É um relacionamento simples, mas cheio de recompensas. Ele tenta entender do que as plantas precisam e como ajudá-las. Tenta fazer com que cada movimento seu seja cuidadoso e preciso, para honrar seu trabalho. Fala consigo mesmo o tempo todo, mantendo contato com sua essência pessoal. E a cada dia que passa em sua vida, ele pensa na perfeição do foco e na graça singular do trabalho humano.

O que significa que, a cada dia que passa em sua vida, ele pensa em Eustace Conway.

# EPÍLOGO

> Você não pode consertar isso. Não pode fazer isso sumir.
> Não sei o que você vai fazer quanto a isso,
> mas eu sei o que vou fazer quanto a isso.
> Vou apenas me afastar. Talvez uma parte disso morra
> se eu não estiver mais por perto alimentando isso.
>
> — *Lew Welsh*

A história de Eustace Conway é a história do progresso do homem no continente norte-americano.

Primeiro, ele dormia no chão e vestia peles. Fazia fogo com gravetos e comia o que conseguia caçar e colher. Quando tinha fome, jogava pedras em pássaros, soprava dardos em coelhos e arrancava raízes do chão — e assim ele sobreviveu. Ele tecia cestas com as árvores do seu território. Era um nômade; deslocava-se a pé. Então, mudou-se para uma tenda e tornou-se um caçador mais sofisticado, usando armadilhas. Fazia fogo com pederneira e aço. Quando dominou essa técnica, passou a usar fósforos. Começou a vestir lã. Saiu da tenda e mudou-se para uma estrutura simples de madeira. Tornou-se um fazendeiro, desbastando a terra e cultivando uma horta. Adquiriu gado. Abriu caminhos dentro da floresta, que se tornaram trilhas e depois estradas. Melhorou as estradas com pontes. Vestiu jeans.

Ele foi primeiro um índio, depois um explorador, depois um pioneiro. Construiu uma cabana para si e tornou-se um verdadeiro colono. Como um homem de visão utópica, ele agora se apoia na esperança de que pessoas de mentalidade semelhante vão comprar terras em volta de Turtle Island e criar suas famílias, como ele próprio, Eustace, um dia criará a dele. Os vizinhos irão cuidar da terra com maquinaria de tração animal, virão ajudar uns aos outros na época da colheita e reunir-se para sessões de dança recreativa, e irão às casas uns dos outros a cavalo, para trocar produtos.

Quando tudo isso acontecer, Eustace terá se tornado um aldeão. É isso que ele quer — criar uma pequena cidade. E quando isso tudo estiver firmemente instalado, ele vai construir sua casa dos sonhos. Vai se mudar da cabana para uma casa grande, cara e ostensiva, cheia de closets, eletrodomésticos e parentes e *coisas*. E terá finalmente alcançado sua época. Nesse momento, Eustace Conway será o paradigma de um homem americano moderno.

Ele evolui diante dos nossos olhos. Melhora e se expande e melhora e se expande — porque é tão inteligente e tão inventivo que não pode evitar isso. Ele não sente o impulso de descansar, desfrutando tudo o que já sabe fazer; precisa continuar avançando. Ele é irrefreável. E nós também somos irrefreáveis; nós neste continente sempre fomos irrefreáveis. Nós todos progredimos, como observou Tocqueville, "feito um dilúvio de homens, erguendo-se inabalados e conduzidos adiante, todo dia, pela mão de Deus". Esgotamos a nós mesmos e a todos os outros. E esgotamos nossos recursos — tanto naturais quanto interiores; e Eustace é apenas a representação mais clara da nossa urgência.

Lembro-me de voltar para Turtle Island no fim de tarde com ele, uma vez, depois de uma visita ao Campo Sequoia, o antigo império de seu avô. Estávamos quase chegando em casa, passando por Boone, e paramos em um cruzamento. Eustace de repente virou a cabeça e perguntou: "O que era aquele prédio ali dois dias atrás, quando nós partimos para Asheville?"

Ele apontou para o esqueleto de um pequeno prédio de escritórios novo. Não, eu não o notara ali dois dias antes. Mas parecia quase terminado. Só as janelas precisavam ser instaladas. Um batalhão de operários estava saindo da obra no fim do expediente.

"Não pode ser", disse Eustace. "Será que eles podem mesmo erguer um prédio tão depressa?"

"Não sei", respondi, pensando que justamente ele deveria saber mais que qualquer pessoa. "Acho que podem."

Ele suspirou, dizendo:

"Este país..."

Mas Eustace Conway *é* este país. E, sendo esse o caso, o que resta? O que resta depois de toda essa atividade? Essa é a pergunta que Walt Whitman fez uma vez. Olhou o passo galopante da vida americana à sua volta, o crescimento da indústria e a correria alucinante das ambições de seus compatriotas, e se perguntou:

"Depois que vocês tiverem esgotado o que existe em negócios, política, festividades, e assim por diante — tiverem descoberto que nada disso satisfaz enfim, ou resiste permanentemente —, o que resta?"

E, como sempre, o bom e velho Walt nos deu a resposta:

"Resta a natureza."

É isso que resta para Eustace também. Embora, assim como o resto de nós (e esta é sua maior ironia), Eustace não tenha tanto tempo quanto gostaria para celebrar o mundo natural.

É como ele me contou, certa noite de inverno, por telefone:

"Tivemos uma nevasca em Turtle Island esta semana. Um amigo meu veio me visitar e disse: 'Ei, Eustace, você anda trabalhando demais. Devia tirar uma folga e fazer um boneco de neve. Já pensou nisso?' Bom, ora, é claro que eu já tinha pensado naquilo. Só o que eu precisava fazer era dar um passo para fora da minha porta naquela manhã para ver que a neve era perfeita para fazer um boneco de neve. Eu já tinha visualizado o boneco de neve que ia fazer, se fosse fazer um. Analisei rapidamente a consistência da neve e decidi exatamente onde seria o melhor lugar para colocar o boneco, exatamente qual seria o seu tamanho e onde, na minha ferraria, eu acharia carvão para os olhos. Imaginei cada detalhe do boneco de neve, até o nariz de cenoura, sobre o qual precisei pensar por um instante: *Nós temos bastante cenouras sobrando, para que eu possa usar uma neste boneco de neve? E depois que o boneco derreter, será que posso pegar a cenoura de volta e colocá-la num ensopado, para não desperdiçá-la? Ou será que um bicho ia pegar a cenoura primeiro?* Pensei tudo isso em uns cinco segundos, estimei quanto tempo do meu dia lotado eu gastaria para fazer o boneco, contrapus isso ao prazer que teria em fazer um boneco de neve — e decidi não fazer."

O que é uma pena, porque ele de fato gosta de ficar ao ar livre, e talvez tivesse tido mais prazer com o boneco de neve do que ele mesmo era capaz de calcular logicamente. Porque Eustace de fato ama a natureza, apesar de todos os seus compromissos e obrigações. Ele adora tudo — a vastidão cósmica da floresta, os fachos oblíquos de luz do sol, atravessando um toldo natural verdejante; o fascínio das palavras *falsa-acácia*, *bétula* e *choupo*... E não apenas adora, ele precisa disso. Como escreveu o avô de Eustace: "Quando a mente está cansada, ou a alma está inquieta, vamos à floresta encher os nossos pulmões com o ar lavado pela chuva e limpo pelo sol; e os nossos corações, com a beleza das árvores, das flores, dos cristais e das pedras."

O melhor homem que Eustace pode ser é o homem que ele se torna quando está sozinho no mato. É por isso que eu o arrasto para fora de seu escritório, sempre que venho a Turtle Island, e o obrigo a me levar para um passeio a pé. Embora ele geralmente não tenha tempo para isso, eu o obrigo, pois basta nós darmos dez passos dentro da floresta para ele dizer: "Essa planta se chama *erva-cidreira*. Você pode fazer um canudo com esse caule oco e sugar a umidade das pedrinhas, em riachos onde às vezes é raso demais para beber."

Ou: "Isso é *hibisco*, uma flor que parece muito um *lírio*, só que é mais exótica. É extremamente rara. Duvido que haja cinco plantas desse tipo em todos os mil acres de Turtle Island."

Ou então, quando eu reclamo da minha hera venenosa, ele me leva para o rio e diz: "Venha comigo até minha farmácia." Ele arranca do chão um pouco de *impatiens*, abre a planta para tirar a pomada que tem dentro dela, passa no meu pulso irritado, e de repente tudo parece melhor.

Adoro Eustace na floresta porque ele próprio se adora na floresta. É fácil assim. E é por isso que um dia, quando estávamos andando, eu disse para ele, do nada: "Permissão para introduzir um novo conceito revolucionário, senhor?"

Eustace riu.

"Permissão concedida."

"Você já se perguntou", perguntei, "se talvez você beneficiasse mais o mundo se realmente vivesse a vida sobre a qual sempre fala? Quer dizer, não é para isso que todos nós estamos aqui? Não devemos tentar levar a vida mais esclarecida e honesta que pudermos? E quando nossas ações contradizem nossos valores, não estamos fodendo tudo mais ainda?"

Nesse ponto eu parei, achando que ia levar um soco. Mas, como Eustace não disse nada, continuei.

"Você está sempre falando de como nós poderíamos ser felizes se vivêssemos na floresta. Mas, quando as pessoas vêm aqui viver com você, o que elas acabam vendo é o seu estresse e a sua frustração por ter tantas pessoas à sua volta e por estar sobrecarregado de responsabilidades. Desse jeito, é claro que elas não assimilam a lição. Elas ouvem sua mensagem, mas não conseguem *sentir* sua mensagem, e é por isso que não dá certo. Você já parou para pensar nisso?"

"Eu penso nisso o tempo todo!", se irritou Eustace. "Estou completamente ciente disso! Sempre que vou dar aulas em escolas, eu digo às pessoas 'Olha, eu não sou a única pessoa que resta neste país tentando levar uma vida natural na floresta, mas vocês nunca vão encontrar todos esses outros sujeitos porque eles não estão *disponíveis*'. Bom, eu estou disponível. Essa é minha diferença. Eu sempre me coloquei à disposição, mesmo quando isso prejudica o jeito como quero viver. Quando apareço em público, deliberadamente tento me apresentar como esse cara selvagem que acabou de descer da montanha, e estou ciente de que isso em boa parte é uma farsa. Sei que sou um ator. Sei que apresento às pessoas uma imagem de como eu *gostaria* de estar vivendo. Mas que mais eu posso fazer? Preciso sustentar essa farsa em benefício das pessoas."

"Não tenho certeza de que isso está nos beneficiando, Eustace."

"Mas, se eu vivesse a vida quieta e simples que eu quero, então quem ia presenciar isso? Quem seria inspirado a mudar? Só meus vizinhos iam me ver. Eu ia influenciar umas quarenta pessoas, quando quero influenciar umas 400 mil. Está vendo o dilema? Está vendo minha luta? O que é que eu vou fazer?"

"Que tal tentar viver em paz, para variar?"

"Mas o que isso *significa*?", Eustace agora estava berrando, rindo e perdendo completamente o controle. "O que isso *significa*, porra?"

* * *

Obviamente, não sou eu quem vai responder a essa pergunta. Só o que posso dizer, com alguma certeza, é quando esse homem *parece* estar mais em paz; e isso geralmente não é quando ele está demitindo aprendizes ou passando seis horas seguidas no telefone, discutindo com tributaristas, diretorias de escola, repórteres de jornal e corretoras de seguros. O momento em que ele mais parece estar em paz é quando está vivenciando sua ligação mais próxima e mais pessoal com a natureza selvagem. Quando está bem no meio do espantoso teatro da natureza é que ele está mais perto da felicidade. Quando ele está — tanto quanto é humanamente possível na nossa era moderna — vivendo em comunhão com o que quer que reste da nossa fronteira, ele chega lá.

Às vezes dou a sorte de ter um vislumbre dessa parte de Eustace Conway, que é a melhor parte dele, nas circunstâncias mais improváveis. Às vezes o momento simplesmente o encontra. Houve esse fim de tarde em que estávamos voltando de Asheville, viajando em silêncio na picape. Eustace estava em um clima mais calado, e estávamos ouvindo música apalachiana das antigas, absorvendo o canto triste de homens duros que tinham perdido suas fazendas e de mulheres duras cujos maridos tinham ido para as minas de carvão para nunca mais voltar. Caía uma chuva fina, e conforme passamos da via expressa para a estrada, depois para o macadame de duas pistas e dali para a estrada de terra, a chuva amansou, enquanto o sol se punha. Fomos sacolejando aos trancos rumo a Turtle Island, sob a penumbra de vales íngremes, cobertos por uma vegetação espessa.

De repente, uma família de cervos pulou para fora do mato e subiu na estrada diante de nós. Eustace pisou no freio. A cerva e seus filhotes correram de lado para dentro do escuro, porém o macho ficou ali, olhando fixo para os nossos faróis. Eustace buzinou. O cervo não se mexeu. Eustace pulou para fora da picape e soltou um urro alto na noite úmida, para afugentar o cervo de volta para o mato, porém o cervo continuou onde estava.

"Você é lindo, irmão!", Eustace gritou para o cervo.

O cervo o examinou. Eustace deu uma risada. Cerrou os punhos e os brandiu violentamente no ar. Gritou e urrou feito um bicho. Mais uma vez, Eustace berrou para o cervo:

"Você é lindo! Você é demais! Você é ninja!"

Eustace deu outra risada. E o cervo continuou plantado ali, imóvel.

E então Eustace também parou de se mexer — encantado em uma espécie de paralisia temporária. Por um longo instante, ficou completamente imóvel e silencioso, como eu jamais o vira, mal iluminado pelo banho disperso dos faróis sombrios da picape, olhando fixo para aquele cervo. Ninguém se mexia nem respirava. No fim, foi Eustace quem quebrou o silêncio, erguendo os punhos no ar outra vez e gritando dentro da noite, com toda a voz de que seus pulmões eram capazes:

"Eu te amo! Você é lindo! Eu te amo! Eu te amo! Eu te amo!"

Agradecimentos

Gostaria de agradecer à extraordinária família Conway, por sua abertura e hospitalidade durante este projeto, e especialmente a Eustace Conway, pela coragem de me deixar prosseguir com este trabalho sem restrições. Foi uma honra conhecer todos vocês, e tentei homenageá-los aqui.

Houve muitas pessoas na vida de Eustace — passada e presente — que generosamente concederam seu tempo para me ajudar a formular as ideias por trás deste livro. Pela tolerância de me deixar entrevistá-los incessantemente, agradeço a Donna Henry, Christian Kaltrider, Shannon Nunn, Valarie Spratlin, CuChullaine O'Reilly, Lorraine Johnson, Randy Cable, Steve French, Carolyn Hauck, Carla Gover, Barbara Locklear, Hoy Moretz, Nathan e Holly Roarke, a família Hicks, Jack Bibbo, Don Bruton, Matt Niemas, Siegal Kiewe, Warren Kimsey, Alan Stout, Ed Bumann, Pop Hollingsworth, Patience Harrison, Dave Reckford, Scott Taylor, Ashley Clutter e Candice Covington. E uma nota especial de agradecimento a Kathleen e Preston Roberts, que não só são pessoas amáveis e graciosas, mas que deixaram Eustace e eu ficarmos sentados na varanda deles, bebendo cerveja e disparando espingardas a noite inteira. ("Eu nunca tinha atirado bêbado antes", disse Eustace, ao que Preston respondeu gritando: "E você ainda diz que vem do *Sul*?")

Sou grata aos autores dos muitos livros que guiaram esta empreitada. Entre outros, achei inspiração na biografia de Daniel Boone, feita por John Mack Faragher, na biografia de Kit Carson, de autoria de David Roberts, na biografia de Davy Crockett, por James Atkins Stanford, na biografia do jovem Teddy Roosevelt, elaborada por David McCullough, na análise dos beatniks da floresta feita por Rod Phillips, e no cativante relato de Stephen Ambrose sobre a jornada de Lewis e Clark ao Pacífico.

Qualquer pessoa interessada em ler mais sobre utopias americanas deveria procurar a obra enciclopédica de Timothy Miller, *The 60's Communes: Hippies and Beyond*, e qualquer pessoa interessada em um livro surpreendentemente engraçado que por acaso é sobre utopias americanas deveria ir atrás de uma cópia do brilhante livro de Mark Halloway, *Heavens on Earth: Utopian Communities in America, 1680-1880*. As estatísticas citadas no Capítulo 7 sobre o declínio dos machos vêm do livro *The Decline of Males*, de Lionel Tiger. Também devo agradecer a R. W. B. Lewis, por seu perspicaz estudo *The American Adam*, e a Richard Slotkin, por seu igualmente perspicaz *The Fatal Environment*. E meus agradecimentos sem fim (e eterna admiração) vão para a biblioteca viva que é Doug Brinkley, por me mandar ler todos esses livros.

Obrigada também à livraria Powell, de Portland, Oregon, por ter — quando eu estava procurando livros sobre as impressões dos visitantes europeus do século XIX nos Estados Unidos — toda uma prateleira intitulada "Impressões de visitantes europeus do século XIX nos Estados Unidos". Não existe melhor livraria nos Estados Unidos, e essa é a prova.

Tenho a sorte de ter ótimos amigos que também são ótimos leitores e editores. Por sua ajuda e preciosa assistência na edição de diversas versões deste livro, agradeço a David Cashion, Reggie Ollen, Andrew Corsello, John Morse, John Gilbert, Susan Bowen (Georgia Peach, a leitora dinâmica) e John Hodgman (que inventou só para mim uma nova e essencial abreviatura editorial, "CBWR", que significa "Corte as Bobagens sobre Will Rogers"). Agradeço a John Platter, que achou forças para ler um primeiro rascunho deste livro em seus últimos dias de vida, e de quem sinto uma saudade terrível toda vez que ando até minha caixa de correio e lembro que nunca mais vou receber uma carta dele.

Agradeço a Kassie Evashevski, Sarah Chalfant, Paul Slovak e à totalmente incrível Frances Apt por suas orientações precisas. Agradeço a Art Cooper, da revista *GQ*, por acreditar em mim quatro anos atrás, quando eu disse "Confie em mim — você tem que me deixar escrever um perfil sobre esse cara". Agradeço a Michael Cooper por dizer, muito tempo atrás, quando eu estava em dúvida se devia escrever o livro: "Você não preferiria cometer um erro *fazendo* uma coisa do que cometer um erro *não* fazendo uma coisa?" Outra vez, agradeço a Catherine, minha irmã mais velha, por sua genialidade sobrenatural sobre história norte--americana e por seu apoio constante. Outra vez, agradeço à minha querida amiga Deborah, por estar aberta 24 horas por dia para compartilhar sua sabedoria sobre a psique humana. Este livro seria praticamente estéril de ideias sem a inspiração dessas duas mulheres incríveis.

Não há palavras suficientes no mundo para agradecer à Ucross Foundation por me dar 22 mil acres de privacidade no meio do Wyoming, que eu provavelmente sempre lembrarei como os trinta dias mais importantes da minha vida.

E por último, não há maneiras suficientes no mundo de dizer isto: Grande Amor.

Conheça mais sobre nossos livros e autores no site
www.objetiva.com.br

Disque-Objetiva: (21) 2233-1388

Rua Aguiar Moreira 386 | Bonsucesso | cep 21041-070
tel.: (21) 3868-5802 | Rio de Janeiro | RJ
markgrapheditor@gmail.com